国家社科基金
后期资助项目
GUOJIA SHEKE JIJIN HOUQI ZIZHU XIANGMU

U0366859

媒体内容融合背景下的编辑室空间生产研究

Research on the Space Production of
Editing Room in the Context of
Media Content Convergence

刘峰 著

上海交通大学出版社
SHANGHAI JIAO TONG UNIVERSITY PRESS

内容提要

　　本书从空间视角切入,将编辑室建设置于更广阔的媒体内容融合背景中考察,掌握数据化、移动化、智能化等传播背景下媒体生产方式经历的多维变革,分析编辑室从"组织化"空间生产向"社会化"空间生产的转型趋势以及新的空间特征。本书结合IP化、社会化、移动化、数据化、智能化等创新型媒体内容生产方式,把握编辑室空间形态的变化,认识编辑室空间生产存在的问题,探讨编辑室空间内部权力关系的调整,进而思考编辑室空间优化、重构的方式。

图书在版编目(CIP)数据

　　媒体内容融合背景下的编辑室空间生产研究／刘峰
著.--上海:上海交通大学出版社,2024.7
　　ISBN 978-7-313-30619-7

　　Ⅰ.①媒… Ⅱ.①刘… Ⅲ.①新闻编辑一研究 Ⅳ.
①G213

　　中国国家版本馆CIP数据核字(2024)第078328号

媒体内容融合背景下的编辑室空间生产研究
MEITI NEIRONG RONGHE BEIJING XIA DE BIANJISHI KONGJIAN SHENGCHAN YANJIU

著　者:	刘　峰			
出版发行:	上海交通大学出版社	地　址:	上海市番禺路951号
邮政编码:	200030	电　话:	021-64071208
印　制:	上海景条印刷有限公司	经　销:	全国新华书店
开　本:	710 mm×1000 mm　1/16	印　张:	18
字　数:	311千字		
版　次:	2024年7月第1版	印　次:	2024年7月第1次印刷
书　号:	ISBN 978-7-313-30619-7		
定　价:	78.00元		

国家社科基金后期资助项目
出版说明

后期资助项目是国家社科基金设立的一类重要项目,旨在鼓励广大社科研究者潜心治学,支持基础研究多出优秀成果。它是经过严格评审,从接近完成的科研成果中遴选立项的。为扩大后期资助项目的影响,更好地推动学术发展,促进成果转化,全国哲学社会科学工作办公室按照"统一设计、统一标识、统一版式、形成系列"的总体要求,组织出版国家社科基金后期资助项目成果。

全国哲学社会科学工作办公室

目　录

绪论 ……………………………………………………………………… 1

第一节　国内外研究现状综述与问题的提出 ………………………… 2

第二节　核心概念与问题的界定 …………………………………… 19

第三节　空间生产理论视角的适用性 ……………………………… 23

第四节　研究思路与方法 …………………………………………… 24

第五节　本书的价值与意义 ………………………………………… 26

第六节　本书的主要内容 …………………………………………… 27

第一章　媒体内容融合背景下的编辑室空间重构 ………………… 30

第一节　媒体内容融合发展：编辑室空间生产的背景 …………… 31

第二节　编辑室空间生产的主要维度与研究框架 ………………… 39

第三节　本章小结 …………………………………………………… 88

第二章　IP化内容生产驱动下的编辑室空间生产 ………………… 89

第一节　从版权到IP：编辑室空间解构的新基点 ………………… 90

第二节　IP化生产驱动下的编辑室空间主体行为 ………………… 98

第三节　IP化生产驱动下的编辑室空间形态、结构与功能 …… 101

第四节　IP化生产驱动下的编辑室空间主体关系调整 ………… 106

第五节　案例分析：IP化生产驱动下的出版编辑室空间生产 … 109

第六节　本章小结 ………………………………………………… 118

第三章　社会化内容生产驱动下的编辑室空间生产 …………… 120

第一节　社会化内容生产方式的发展 …………………………… 121

第二节　社会化内容生产驱动下的编辑室空间生产要素重组 … 123

第三节　社会化内容生产驱动下的编辑室空间 ·············· 125

第四节　编辑室空间主体关系的变化与重组 ·············· 129

第五节　案例分析：财经图书社会化出版的创新模式探析 ········ 131

第六节　本章小结 ······························ 139

第四章　移动化内容生产驱动下的编辑室空间生产 ·············· 141

第一节　移动互联网发展对媒体内容生产的影响 ·············· 141

第二节　移动互联生态打破媒体内容生产空间壁垒 ·············· 148

第三节　移动化内容生产方式的创新 ·············· 154

第四节　移动化内容生产驱动下的编辑室空间 ·············· 160

第五节　案例分析：移动化生产驱动下的上报集团编辑室
重构 ······························ 164

第六节　本章小结 ······························ 171

第五章　数据化内容生产驱动下的编辑室空间生产 ·············· 173

第一节　媒体内容生产的"数据化"转向与创新方式 ·············· 173

第二节　数据化内容生产驱动下的编辑室空间 ·············· 177

第三节　案例分析：数据化生产驱动下的科教节目编辑室
空间 ······························ 189

第四节　本章小结 ······························ 195

第六章　智能化内容生产驱动下的编辑室空间生产 ·············· 197

第一节　智能化内容生产的发展及研究现状 ·············· 198

第二节　内容生产方式从数字化向智能化的演进 ·············· 204

第三节　编辑室空间结构中智能化行动者的介入 ·············· 207

第四节　人机协调：编辑室空间主体关系的动态调整 ·············· 208

第五节　智能化生产驱动下的编辑室空间的功能与意义 ·············· 211

第六节　本章小结 ······························ 213

第七章　编辑室空间生产的规制 ·············· 215

第一节　媒体内容融合背景下编辑室空间生产的问题 ·············· 215

第二节　编辑室空间生产的规制路径 ·············· 229

第三节　规制的核心：编辑室空间主体关系的调整与案例

　　　　分析 ……………………………………………… 239
　　第四节　本章小结 ………………………………… 250

第八章　总结 ……………………………………………… 251
　　第一节　本书的整体逻辑结构 …………………… 252
　　第二节　编辑室空间生产的主要维度 …………… 253
　　第三节　内容生产方式的创新将驱动编辑室空间生产的持续
　　　　　　深入 …………………………………………… 256
　　第四节　基于规制的优化引导编辑室空间权力关系健康发展 …… 264
　　第五节　存在的不足与对未来研究的建议 ……… 266
　　第六节　本章小结 ………………………………… 268

主要参考文献 …………………………………………… 269

索引 ……………………………………………………… 273

后记 ……………………………………………………… 277

绪　　论

随着近年来我国经济社会的转型和升级,作为社会发展逻辑演化的重要表征,空间格局整合、空间形态变化等现象在诸多领域中均大量出现。社会科学领域的空间转向始于20世纪70年代,体现了对传统研究范式的优化或修正,空间转向的深入离不开社会发展及研究的需要,在各种新兴空间现象与问题不断涌现的背景下,空间生产理论及视角在诸多学科与领域中得到应用,为思考、解决带有空间特征的诸多新现象、新问题提供了有力支撑,在助力解决现实问题的同时也使空间转向趋向深入。

媒体是一个具有典型空间特征的领域,从媒体内部的内容生产到媒体产品的传播流通,再到受众的信息阅读与消费,均是在特定空间中展开的。无论是内容生产所在的编辑室空间,还是受众消费所在的阅读空间,都正在随着数字媒体技术与传播方式的变化而处于调整甚至重构之中,而且这些空间形态解构与重构、空间资源与要素重组的过程恰恰能够体现当下传媒行业创新发展的逻辑与趋势。编辑室是媒体空间的核心部分,是媒体内容生产的场所,而且与信息传播、受众接受等其他环节中的空间场景有着内在的关联,其空间形态、运行规则的变化既是媒体融合发展的结果,又是融合发展新趋势、新规律的体现。本书关注传媒领域具有代表性的编辑室空间形态的变化,力求借助空间生产理论视角,把握媒体空间形态及生产逻辑的变化,丰富传媒业态结构性调整的相关研究。

研究空间问题离不开对具体空间所处的社会领域与背景的深入把握,从特定领域或行业格局的动态调整中可以探寻空间形态与结构变化的依据,所以对编辑室空间生产的研究需要紧密结合传媒业态的演化、发展。本书基于媒体内容融合发展的背景来审视与把握编辑室空间生产问题。"融合"是近年来我国传媒领域的主题词之一,国家主管部门从宏观层面做出从"推进媒体融合"到"推进媒体深度融合"的战略规划与部署,"媒体融合"成为业界探讨与研究的热点课题。"媒体融合"的概念兴起于美国,在我国引发广泛重视,学界经过多年的积累,从"融合"角度对传媒业发展趋势、路径的研究已经取得了丰硕成果;而从业界发展的角度来看,媒体融合在一定程度上已经成为近年来传媒业转型发展特征的概括,无论是传统媒体还是新媒体,抑或是作为信息接收者的受众,都逐步经历了从传统单一媒体形态到融合化、多媒体形态生产与接受的转变过程。内容生产是媒体运营的核心行为。随着融合发展的不断深入,内容生产行为的特征与方式、编辑室的形态、编辑室内部的运营方式与权力结构都发生了巨大的变化,其发展逻辑已经被改写,空间主体的话语权被重新分配,政策、技术、资本等不同因素在这一重新分配的过程中持续博弈,推动着编辑室空间的发展与重构。面对媒体融合趋势的持续深化,内容生产方式仍将继续迭代,编辑室空间形态也会不断演化。

　　本书借鉴空间生产理论的视角审视当下编辑室空间的变化,认为在媒体融合发展的应用研究已经取得较为丰硕成果的基础上,有必要基于内容融合背景对编辑室、内容生产行为这一核心内容做理论性的深入思考,从更为宏观的层面、多元的视角认识编辑室在融合发展过程中存在的问题、内容生产行为与社会发展的互动等。不仅重点观察编辑室空间的改变,如数据化、移动化生产驱动编辑室空间形态重构,还要思考编辑室空间与社会空间的嵌入与互动,分析编辑室空间生产如何赋予媒体内容以新的中介化特征,如探讨移动化生产如何消解媒体形态的空间边界,展望智能化内容生产趋势对编辑室空间、社会空间的影响等。本书力求通过对这些问题的研究,将空间生产理论与我国传媒业态发展中的热点问题相结合,为丰富、拓展创新实践路径提供借鉴。

第一节　国内外研究现状综述与问题的提出

　　通过梳理国内外前期的学术研究发现,已有大量成果可以为本书提供有效借鉴,但前期的研究成果存在理论化、偶然性强而实践性、指导性弱的缺陷,本书从而明确了进一步研究的突破口和重点。以下为国内外研究现状的梳理及评述。

一、国内外关于编辑室空间的研究

（一）国外关于编辑室空间的研究

20 世纪 70 年代以来,西方哲学社会学研究出现了"空间转向"。空

间规训①、空间生产②、液态空间③、第三空间④、流动空间⑤等理论引发一场
文化转型,空间理论逐步发展为西方前沿的批评理论⑥。

编辑室作为一个独特空间,长期以来受到国内外不同学科的关注。20
世纪70年代在美国开始兴起"新闻室观察"式研究,如盖伊·塔奇曼(Gaye
Tuchman,1978)的 *Making News*(《制造新闻》)在新闻社会学崛起的背景下
通过对新闻生产过程的参与式观察,从批判性视角对新闻生产空间内的文
化、社会等相关议题做出深入探究⑦,塔奇曼还通过对新闻网的研究,提出
"新闻常规"概念,"将其界定为一种特殊的社会建构和社会资源,维系着媒
体的日常运转"⑧;甘斯(Gans,1979)的 *Deciding What's News*(《决定什么是
新闻》)基于自身丰富的社会、社区研究经验,通过对 CBS、NBC、《新闻周刊》
等媒体新闻室的深入观察,探究精英媒体观察社会、制作新闻的方式,对新
闻生产过程中的诸多现象做出解读⑨;费什曼(Fishman,1980)在
Manufacturing the News(《制造新闻》)中通过对加利福尼亚一份中小型报纸
新闻生产的深入观察,探讨官僚政治对新闻的补贴等问题⑩,这一研究对新
闻生产过程中对官方信源依赖程度高、体现出的"建制倾向"做出分析⑪;此
外,吉特林(Gitlin,1980)⑫、哈林(Hallin,1986)⑬等对编辑室内部记者、编
辑的冲突及影响进行了深入研究。此外,有学者从城市空间生产的视角审
视媒体建筑空间与城市社会空间的互动,如华莱士(Wallace,2012)以纽约
市的标志性建筑为例,说明了媒体如何以城市为空间书写和维护自身权力

①　米歇尔·福柯.规训与惩罚:监狱的诞生[M].刘北成,杨远婴,译.北京:生活·读书·新
　　知三联书店,2003.
②　Henri Lefebvre. The production of space[M]. Oxford UK:Black well Ltd,1991.
③　Zygmunt Bauman. Liquid modernity[M]. Cambridge:Polity Press,2000.
④　Edward W. Soja. Third space:journey to LosAngeles and other real-and-imagine places[M].
　　Oxford:Cambridge Blackwell Publishers Ltd,1996.
⑤　卡斯泰尔.信息化城市[M].崔保国,等译.南京:江苏人民出版社,2001.
⑥　文军,黄锐."空间"的思想谱系与理想图景:一种开放性实践空间的建构[J].社会学研
　　究,2012(2)35.
⑦　Tuchman, G. Making news:a study in the construction of reality[M]. New York:Free Press.
　　1978.
⑧　王敏.从"常规"到"惯习":一个研究框架的学术史考察[J].新闻与传播研究,2018(9)68.
⑨　Gans,H. Deciding what's news[M]. New York:Harper and Row,1979.
⑩　Fishman, M. Manufacturing the news[M]. Austin:University of Texas Press. 1980.
⑪　王敏.回到田野:新闻生产社会学的路径与转向[J].南京社会科学,2016(12).
⑫　Gitlin, T. The whole world is watching:mass media in the making and unmaking of the new left
　　[M]. Berkeley:University of California Press,1980.
⑬　Hallin. Agents of power:the role of the news media in human affairs[M]. New York:Longman,
　　1986.

的场域,如何以公司总部建筑空间为媒体价值观的体现者和理解媒体文化的路标,展示了媒体与城市空间相互支持的关系,进而从劳动、技术和美学等层面对媒体建筑相关的物理空间和话语空间进行分析①。

上述研究的理论视角主要来自社会学,聚焦新闻生产过程展开研究。舒德森(Schudson, 1989)在对前期研究批评、反思的基础上,强调"建构",提出新闻生产研究的"政治—经济""社会—组织""文化"等3个维度②。其中影响较大的为"社会—组织"维度:将编辑室视为多层次组织,关注其中各种主体观念如何形成以及如何影响新闻生产,进而对编辑室内部、编辑室之间以及编辑室与其他社会机构的关系对新闻生产的影响做出分析。研究视野与方法不断得到开拓,人类学民族志的引入为编辑室研究提供了方法与工具,艾达·舒尔茨(Ida Schultz)对编辑室民族志方法的问题进行了深入思考③,西蒙·科特尔(Simon Cottle)思考如何克服新闻生产研究中的理论局限性④,布尔迪厄(Bourdieu)的场域研究为审视编辑室提供了新的理念与视角。

2000年之后,传媒业开始向网络化、数字化转型,编辑室的形态、功能均产生新特征,鲁滨逊(Robinson)关注新闻编辑室向"网络第一"的转型⑤,尼基·亚瑟(Nikki Usher)探讨影响新闻常规的传统因素在新技术条件下如何发挥约束作用⑥,安德森(Anderson)提出了新闻生态系统(news ecosystem)的概念,并绘制了费城媒体的社会网络地图⑦。2011年,荷兰学者克拉斯克·塔梅林(Klaske Tameling)和马塞尔·布罗尔斯马(Marcel Broersma)对基于田野调查对融合编辑室内的文化冲突做了深入研究⑧。斯密特(Smit)等对新闻可视化生产中的矛盾与问题进行了解读⑨,克里奇(Creech)等和门德

---

① Wallace Aurora. Media capital: architecture and communications in New York city[J]. Library Journal, 2012, 17: 83 - 83.

② Schudson, Michael. How culture works: perspectives from media studies on the efficacy of symbols[J]. Theory and Society, 1989, 18: 153 - 180.

③ Ida Schultz. The journalistic gut feeling: journalistic doxa, news habitus and orthodox news values [J]. Journalism Practice, 2007, 1.

④ Simon Cottle. Media organization and production: mapping the field[M]. London: Sage, 2007.

⑤ Sue Robinson. The cyber-newsroom: a case study of the journalistic paradigm in a news narrative's journey from a newspaper to cyberspace[J]. Mass Communication & Society, 2009, 4: 1 - 20.

⑥ Nikki Usher. Making news at the New York Times[M]. Ann Arbor: The University of Michigan Press, 2014.

⑦ Anderson, C. W. Rebuilding the news[M]. Philadelphia: Temple University Press, 2013.

⑧ Klaske Tameling, Marcel Broersma. De-converging the newsroom[J].The International Communication Gazette, 2013, 1: 19 - 34.

⑨ Smit, G. Haan, Y. D. & Buijs, L. Visualizing news[J]. Digital Journalism, 2014, 2: 344 - 354.

尔森(Mendelson)重新思考数字化背景下记者、受众的内涵①,瓦莱丽·贝拉伊尔(Valerie Belair)思考无人机的应用对编辑室的影响②。

（二）国内关于编辑室空间的研究

随着国外空间研究热度的提升,国内开始有学者关注前沿的空间研究成果,如王文斌③、陆扬④、李钧⑤等翻译了一批国外知名学者空间研究方面的经典著作。一批学者开始运用空间理论视角关注本土问题或者对本土的空间对象做出研究,如包亚明等基于消费主义的发展,以上海市的酒吧这一特定空间为对象展开研究,认为"上海酒吧所代表的空间,不是单纯、被动的地理环境,而是消费主义全方位地进驻当代中国日常生活的一个绝妙注脚。它一方面向全球化的文化想象敞开了意义的通道……另一方面也为地方性知识的重建提供了想象的空间"⑥。姚霏关注"性别空间",认为"在女性主义者看来,空间是各种社会控制的文化建构,反映和建构各种社会类别(如性别、种族和阶级等),特别是见证和加剧了两性的差异"⑦。国内关于空间的研究体现出多学科特征,比如李清均从经济学领域探讨空间生产结构优化问题的机制,基于数理分析、案例研究对空间生产结构优化问题做出战略思考⑧;王志美以时空结合的思维方式为基础,以多学科理论和方法的融会贯通为依据,研究产业发展与城市空间演化的内在联系和规律⑨。有学者关注我国社会空间变化,从中对权力关系、国家治理等做出思考,如刘方玲等关注村落空间,探究国家在历史上如何与基层社会互动,认为"集权国家在治理乡村社会时……取得绝对的优势地位,没有任何非国家的社会力量可以对它形成制约。但国家要严密统治乡村社会缺乏足够的资源,采取国家对乡村社会的部分管理体制,国家以控制乡村绅士,达到控制整个乡村目

---

① Creech, B. & Mendelson, L. A. Imagining the journalist of the future: technological visions of journalism education and newswork[J]. The Communication Review, 2015, 2: 142 - 165.

② Valerie Belair Gagnon, Taylor Owen Avery E. Holton. Unmanned aerial vehicles and journalistic disruption[J]. Digital Journalism, 2017, 5: 1226 - 1239.

③ 苏贾.后现代地理学: 重申批判社会理论中的空间[M].王文斌,译.北京: 商务印书馆,2004.

④ 索杰.第三空间: 去往洛杉矶和其他真实和想象地方的旅程[M].陆扬,等译.上海: 上海教育出版社,2005.

⑤ 索亚.后大都市: 城市和区域的批判性研究[M].李钧,等译.上海: 上海教育出版社,2006.

⑥ 包亚明,等.上海酒吧: 空间、消费与想象[M].南京: 江苏人民出版社,2001.

⑦ 姚霏.空间、角色与权力: 女性与上海城市空间研究(1843—1911)[M].上海: 上海人民出版社,2010.

⑧ 李清均.空间生产结构优化问题研究[M].北京: 经济管理出版社,2011.

⑨ 王志美.产业发展与城市空间演化[M].北京: 兵器工业出版社,2007.

的"①。还有学者基于大量史料探究古代城市或城镇空间的形成与发展,结合空间理论视角分析其空间内部结构、关系的变化,如赵万民结合大量古镇领域的学术成果和保护的实例,深入研究与巴渝古镇"聚居"相关的文化、形态和空间②;李久昌梳理古代洛阳建都历程及古代洛阳都城空间发展的过程,并深入研究空间中的经济布局、管理调控等问题③。上述研究为我们认识空间理论以及将空间理论运用到新闻传播学的相关研究提供了有益的借鉴。

我国学者将空间生产相关理论应用到媒体内容融合的研究当中,"强调'空间'在社会理论研究中的主体性地位,'空间'是作为'主动'的一个'维度'参与到社会结构的建构、社会生产与实践、权力与知识的生产中"④,由此"将空间概念带回社会理论的架构之中或曰以空间思维审视社会"⑤。基于空间生产视角对传播现象的研究文献虽然整体数量相对较少,但近年来已经出现了一批有价值的研究成果,比如陈卫星认为"新媒体不仅仅是一种信息生产方式,更是围绕着它所依托的介质和载体所产生的组织性、结构性的活动,重新结构社会性的生产关系"⑥,进而从时空属性探讨新媒体与社会建构的关系;李荣等关注传统文化电视传播的空间生产,提出"传统文化的传承不仅是指时间上的连续性,也指空间上的连续性。在空间上,要实现传统文化资源的地理空间向电视空间的转化,建构起传统文化资源的电视空间经济,并通过电视的两重经济生产,将传统文化传播纳入电视文化产业经营的体系"⑦;刘涛等基于流动空间理论研究社会化媒体与空间的社会化生产,认为"社会化媒体已经渗透到社会生活的深层结构,不仅构造了一种新的社会形态和交往模式,而且深刻改写了当代社会的生产模式和政治现实"⑧;裴萱按"碎微空间—分形空间"的逻辑分析后现代空间形态重构,发现"碎微空间的生成来自于新媒体的信息革命和社会化'微媒介'传播手段的提升,呈现出'微叙事'的

---

① 刘方玲,李龙海.村落空间与国家权力[M].沈阳:东北大学出版社,2009:270.
② 赵万民,等.巴渝古镇聚居空间研究[M].南京:东南大学出版社,2011.
③ 李久昌.国家、空间与社会:古代洛阳都城空间演变研究[M].西安:三秦出版社,2007.
④ 蔡月亮,陈长松.基于空间视角的新闻客户端媒介特性探析[J].中国出版,2018(20)59.
⑤ 崔波.清末民初媒介空间演化论[M].北京:北京大学出版社,2012:4.
⑥ 陈卫星.新媒体的媒介学问题[J].南京社会科学,2016(2)114-122.
⑦ 李荣,姚志文.传统文化电视传播的空间生产理论分析[J].社会科学战线,2012(1)155-158.
⑧ 刘涛,杨有庆.社会化媒体与空间的社会化生产:卡斯特"流动空间思想"的当代阐释[J].文艺理论与批评,2014(2)73-78.

艺术文本审美特质,并以'仿像''瞬间失意'等方式促使后现代主体审美体验和存在观念的变革"①。

"空间是一种生产资料,土地、地底、空中甚至光线,都纳入生产与产物之中。"②编辑室空间作为一种特殊的社会空间,其空间形态的变化与发展同样值得关注。这一理念已经在相关研究成果中得到体现,如刘颂杰通过对财新团队的"参与式观察"分析"编辑部结构特征、内部人和外部的人角色冲突"③,王敏对虚拟编辑室空间新闻生产理念与特征进行了启发式探索④,杨奇光研究了可视化团队的组织空间内新闻性理念与视觉性理念的冲突⑤。上述研究基于空间视角对编辑室空间形态变化、影响做出了思考,而编辑室空间的生产也会对社会空间产生直接或间接的影响,这是融合发展中媒体空间生产的典型特征与重要内容。对编辑室生产与社会空间生产之间互动问题的思考也体现在近期的研究成果中,如李彪思考了新格局下编辑室融合空间生产的问题,从社会空间再造、消费社群嵌入等方面提出对策⑥,赵红勋在空间理论的观照下对新闻生产关系重构的动因和意义做了深入挖掘,"试图打破新闻生产的内容取向与功能主义的研究传统,在新媒体语境下,以新闻生产的物理空间与技术空间为着力点对其揭示的社会关系之变化进行意义解读"⑦,蔡月亮等基于空间视角探析新闻客户端的媒介特性,发现"社会空间层面的自媒体化,推动了媒介空间、个体阅听空间和社会空间的深度连接"⑧。基于空间生产理论审视编辑室空间变化成为研究传媒业态融合发展的新视角,不仅能够观察编辑室内部运营模式的变化,还便于发现媒体在社会空间变化的大背景下发挥作用的方式。

媒体内容融合发展改变了编辑室空间的生产方式。空间是一个社会产品,编辑室是城市空间的重要部分,编辑室空间也是各种社会关系相互作用的"产品";目前国内大部分关于编辑室空间的研究并不系统,"散落"在相

①　裴萱.从"碎微空间"到"分形空间":后现代空间的形态重构及美学谱系新变[J].福建师范大学学报(哲学社会科学版),2017(5)86-101.
②　包亚明.现代性与空间的生产[M].上海:上海教育出版社,2003:47-58.
③　刘颂杰.新闻室观察的"入场"与"抽离":对财新团队参与式观察的回顾及思考[J].新闻记者,2017(5)45-53.
④　王敏.突破"新闻室"的界限:虚拟新闻室实验及其对新闻教育的启示[J].传媒,2017(19)83-85.
⑤　杨奇光.媒体融合时代的新闻室矛盾:基于新闻可视化生产实践的考察[J].新闻大学,2018(1)18-26.
⑥　李彪.未来媒体视域下媒体融合空间转向与产业重构[J].编辑之友,2018(3)40-44.
⑦　赵红勋.新媒体语境下新闻生产的空间实践[J].新闻界,2018(7)38.
⑧　蔡月亮,陈长松.基于空间视角的新闻客户端媒介特性探析[J].中国出版,2018(20)59.

关的媒体空间研究或者基于空间理论对传播现象、问题的研究之中,而其中比较有代表性的为关于"中央厨房"、县级融媒体中心等对象的研究,比如国秋华通过对中央电视台(CCTV)、人民日报社、新华社等多家媒体单位"中央厨房"的调研,基于产业经济管理学相关理论,"运用价值链理论来分析媒体'中央厨房'建设过程,对其价值链重构方式及建成模式进行研究,剖析其价值生产与价值创造的内在机理"①。县级融媒体中心建设将对我国基层编辑室空间有较大影响,学界对此做出及时回应,迅速出现一大批研究成果,比如刘峰认为"县级融媒体中心建设不是静态的新闻室空间形态与流程再造,更重要的是空间权力的变化、空间资源的再分配,以形成新的空间生态系统为目标"②。张宏邦等基于陕西省 76 个区县融媒体对象的实证研究,探讨县级融媒体中心制度保障、功能整合、技术升级等治理框架,并提出"整合多方资源、协同各方人员、做好强连接、讲好本土故事、社区协同、因地制宜分类指导等本土化建设路径"③。张雪霖认为体制机制改革是县级融媒体中心建设的第一要务,并通过 3 个县的案例研究提炼出体制机制改革的三种模式④。在这一部分成果中,直接从空间视角切入对"中央厨房"、县级融媒体中心等对象展开的研究比较少,但是大部分成果能够为我们认识编辑室空间形态、内容生产行为的变化、编辑室空间关系的发展提供良好的借鉴。整体来看,上述成果多偏重应用研究,理论性的思考仍有待加强;研究方法维度也有所缺失,多为经验总结与提炼;在一定程度上能够为我国基层编辑室空间生产的研究提供借鉴和支撑,但是基于空间生产理论对这一特殊编辑室空间进行的系统性认识还需要学界的深入研究。

二、国内外关于媒体内容融合发展的研究

(一)国外关于媒体内容融合发展的研究

本书所关注的编辑室空间生产是在媒体内容融合发展的大背景下展开的,科学把握"媒体融合"概念是推进融合发展的基础,也是本书的重要支撑点。"'媒介融合'就是指在数字技术和网络技术的背景下,以信息消费终

---

① 国秋华.价值链重构:媒体中央厨房建设路径与模式创新[J].现代传播(中国传媒大学学报),2019(9)136.
② 刘峰.新闻室空间再造:县级融媒体中心建设的元新闻话语研究[J].新闻大学,2019(11)11.
③ 张宏邦,刘威,王佳倩,等.整合与协同:县级融媒体的现实困境及本土化推进路径[J].西安交通大学学报(社会科学版),2020(3).
④ 张雪霖.县级融媒体中心的体制机制改革研究:以 H 省 3 个试点县市为例[J].新闻界,2020(3)26.

端的需求为指向,由内容融合、网络融合和终端融合所构成的媒介形态的演化过程。"①尼古拉斯·尼葛洛庞帝(Nicholas Negroponte)于 1978 年提出这一概念。他主要针对印刷、广播与计算机等领域展开研究,并前瞻性地预见了媒介融合的趋势。此外,托马斯·鲍德温(Thomas Baldwin)等学者探讨多种媒体形式集于一体的传播模式,把握未来通讯、传播的趋势、蓝图②;凯文·曼尼(Kevin Maney)提出"大媒体"的概念,提出传统的媒体产业都将被整合到未来的"大媒体产业"中③。上述均为早期关注、研究媒体融合比较有代表性的成果,随着新媒体形态的发展与传统媒体的创新,新的融合方式、趋势与特点不断产生,越来越多的研究者从更多视角做出探讨。

随着媒体融合进程的发展与深入,国外研究者也对不同类型传统媒体在融合背景下的现状、困境及创新路径做出了研究。如查尔斯·斯特林(Charles Sterling)认为"每次传媒革命都带来了社会、文化、政治的巨大变革"④,威尔伯思(Welbers)、奥普根哈芬(Opgenhaffen)等比较了英国、荷兰等 6 家报纸的 Facebook 页面,调查这些社交媒体编辑对新闻传播的影响⑤。纳吉(Nagy)、米达(Midha)等认为要借助新兴媒体影响受众,并提出"赢得的观众"的理念⑥。林俊秀(Lim Joon Soo)、李圣贤(Ri Sung Yoon)通过跨媒介协同效应检验,发现与单一媒体重复相比,多媒体重复产生了更积极的认知反应,传播效果更佳⑦。

在内容融合方面,国外研究者对媒体内容生产方式及传播特征的变化从不同方面予以关注。学者们注重在把握新兴技术驱动业态创新的基础上做出新的理论思考,比如范达姆·克里斯汀(Van Damme Kristin)关注虚拟现实技术(VR)在新闻内容生产中的应用,提出"360 度视频新闻"的理念⑧。

①　王菲.媒介大融合[M].广州:南方日报出版社,2007.
②　托马斯·鲍德温,史蒂文森·麦克沃侬,查尔斯·斯坦菲尔德.大汇流:整合媒介、信息与传播[M].龙耘,译.北京:华夏出版社,2000.
③　凯文·曼尼.大媒体潮[M].苏采禾,李巧云,译.台北:时报文化出版企业有限公司,1996.
④　查尔斯·斯特林.媒介即生活[M].王家全,崔元磊,张祎,译.北京:中国人民大学出版社,2014.
⑤　Welbers Kasper, Opgenhaffen Michaël. Social media gatekeeping: an analysis of the gatekeeping influence of newspapers' public Facebook pages[J]. New Media & Society. 2018, 20: 4728 - 4747.
⑥　Nagy Judit. The value of earned audiences: how social interactions amplify TV impact[J]. Journal of Advertising Research. 2014, 54: 448 - 453.
⑦　Lim Joon Soo, Ri Sung Yoon. The cross-platform synergies of digital video advertising: implications for cross-media campaigns in television, internet and mobile TV[J]. Computers in Human Behavior, 2015, 48: 463 - 472.
⑧　Van Damme Kristin. 360° Video journalism: experimental study on the effect of immersion on news experience and distant suffering[J]. Journalism Studies. 2019, 20: 2053 - 2076.

学者们对业界的新兴生产模式表现出很高的研究兴趣,比如斯科尔卡·安德烈(Školkay Andrej)等探讨提升人工智能在虚假新闻检测、新闻事实检验方面的作用①。不同类型媒体内容生产方式的创新研究具有很强的应用性,如福尔蒂·耶里(Fautier Thierry)针对目前 OTT(over the top,指互联网公司绕开运营商,基于互联网开展的各种视频与数据服务)在高清内容直播过程中存在的问题,思考针对性的解决方案②。媒体内容融合还对社会文化、生活产生了不同程度的冲击,学者们对此进行了学理性思考,如威尔逊·布莱恩(Wilson Brian)思考新媒体发展与"地方"社会文化发展的关系,以及应该用什么样的方法认识当地文化与新媒体内容之间的"抵抗"等问题③;此类学理性思考有利于从更深层面认识媒体内容融合的影响,提炼更为科学的融合理念。

融合过程中的媒体内容与受众关系变化是国外研究者关注的重要内容。如加里斯托(Gallistl)通过对 10 527 名老龄用户媒体使用数据的分析,确定创新传统主义者、娱乐寻求者、选择性内容消费者和折中媒体用户等 4 类老年用户④,格鲁·马吕斯(Geru Marius)、安吉拉·伊莱扎(Angela Eliza)等使用机器学习算法等探讨用户生成内容的"机制"⑤,雅卡·厄泽尔(Yaşa Özel)分析消费者使用新媒体的方式和原因,为用户确定了 6 种使用和满足内容⑥。此外,新兴传播形态对内容生产的影响也具有很高的研究热度,比如结合社交媒体、视频网站的兴起背景,审视内容生产模式的变化与影响:巴拉蒂·普拉图什(Bharati Pratyush)、乔杜里·阿比吉特(Chaudhury Abhijit)研究了社会化媒体、IT 平台、关系资本这 3 个变量的直接和间接影响⑦,桑

① Školkay Andrej, Filin Juraj. A comparison of fake news detecting and fact-checking AI based solutions[J]. Media Studies, 2019, 4: 365 – 383.

② Fautier Thierry. How OTT services can match the quality of broadcast[J]. SMPTE Motion Imaging Journal, 2020, 3: 16 – 25.

③ Wilson Brian. New media, social movements, and global sport studies: a revolutionary moment and the sociology of sport[J]. Sociology of Sport Journal, 2007, 4: 457.

④ Gallistl Vera, Nimrod Galit. Media-based leisure and wellbeing: a study of older internet users [J]. Leisure Studies, 2020, 2: 251.

⑤ Geru Marius, Angela Eliza. Using artificial intelligence on social media's user generated content for disruptive marketing strategies in ecommerce[J]. Annals of the University Dunarea de Jos of Galati: Fascicle: I, Economics & Applied Informatics. 2018, 3: 5 – 11.

⑥ Yasa Ozel. How and why consumers use social media: a qualitative study based on user-generated media and uses & gratifications theory[J]. Journal of the Cukurova University Institute of Social Sciences. 2019, 1: 142 – 161.

⑦ Bharati Pratyush, Chaudhury Abhijit. Assimilation of big data innovation: investigating the roles of IT, social media, and relational capital [J]. Information Systems Frontiers, 2019, 6: 1357 – 1368.

汀(Santín Marina)等结合对 YouTube 的 864 个视频的分析,发现传统媒体内容受益于算法机制,效果取决于参与度、用户体验、视频质量、视频声誉等因素①,齐默曼(Zimmermann)等发现 YouTube 侧边栏内容及其推荐标准会影响人们对 YouTube 和视频的判断②。

(二) 国内关于媒体融合发展的研究

1. 国内关于媒体融合发展的研究

国内媒体融合发展的相关研究与国外相比要晚。蔡雯等学者在 20 世纪初将媒体融合理念引入国内,比较全面地介绍了媒介融合的理念与趋势③,黄升民结合融合背景对国家广播电视总局的“局台关系”调整进行了研究④,胡明川对网络媒体发展的趋势、影响做出分析⑤,彭兰概括了我国网络新媒体发展中呈现的双重轨迹⑥,上述成果推动了我国学术界关注、研究媒体融合的进程。自 2006 年起,研究成果逐步丰富,概念层面有黄旦、李暄等从业态到社会形态转变对“媒介融合”的重新理解⑦,行业形态方面有彭兰对传媒边界消失与版图重构的宏观把握⑧,前瞻性思考方面有对未来传播“智能化”核心逻辑的探究⑨,量化研究方面有严三九等基于全国范围问卷数据分析对中国媒体融合现状与创新路径的探析⑩。整体来看,国内关于媒体融合发展的研究中所关注的热点问题与国外研究者在许多方面存在相关性,而在很多方面又从中国传媒界的现状出发,具体可从以下几个方面来认识。

第一,对媒体融合现状及其规律的把握。许多学者借鉴国外研究成果,

① Santín Marina. The use of YouTube by the spanish press：a model to be defined[J]. El Profesional de la Información, 2020, 1：1 - 14.

② Zimmermann Maria, Jucks Regina. With a view to the side：YouTube's sidebar and youtuber's linguistic style as hints for trust-related evaluations[J]. International Journal of Human-Computer Interaction. 2019, 14：1279 - 1291.

③ 蔡雯.新闻传播的变化融合了什么：从美国新闻传播的变化谈起[J].中国记者,2005(9).

④ 黄升民.虚拟还是现实(上)：再描广播电视媒介的市场竞争版图[J].现代传播(北京广播学院学报),2001(1)32.

⑤ 胡明川.网络媒介促进跨媒介合作[J].西南民族学院学报(哲学社会科学版),2001(2)133.

⑥ 彭兰.主流化与边缘化：网络新闻发展的双重轨迹[J].中国记者,2004(5).

⑦ 黄旦,李暄.从业态转向社会形态：媒介融合再理解[J].现代传播(中国传媒大学学报),2016(1)13 - 20.

⑧ 彭兰.未来传媒生态：消失的边界与重构的版图[J].现代传播(中国传媒大学学报),2017(1)8 - 14.

⑨ 喻国明,兰美娜,李玮.智能化：未来传播模式创新的核心逻辑：兼论“人工智能+媒体”的基本运作范式[J].新闻与写作,2017(3)41 - 45.

⑩ 严三九.中国传统媒体与新兴媒体融合发展的现状、问题与创新路径[J].华东师范大学学报(哲学社会科学版),2018(1)89 - 101.

探讨我国媒体融合现状、规律、趋势等。如蔡雯"基于'媒介融合'的研究视角,分析了四种类型的研究成果之间的差异性及其相互关系"①,南长森等从规制层面提出"融合遭遇中国媒介土壤和文化认同的差异呈现出多元性和复杂性"②,蒋晓丽等从西方"生态批评"视角入手审视我国媒体融合发展的实质与影响③,丁柏铨深入辨析我国媒介融合的内涵④,提出理性认识、应对、参与媒介融合的观点⑤。这一部分研究集中于如何"融合",即深入探究媒体融合的决定因素、趋势方向、规则规律。

第二,关注个案研究。如陆晔等结合《新闻联播》案例,探讨融合背景下新闻选择标准如何改变⑥,方兴东等对比《纽约时报》和《人民日报》20 年来的融合进程,认为制约媒体转型的可能是运营模式、经营理念等因素⑦,曹竞以《中国青年报》虚拟现实(VR)新闻实践为例,提出"把握 5G 赋能的全新机遇,打好融合发展的精品'持久战'"⑧,周丹以三联旗下"中读 APP"为例,探讨期刊品牌的延续⑨。

第三,探讨不同类型媒体的融合发展策略。高晓虹等提出主流媒体需要致力于搭建强大平台,打造融媒精品的观点⑩,段鹏认为智能化演进是广播电视的必然性转型策略与关键痛点⑪。巢乃鹏探讨中国出版业在融合背景下 3种可能的战略选择⑫,姚凯波等关注我国泛娱乐产业在融合时代的转型⑬,谷学强从融合背景下的跨媒介叙事、文化再生产等方面探讨传统文化与二

①　蔡雯,王学文.角度·视野·轨迹:试析有关"媒介融合"的研究[J].国际新闻界,2009(11)87.
②　南长森,石义彬.媒介融合的中国释义及其本土化致思与评骘[J].陕西师范大学学报(哲学社会科学版),2012(3)159.
③　蒋晓丽,任雅仙.媒介融合的生态批评[J].四川大学学报(哲学社会科学版),2008(4)102.
④　丁柏铨.媒介融合:概念、动因及利弊[J].南京社会科学,2011(11)92.
⑤　丁柏铨.媒介融合:概念、动因及利弊[J].南京社会科学,2011(11)92.
⑥　陆晔,胡吉.媒介融合时代的电视新闻:重要的或是有趣的:兼议央视《新闻联播》"假日调查:你幸福吗?"[J].新闻记者,2012(11)14.
⑦　方兴东,潘斐斐,李树波.新媒体之道与媒体融合战略选择:《纽约时报》与《人民日报》媒体融合 20 年历程与经验比较研究[J].新闻记者,2016(1)74.
⑧　曹竞,刘俞希.5G 时代下的媒体融合发展　中国青年报沉浸式体验新闻的探索与思考[J].新闻与写作,2020(3)89.
⑨　周丹.看移动互联网时代期刊的创新升级:以"三联·中读"为例[J].编辑学刊,2020(2)115.
⑩　高晓虹,赵希婧.适应融合传播新环境　开创品牌构建新时代[J].电视研究,2018(7)4.
⑪　段鹏.智能化演进:广电媒体深度融合历史机遇与发展策略[J].编辑之友,2020(3)5.
⑫　巢乃鹏,袁光锋.媒介融合时代中国出版业的战略选择[J].出版发行研究,2012(2)17.
⑬　姚凯波,杨海平.媒介融合视角下我国泛娱乐产业发展模式与机制研究[J].中国编辑,2019(12)40.

次元文化破壁与融合的途径①。

第四,融合背景下媒体管理体制与方式的探讨。如肖赞军等梳理近40年我国媒体经营体制发展的3个阶段,认为应积极推进规制体制变革、资本准入改革、市场机制培育②,孙俊青等总结出版管理体制演化历程,提出要从顶层设计的层面探讨具有中国特色的社会主义出版体制③,张国涛认为传统媒体的媒介融合进展缓慢的原因在于体制活力不足④,严三九提出需从意识、执行、技术应用等层面逐渐消除各种限制因素的作用⑤,肖叶飞等认为需要改变分业监管的规制体系,从纵向统合型规制向横向竞争型规制转变⑥。

2. 国内关于媒体内容融合发展的研究

内容融合是国内媒体融合发展过程中的核心,随着内容融合进程的深入,相关研究成果不断丰富与发展。严三九通过对全国20个省市的调研和深度访谈,对内容融合发展现状、问题与对策做出研究⑦,该研究从"各内容形态在融合中的前景""不同因素在内容生产融合中的作用""内容特性""不同生产方式"等方面展开,在此借鉴这几个方面来梳理我国媒体内容融合的研究成果。

第一,不同媒体内容形态在融合中现状、前景的研究。大量学者从现状、问题、特征、趋势、前景等方面对媒体内容融合做出研究,如张志安等通过比较专业媒体和平台媒体,从舆论格局、文化安全等角度剖析隐忧⑧,张蓝姗对电视内容融合的创新模式进行了探讨⑨,刘峰探讨如何在内容生产、定位等方面通过应用互联网思维提升电视媒体运营水平⑩,郝振省对出版融合中语义、可视化、智能、互动、数据出版等几个主要趋势进行了把握⑪。

① 谷学强.破壁与融合:二次元场域空间下传统文化的生产与重构[J].学习与实践,2019(4)118.
② 肖赞军,张惠.传媒经营体制演进轨迹与特征[J].重庆社会科学,2016(2)95.
③ 孙俊青,刘永俊.新中国70年出版管理体制的演进与改革启示[J].北京联合大学学报(人文社会科学版),2019(3)29.
④ 张国涛.体制改革释放活力背后的技术引擎[J].电视研究,2018(5)1.
⑤ 严三九.媒体融合过程中传媒体制改革研究[J].新闻记者,2016(12)4.
⑥ 肖叶飞,刘祥平.媒介融合与规制融合[J].现代传播(中国传媒大学学报),2015(3)10.
⑦ 严三九.中国传统媒体与新兴媒体内容融合发展研究[J].新闻与传播研究,2017(3).
⑧ 张志安,曾励.媒体融合再观察:媒体平台化和平台媒体化[J].新闻与写作,2018(8).
⑨ 张蓝姗.媒介融合　电视+互联网的跨界与转型[M].北京:清华大学出版社,2019.
⑩ 刘峰.基于互联网思维的电视媒体创新运营研究[M].长春:吉林大学出版社,2019.
⑪ 郝振省.科技期刊融合发展现状、趋势及建议[N].科技导报,2015(24).

第二,不同因素在媒体内容生产融合中作用的研究。媒体内容融合由多种要素共同驱动,对这些要素的科学认识是探索内容融合路径的基础,这方面已积累了大量成果。如甘险峰等基于技术赋能审视媒体融合的创新举措①,熊奕瑶等就用户行为变化对内容环境、受众接受的影响做出思考②,张立等从产业发展角度分 12 个领域研判数字内容产业发展趋势③,陈海关注监管方式对新媒体语境下内容生产的影响④,吕楠探讨媒体组织结构在内容形态创新中的作用⑤。上述成果覆盖了技术、受众、市场、政策、组织形态等因素对内容融合的影响,对内容生产融合的驱动要素形成比较系统的认识。

第三,对融合内容特性的研究。媒体内容在融合发展中呈现出诸多不同于传统媒体内容的特点,对内容生产机制、组织文化重构等均有着直接影响,学者们对此表现出较高的研究兴趣。如饶广祥等通过对网络表情等内容的研究反思趣味化倾向的负面影响⑥,乔新玉从景观社会视角出发思考电视内容娱乐化转向的现状及影响⑦,周忠元等通过对手机新闻内容的分析,强调个性化在手机新闻传播中的重要性⑧,周旭结合弹幕对"二次元"内容背后受众年轻化的现象进行了解读⑨,王斌等基于传播环境的移动化、社交化特征审视内容生产所经历的流程重构⑩。上述成果从趣味性、娱乐化、个性化、年轻化、移动化等方面对融合内容的特性做出了比较全面的把握。

第四,随着融合发展的深入,多样化的内容生产方式涌现,成为需要学界及时回应的前沿课题。孟伟等探讨广播内容的社会化生产方式,强调在社会化生产模式中保证内容安全的重要性⑪,张智华等结合对专业化

---

① 甘险峰,郭洁.5G 与人工智能技术赋能下媒体融合的新发展:2019 年中国新闻业事件回顾 [J].编辑之友,2020(2)75.

② 熊奕瑶,董晨宇.作为"移民"的用户:社交媒体中的迁徙行为及其影响[J].新闻与写作,2020(5).

③ 张立,吴素平.我国数字内容产业投资价值与发展趋势研究[J].出版发行研究,2019(7).

④ 陈海.新兴媒体语境下的内容监管政策与原则[J].新闻大学,2013(5).

⑤ 吕楠.融合型媒体组织的探索:以上海广播电视台融媒体中心为例[J].新闻记者,2017(6).

⑥ 饶广祥,魏清露."趣我"与浅平化:网络表情符号的传播与反思[J].福建师范大学学报(哲学社会科学版),2018(2).

⑦ 乔新玉.电视娱乐化转向:景观社会的视角[M].北京:社会科学文献出版社,2019.

⑧ 周忠元,薛莹.媒介融合视阈下的手机新闻个性化发展探究[J].编辑之友,2016(6).

⑨ 周旭.越界的二次元:弹幕电影、参与式文化与未来受众[J].当代电影,2016(8).

⑩ 王斌,郭扬.移动社交情境下互联网媒体的内容生产流程重构[J].编辑之友,2018(4).

⑪ 孟伟,万穗.社会化媒体的视角:广播内容生产与运营的新理念[J].河南社会科学,2016(8).

网络内容自制生产的分析,提炼出网络自制内容快捷、实效、碎片化的特征①,李政毅等在拟剧理论视角下对哔哩哔哩网站(B 站)的 UGC(user generated content,用户生成内容)生产模式进行了探讨②,周葆华等探讨了人工智能技术对新闻内容生产的冲击③,白贵等对体育新闻领域的智能内容生产进行了具体研究④。

　　整体来看,上述多为应用性比较强的研究,也反映了目前国内媒体融合、媒体内容融合研究领域应用研究中的重大现状,即应用性、实践性研究的比重较大。这主要是因为传媒业态融合发展变化迅速,新技术、新现象、新问题不断涌现,需要研究者敏锐把握、及时回应,发挥学术研究推动行业发展的积极作用。同时,诸多学者也开始对媒体内容融合以及内容融合对社会、文化等领域的影响做出学理性的思考和研究,而空间便是其中具有代表性的一个新兴视角。

三、进一步探讨、发展或突破的空间

　　通过以上对国内外前期的代表性观点和研究成果的简要综述和梳理,以及根据不同研究观点和方向进行的分类概括和总结,可以发现新闻传播领域的空间问题已经得到研究者的重视。编辑室是媒体中具有核心生产功能的空间结构板块,在媒体发展及其与社会空间互动、构建意义的过程中发挥着不容忽视的作用。西方哲学与社会学等领域的"空间的转向"始于 20 世纪 60 年代,即从空间视角思考经济社会发展特别是城市化过程中的一系列问题,"空间的社会性内涵及其被生产的可能性与现实性被发现"⑤。目前的新闻传播学研究中,从空间视角思考媒体与城市关系、媒体在城市互动中作用的研究成果较多,观照编辑室自身空间变化的研究相对较少⑥。而编辑室空间本身、编辑室空间内部主体之间的关系与行为模式的变化,恰恰是把握媒体业态变化的重要突破口,有助于分析媒体内容融合发展不同驱

---

①　张智华,张帅.论中国网络自制纪录节目叙事、视听传播与文化创新[J].中国电视,2019(12).

②　李政毅,陆洪磊.拟剧理论视角下的 UGC 视频创作模式分析:以 Bilibili 为例[J].当代电视,2020(5).

③　周葆华,骆陶陶.人工智能重塑新闻业:进展、问题与价值[J].南京政治学院学报,2018(6).

④　白贵,王太隆.体育赛事机器新闻写作的现实困境与改进路径:以腾讯"机器人 NBA 战报"为例[J].上海体育学院学报,2018(6).

⑤　刘涛.社会化媒体与空间的社会化生产:福柯"空间规训思想"的当代阐释[J].国际新闻界,2014(5)48.

⑥　刘峰.新闻室空间再造:县级融媒体中心建设的元新闻话语研究[J].新闻大学,2019(11)11.

动要素的作用方式与机制。

对编辑室空间的研究离不开对其所在的传媒生态与背景的分析,在不同的背景下,媒体编辑室的运营模式及其与受众、社会的互动逻辑均有差异,比如模拟技术时代的编辑室与数字技术时代的编辑室、电视媒体的编辑室与报刊编辑室、事业单位属性更强的媒体编辑室与市场化更强的新兴媒体编辑室的空间形态、结构等均有明显差异。为了更为科学、清晰、深入地把握编辑室空间的特征与生产逻辑,需要从多个方面对当下及未来媒体生态发展的特征、问题、规律做出全面把握,进而从媒体生态的变化中寻找编辑室空间生产的基础逻辑,把握编辑室空间演化甚至重构过程中需要注意与规制的问题。本书通过分析文献发现:当下媒体生态的主题是融合发展,研究者有必要在把握融合发展背景的基础上进一步对编辑室空间的生产问题做出深入梳理与探讨,在此从以下3个方面予以简要提炼。

第一,应用空间生产理论审视媒体生态转型发展过程中的新现象、新问题。当下媒体实践与多元社会领域的交集越来越大,在很多场景和环节中均已突破了传统新闻传播实践的范畴,大量新现象、新问题均是在媒体实践与其他行业、领域融合的过程中出现的。但是在新闻传播研究领域,依然有诸多研究者囿于传统的研究视角、理念,一方面从传统媒体、新媒体及其他固有角度去研究新旧媒体融合的规律,带有一定的主观性,另一方面也出现了传统理论视角、方法在审视复合型、融合化新现象的时候解释力不足的问题。当下媒体生态的发展并非传统媒体的革新、新媒体的进步抑或是二者的叠加,各种新问题的出现需要突破对传统媒体运营规律的认识,这离不开研究视角与理念的创新、对固有单一学科限制的突破,而面向社会学、计算机等学科吸取营养、借鉴具有可行性研究视角的必要性遂凸显。基于此,在后续研究中,需要尝试进一步跳出、突破单纯从新闻传播领域审视媒体内容生产实践固有的研究视角和学科背景的限制,通过对编辑室空间生产的分析,将空间生产理论视角与媒体内容生产研究相结合。深入把握编辑室空间形态、结构与空间主体关系在动态发展中的新特点,体现出一定的问题意识,将编辑室空间置于更宏大的社会、传播生态系统中予以考察,紧密结合融合发展推动编辑室空间变化的时代背景,思考媒体与社会深度融合背景下编辑室空间外部影响因素的作用机制、内部空间关系的改变、互动意义的生产等问题。

第二,需要结合新背景审视编辑室空间的新特点。编辑室虽然是媒体领域一个比较具体的空间类型,但是随着当下媒体生态的变化,各类编辑室空间自身的形态正在发生改变,而且编辑室空间与其他类型空间之间的界限、关联与互动方式也产生了新的特点，所以对编辑室空间生产的研究离不开对媒体深度融合背景的把握。与编辑室空间生产相关性更强、对其作用更为直接的是内容融合发展，而媒体内容融合发展是一个比较宏大且泛化的课题，不仅涉及传统媒体、新媒体，还包括媒体技术的进步、国家媒体管理政策的发展等；编辑室空间生产是一个需要"垂直"深入研究的课题。面对持续深化的"融合"趋势，传媒生态与其他领域、产业的关系也越来越紧密，在后续研究中需要深入把握媒体内容融合发展的新趋势、新格局，把握影响内容融合的技术、政策、受众需求等多元要素的作用以及不同要素之间的互动关系，明确媒体内容融合发展的新趋势、新格局、新问题，在掌握智能化、移动化、数据化等新的传播趋势下媒体内容生产的全方位变革的基础上，把握其编辑室从"组织化"空间生产向"社会化"等空间生产的转型趋势，掌握融合转型中编辑室空间多元化、碎片化、分散化等诸多特征。

　　第三，具体来看，在从宏观与抽象层面分析编辑室空间新特点的基础上，研究者还需要聚焦、深入把握编辑室空间生产过程中具体、微观的问题。编辑室的空间形态、组织结构、运营模式都处于动态的发展变化过程之中，与传统媒体编辑室相比，近年来在大数据、人工智能（AI）等技术的推动下出现革命性的变化，这给相关研究提出了新的课题与任务，而目前这一方面的成果相对薄弱。而"融合"使媒体信息传播模式、与社会互动的机制也产生新变化，编辑室与社会、舆论、网络文明之间的关系呈现新特点。对编辑室的有效把握、适应、管理、规范日益成为一个急迫性的课题。学者需要基于内容融合不断深入的趋势，厘清编辑室空间中的媒介权力结构的改变，把握编辑室空间生产过程中不同主体的介入方式、产生矛盾或冲突的原因、意义的生成方式等。以作为空间主体的媒介组织或个人的实践活动为理解编辑室空间的核心因素，见微知著地分析媒体职业的特性在融合过程遇到的冲击，思考如何将新技术、新模式等融入传统的组织化工作常规。

　　综上，基于媒体内容融合背景审视编辑室的空间生产问题，一方面要从整体上对其进行科学、全面的把握，需要拓宽理论视角，在长期探索和积淀的基础上总结规律，另一方面要聚焦编辑室空间具体、动态变化中的现象与问题，做出深入分析。本书认为，掌握融合背景下快速变化的传播环境对媒体内容生产的影响，能够为打造、运营新兴的编辑室空间提供借鉴，同时有益于从我国经济社会发展、文化大发展大繁荣、传媒业转型升级的战略高度把握编辑室空间的定位，体现其时代特征，发挥更加积极的传播功能。所以，本书在对前期研究成果进行梳理、概括的基础上，结合媒体内容生产实践的新发展、新趋势、新要求,针对上述分析的问题与不足进行分析,不仅从编辑室演化的角度思考其空间生产的新特点、新问题,而且从媒体与社会的互动中审视融合进程中的编辑室空间生产。

四、问题的提出

基于上述文献梳理、结合对媒体生态演化的分析,可以看到围绕动态变化中的媒体编辑室空间,存在诸多需要深入思考与探究的问题。本书在前期成果的基础上,力求关注媒体内容生产方式创新进程中编辑室的空间问题,并从以下几个方面展开探讨。

第一,探究媒体内容融合进一步深入发展的背景下,明确编辑室空间的生产问题。媒体内容融合是本书展开的基础背景,且是一个始终处于动态发展的课题。本书需要把握媒体内容融合发展的前沿动态,聚焦内容生产方式创新对编辑室空间变化的驱动,为进一步探究编辑室空间生产问题打下基础。在研究之初,同样需要论证切入视角即空间生产理论视角的适用性,明确编辑室空间生产的问题、主要内容和层次,基于空间生产视角拓展研究视野,贯通编辑室空间与社会发展、媒体内容生产实践创新之间的联系,明确编辑室空间生产的目标指向。

第二,探究编辑室空间形态的新特征及其变化逻辑。在媒体内容生产方式创新的驱动下,各类媒体的编辑室空间形态均有不同程度的变化,这些变化是把握媒体实践方式优化、创新的重要基础,本书需要审视编辑室空间形态的新特点,探究这些特点出现及演化的内在逻辑。在对编辑室空间特征及变化逻辑的研究过程中,要明确编辑室空间在融合背景下不是孤立的,不局限于内容生产、传播领域,其创新传播也并非仅靠传播渠道、媒体形式的更新就能实现。在社会转型的时代背景下,编辑室的发展与多维度城市空间的扩展、交融程度越来越大,与媒体空间革新的过程紧密相连,与社会空间发展的互动也越发频繁。研究中要强化内容融合背景下编辑室空间与各类媒体空间、社会空间的关联,避免孤立关注单一化的编辑室空间,而是要充分结合媒体内容生产方式的创新发展,从背景中寻找编辑室空间生产的创新逻辑。

第三,分析编辑室空间生产的主要驱动要素及表现特征。对编辑室空间生产逻辑的把握是以对多元驱动要素的分析为基础,在研究中需要把握内容生产方式创新过程中政策、技术等不同要素的作用方式及影响的变化,审视不同要素的新组合及作用方式,基于此提炼内容生产的新模式,进而结合不同的创新型内容生产实践,探讨不同要素如何驱动编辑室空间生产,从中更为深入地把握编辑室空间生产的新特征。

第四,探讨编辑室空间主体的关系与互动方式的变化,以及空间实践活动的新内容。编辑室空间主体关系与实践活动的变化是其空间生产方式的主要内容,能够体现编辑室运营模式与逻辑的变化,而这些也是本书需要审视与回答的主要问题。在研究中要把握不同编辑室空间主体的关系、意义生成方式的新特点,审视不同主体行为发生勾连与互动的新方式,把握不同空间实践在媒体与社会空间中参与意义的构建与生成的方式。

第五,探讨编辑室空间生产的影响、问题及优化对策。编辑室空间形态的变化是内容生产实践新趋势、新动态的体现,编辑室空间的改变也对内容生产实践产生着直接影响,而且随着内容生产方式的不断发展,编辑室空间生产的影响深度与范围也将持续增加。本书对这一过程中出现的问题进行梳理与分析,进而针对编辑室空间权力关系与结构调整中出现的偏差,以及优化规制理念与对策做出思考。

第二节　核心概念与问题的界定

在上述文献综述与研究问题的提炼过程中,本书已经对编辑室及编辑室空间从不同方面进行了初步论述,在分析中可见编辑室并非一成不变的空间类型,而是会随着融合进程产生多方面的变化;而且,不同类型的媒体在融合发展过程中具有较强的差异化特征,由此各种类型的编辑室也存在较大差别,无法用一种模式去审视动态发展、演化过程中的编辑室及编辑室空间。所以,为了避免在后续分析出现问题不清、表述混淆等问题,有必要对本书探讨的编辑室的内涵与外延做出界定与说明。本节以媒体内容生产实践为标准,对编辑室的内涵与外延做出界定,并基于此,对编辑室空间范围的扩展予以说明,明确编辑室空间生产的主要内容,进而简要梳理本书中容易混淆的几个核心概念的关系。

一、编辑室

在本书中,审视编辑室的标准并非编辑室的物理空间,而是编辑实践、即媒体内容生产行为所在的实际空间。在传统媒体时代,编辑室一般指报刊、广播、电视等媒体的"编辑部""编辑机房"等场所,是传统的机构媒体开展集体化的内容生产实践的固定空间。因为传统媒体的内容生产行为大多需要依托固定的电脑、非编机等设备开展,内容生产者因为"编辑行为"的沟通、编辑、修改等现实需求而聚集于统一空间"室",由此形成"编辑室"。但是随着各种新兴媒体的兴起与发展,在内容生产方式创新的背景下,在诸多场景下,内容生产者已经不需要再聚集于统一之"室"开展集体"编辑行为",不同生产者在各自"编辑空间"中的实践活动能够通过各种新技术、新模式聚合为融合化的"编辑行为",虽然生产者并未"具身"于传统的编辑室,但是并未影响编辑功能的发挥。可以说,随着媒体内容生产方式的不断发展,"室"的存在方式与形态产生了很大变化,但是"编辑"的功能却在一定程度上得到了优化与更新,这种新兴的"编辑室"有必要得到更多关注与研究。

　　本书判断编辑室的标准是"编辑行为",即媒体内容生产实践,产生编辑行为、开展媒体内容生产实践的场所便符合本书所探讨的编辑室标准。之所以采用这一标准来界定编辑室,是因为在融合背景下,媒体内容生产实践日益突破传统编辑室空间,这样的标准能够最大限度把握内容生产行为演化的趋势与逻辑。由此,编辑室的内涵随着媒体内容融合进程的不断深入也发生了明显变化,融合发展打破了传统媒体编辑室内部不同部门之间的物理空间区隔,随着各种创新生产与传播方式的应用,其编辑室空间在结构与功能等方面均超越了传统媒体的固有形态。为了更为全面地认识编辑室,需要基于其在融合传播中的动态发展来把握编辑室的功能与意义。所以,本书关注的是"编辑行为"内涵,针对、聚焦的编辑室是产生媒体内容生产实践的场所,即使这些场所并不存在于传统、固定的编辑部或编辑机房之中,只要能够通过融合化的内容生产实践达成"编辑"功能,便属于本书探讨的编辑室范畴。本书也力求通过对各种突破传统编辑部、编辑机房的"编辑室"的审视来发现内容融合发展中的新问题。

二、编辑室空间范围

　　基于以媒体内容生产实践为核心的编辑室内涵的界定,能够发现编辑室的外延在融合背景下也得到了扩展。而在空间视角下,编辑室不仅是传统意义上具体的采编中心、编辑机房、发布中心等物理空间,还是能够在融合传播生态中与社会生活有效互动、整体化的功能空间。对本书而言,其编辑室应当是具备融合传播功能的所有业务部门的结合体,是内容生产行为开展的场所。在内容生产行为突破传统编辑室空间范围,与其他类型媒体空间、社会空间交融时,编辑室的空间随着内容生产实践范围的扩大而实现扩张。本书对编辑室空间的相关探讨便基于这一意义展开,分析了内容生产行为、内容生产活动中的各种主体关系,把握编辑室的外延形态以及空间范围的拓展。特此界定与说明。

三、编辑室空间生产

编辑室带有突出的空间特征,其空间形态的变化及空间范围的扩展不仅是内容融合进程中的新表征,还是能够使用空间生产理论视角审视编辑室相关问题的基础与条件。然而需要强调的是,"编辑室空间"并不等同于"编辑室空间生产":虽然空间形态变化、空间范围扩展是编辑室空间生产的重要内容与表现,但这并不完全等同于编辑室空间生产。

从空间生产理论来审视编辑室,其空间生产体现在几个层面。第一,编辑室空间形态的变化。即上文论及比较多、能够通过外在特征的观察予以把握的内容,是编辑室空间生产的外在表征。第二,编辑室空间结构的变化。空间结构的变化、优化甚至重构同样是空间生产过程中相对比较容易把握的内容,而且空间结构的调整通常能够较为明显地体现各种空间元素、资源组合方式的变化。第三,编辑室空间主体的实践方式及意义。空间生产不仅关注被动的空间形态,同样关注主动的空间主体,注重探究不同类型主体在空间形态与结构变化过程中活动、实践的新特点,并强调观照这些变化对多元空间主体及相关者的影响,这是探寻空间生产意义的重要内容。第四,编辑室空间权力关系的调整。空间生产理论强调把握空间内不同主体关系的发展,基于此审视空间权力关系结构的变化,并注重通过对权力关系变化的审视发现空间背后蕴含的深层问题。第五,编辑室空间的规制。在基于空间生产理论审视各领域问题的研究中,在分析上述空间生产相关问题的基础上,还注重针对空间权力关系结构中存在的问题,探讨相应的空间规制理念与措施。

所以,编辑室空间生产除了体现在外在空间形态的变化,还包含其他层面的重要内容,空间形态的变化可以作为探究其他层面问题与内容的切入点或重要参考,但不能简单地将其等同于空间生产,以免陷入以偏概全的窠臼。在关于编辑室空间生产的分析过程中,本书虽然并没有根据以上几个层次搭建框架结构,但是仍需对上述不同层次的问题展开探讨。

四、媒体融合与媒体内容融合

"媒体融合""加快推进传统媒体与新兴媒体融合发展""媒体深度融合发展"等均是近年来在政策、行业实践、学界探讨等方面具有很高辨识度的表述方式,其核心理念便是媒体融合发展。上述3个表述体现了对融合发展要求的不断深入具体的过程。在以往研究中,多位研究者将媒体融合细分为媒体内容融合、媒体渠道融合、媒体产业融合等不同维度,予以具体研究。这些维度有内在联系,在融合背景下无法完全区分它们,比如媒体内容融合与媒体产业融合存在大量交集:产业融合能够驱动内容融合形态的变化,内容融合模式的创新也能够为产业融合规模的发展创造条件。特别是随着融合发展的不断深入,不同维度的交集还会持续加大,彼此的嵌入会持续加深。

但是通过内容、渠道、产业等不同维度的区分,便于聚焦这些融合发展进程中的具体问题,进而展开深入研究,能够在传统媒体生态格局日渐消解、结构化程度日趋减弱的趋势下,更为清晰地把握媒体融合发展的逻辑与路径。所以,媒体内容融合是媒体融合的核心组成部分,与其他融合发展环节、维度有内在联系;但也需要说明,媒体内容融合需要遵循媒体内容生产的基本规律,不能简单、完全地等同于媒体融合。本书关注编辑室空间生产问题,因为编辑室是媒体内容生产的核心空间,是媒体内容生产实践活动开展的场所,所以为了聚焦核心问题,本节将媒体内容融合作为审视编辑室空间问题的背景。当然,因为媒体融合与媒体内容融合有内在关联,所以在论述过程中,两个概念的所指难免存在交叉,如无特别指出,本书所指的"融合"即媒体内容融合。

五、媒体内容融合、内容生产实践与编辑室空间生产之关系的辨析

媒体内容融合是编辑室形态与结构变化的背景,内容融合过程中对各种媒体资源、要素的整合与调整是驱动编辑室发展的前提,而编辑室空间生产在很大程度上也是在内容融合驱动下才得以实现的。分析当下及未来编辑室空间生产诸多问题的关键是把握内容融合的模式、趋势,从中探寻编辑室空间生产的基础逻辑。媒体内容融合是一个很复杂的问题,不仅涉及诸多媒体形态,还覆盖各种内容生产场景,按照广播、电视、报刊等传统媒体的研究思路与方法,很难对内容融合过程中的一般性、普遍性问题做出有效把握与分析;所以本书聚焦内容融合的核心环节,即内容生产实践,将其作为把握内容融合及编辑室空间生产问题的抓手。

但是需要避免一个误区,即将媒体内容生产实践等同于编辑室空间生产。虽然内容生产实践与编辑室空间生产有内在联系,但也需要明确:这是两个层面的概念。通过上述对编辑室空间生产 5 个层次的分析,可以明确内容生产实践是编辑室空间生产的重要内容,是分析编辑室空间生产问题的有效抓手;但编辑室空间生产还包含其他层面的内容与问题,不能片面地将内容生产实践等同于编辑室空间生产。媒体内容融合、内容生产实践

与编辑室空间生产是几个在本书分析过程中复现率很高的概念,在结合不同媒体类型、探讨不同问题时会组合使用。如果不能明确这几个概念的联系与区别,就会影响本书研究思路的体现,不利于清晰表述观点、展开分析与论证。所以,特此说明不同概念的内在关联,明确其差异与边界,以免混淆。

此外,还需要强调与说明,内容生产实践的范围在媒体内容融合发展中也得以扩展。传统的内容生产实践一般专指报刊或广电编辑部、编辑机房中的"编辑"行为,但是当下的内容生产实践远不止这些环节,还包含与内容生产相关的多元实践活动,比如技术设备的更新、组织管理模式的创新、流程的优化与重构、数据化运营,此类创新实践路径能够为内容生产提供新的条件。针对特定问题的探讨,也需要将这些实践活动纳入融合背景下的内容生产实践范畴。

第三节　空间生产理论视角的适用性

通过审视空间生产理论、编辑室相关问题以及近年来媒体空间领域的新成果,能够发现空间生产理论视角在本书关于融合背景下的媒体内容生产实践的研究中具有很强的适用性,可以为本书框架的搭建与研究开展提供有效支撑。空间生产理论视角在本书研究中的适用性可以体现在以下几个方面。通过这几个方面的分析可见空间生产理论与编辑室相关问题存在一定的内在关联,其解释力能够在编辑室空间的探讨中得到体现,故而这几方面可以作为本书的支撑视角。

第一,空间生产理论具有较强的解释力。空间在一定程度上是诸多要素变化及其相互作用的外在体现。对空间形态、结构、主体关系等多方面问题的研究是把握相关问题的有效切入点,能够为相关问题的深入探讨和解决提供有效的空间路径。而且随着人文社科研究领域"空间转向"的不断深入,空间生产理念的应用范围已经超越了最初关于城市空间等问题的探讨,在不同领域各种新兴问题的研究中得到应用,其理论解释力在多元学科、诸多领域中得到体现。

第二,编辑室具有突出的空间特征。编辑室是媒体生态中核心、典型的场景,是媒体内容生产实践开展的场所,空间特征突出且在前期研究中较少有研究者从空间视角对编辑室展开深入探讨。通过关注编辑室空间问题,能够发现随着融合发展的不断深入,编辑室空间的形态与结构正在发生明显变化,行业政策的调整、数字技术的更新、资本运营的变动等均能够对编辑室空间变化产生不同程度的影响。这些影响能够通过编辑室空间形态的变化、部门组织结构的调整、采编流程的重构等体现,而把握编辑室空间的变化又能够为深入把握行业动态创造条件。之所以说编辑室具有突出的空间特征,是因为这并非仅从编辑室外在形态上做出的判断,而是编辑室内在结构、发展逻辑等均能够体现空间生产的诸多特点,具备应用空间生产理论视角探讨编辑室相关问题的基本条件。

第三,空间生产理论已经在媒体实践中得到比较深入的应用。本书通过文献分析发现,虽然前期研究中,编辑室空间生产的成果相对较少,但是应用空间生产理论视角审视媒体实践相关问题的成果已经较为丰富,学者对媒体空间形态变化及其与社会空间的互动等均做出了一定思考与审视,且这些思考与审视在广播电视、新媒体等不同媒体类型中均有体现,为进一步运用这一视角探讨编辑室空间相关问题提供了有效借鉴。

第四节　研究思路与方法

一、研究思路

本书将编辑室空间置于动态变化中的内容融合背景下予以审视,注重从决定编辑室发展演化的维度中把握其空间生产的驱动要素,避免孤立、封闭地审视单一化的编辑室空间,由此,通过对编辑室空间的分析,把握媒体内容生产实践的发展,进而在把握媒体内容融合整体特征的基础上,以媒体内容生产实践活动为核心,对编辑室空间生产诸多维度的问题进行探讨。最终在多个维度问题探讨的基础上予以归纳,针对编辑室空间权力关系调整中存在的问题提出相应的规制对策。

首先,从媒体内容融合发展背景中把握编辑室空间生产的基本逻辑。编辑室空间生产离不开内容融合发展的驱动。本书注重从内容融合的背景把握编辑室空间生产的驱动要素与基本逻辑的变化,通过对前期研究成果的梳理以及经验材料的质化编码分析,提炼、概括融合背景下内容生产实践的主要特征,进而在把握内容生产实践与编辑室空间生产内在关联的基础上,基于质化编码分析结果搭建本书的整体分析框架。

其次,基于内容生产实践的不同特征,分别展开对编辑室空间生产的探讨。立足对融合背景下媒体内容生产实践质化编码分析的结果,在分析内容生产实践主要特征的基础上,基于不同特征,分别审视编辑室空间生产方式的变化。在探讨时,分析不同案例,紧密结合对内容生产实践活动的把握,针对编辑室空间生产不同维度的问题,如编辑室空间的形态与结构、空间要素的组合方式、空间主体关系与权力结构的变化展开具体分析。

最后,在研究编辑室空间生产不同维度问题的基础上,思考相应的空间规制方式。梳理编辑室空间生产中制约内容生产效能提升、模式升级的因素与问题,以优化媒体内容生产实践模式、凸显优质内容在媒体空间与社会空间中的价值为指向,探讨应如何优化编辑室空间主体权力关系、对发挥负面作用的主体予以规制、对发挥积极作用的要素予以引导,由此提出编辑室空间规制的策略建议。

整体来说,因为作为本书核心问题的编辑室空间生产与作为研究背景的内容融合均带有较强的复杂性,所以为了支撑内容融合背景下编辑室空间生产问题的深入分析,本书设计了两条逻辑线。其中,明线是基于融合背景下内容生产实践的特征,体现为整体章节结构与分析框架的搭建,结合内容生产实践的数据化、移动化等不同特征展开,从不同方面探讨编辑室空间生产中的问题;暗线是对编辑室空间生产不同维度内容的分析,如编辑室空间形态、结构、主体关系,体现为不同章节中探讨的具体问题。由此,通过两条线的综合、交叉来分析核心问题。

二、研究方法

本书综合采用多种方法,配合、支撑对编辑室空间生产相关问题的研究。其中,元话语分析法用以支撑整体思路与论证结构的搭建,深度访谈法用以获得一手研究资料、结合初步研究中发现的问题做出深入探讨,案例分析法用以丰富对不同类型媒体编辑室空间的观察、对比与思考。

(1)元话语分析法:整合与媒体内容融合相关的元话语材料,使用质化分析软件,通过对元话语材料的扎根三级编码分析,将媒体内容融合发展的特征提炼为5个方面,同时发现媒体内容融合进程中需要规制的问题,进而基于编码结果搭建分析编辑室空间生产的基本框架。

(2)深度访谈法:选定不同类型媒体的内容生产者,其来源涵盖传统媒体、新兴媒体等,其中,传统媒体有《人民日报》、东方卫视、上海报业集团、山东卫视、青岛出版集团等,媒体类型包含广播、电视、报业、图书出版等;新兴媒体有剧星传媒、淘米网、咪咕视频、澎湃新闻、梨视频等,既有从传统媒体转型发展而来的新媒体企业,又有在模式创新与资本推动下成长起来的新兴媒体代表,涵盖国有企业与私营企业等不同类别。采访者针对本书的核心问题编制访谈提纲,对上述对象展开深度访谈,获得一手研究资料。

(3)案例分析法:编辑行为、编辑室空间形态在融合发展进程中均发生了变化,而且不同媒体类型在融合发展中也探索出了各种差异化的运营模式,各种媒体案例的编辑室空间既存在较大差异,又有内在的关联。为了把握这些内容,本书将关注、分析不同类型媒体的多个案例,从案例中探究编辑室空间生产问题。

第五节　本书的价值与意义

本书创造性、批判性地从空间视角切入,将编辑室建设置于更宏大的社会、传播生态系统中予以考察。掌握数据化、移动化、智能化等传播背景下媒体生产方式经历的全方位变革,把握编辑室从"组织化"空间生产向"社会化"空间生产的转型趋势以及多元化、碎片化、分散化等新的空间特征。基于媒体内容融合发展背景的研究,厘清编辑室空间的媒介权力结构的改变,把握编辑室空间生产过程中不同主体的介入方式、文化冲突的原因、意义的生成方式。本书以个体从业者和组织、机构媒体的生产实践活动为理解编辑室空间的构成因素,以微观见宏观、由小至大地分析本领域的职业属性在媒体内容融合发展趋势中面临的挑战,思考如何将新兴的技术因素与模式融入编辑室空间"常规",具有一定的学术价值与意义。本书有益于从我国经济社会发展、文化大发展大繁荣、传媒业转型升级的战略高度把握媒体内容生产实践及编辑室空间的定位,体现其时代特征。掌握融合背景下快速变化的传播环境对媒体生产的影响,能够为打造、运营融合化的编辑室空间提供有益借鉴。

本书具有较强的问题意识,聚焦编辑室空间这一具体领域,引入创新性的理论视角,基于媒体内容融合深入发展的时代背景,思考媒体与社会深度融合与互动背景下编辑室空间外部影响因素的作用机制、内部空间关系的改变、互动意义的生产等前沿问题。本书有助于深化对社会转型、媒体内容融合、城市化进程加速的背景对编辑室空间影响的分析,考察编辑室内部、不同编辑室部门之间以及编辑室与其他社会机构的关系对媒体内容生产的影响,掌握编辑室空间内各种规范和关系的变化,分析内容融合发展背景下编辑室意义空间的生产过程、方式,在空间视角下探讨不同层次与维度的编辑室空间作为媒介空间如何在社会、城市发展中生成意义,掌握编辑室与社会、媒体渠道、受众的互动方式是如何变化的。本书通过编辑室空间生产方式、特征的对比，更加深入地认识移动化、数据化、智能化传播在上述互动过程中的作用及其对编辑室空间生产的影响。

基于文献综述和前期研究，本书初步对智能化、移动化、数据化背景下编辑室转型现状及问题进行梳理，对编辑室多媒体化、小型化等趋势，内容生产的多平台、多地点、移动化等特征予以把握，能够丰富、深化对于编辑室空间生产相关问题的思考。此外，本书通过多种研究方法观察编辑室空间的变化，审视不同身份主体于融合背景下在观察、参与、构建编辑室空间发展过程中的行为如何产生意义以及产生了什么意义，发现不同主体在编辑室空间内部、编辑室与城市社会空间互动过程中产生关系的节点（包括实体节点和虚拟节点）是如何发挥作用的。本书在经验材料梳理与分析的基础上，分析数据化、智能化、移动化、IP 化等融合路径在不同层次与维度的编辑室空间发展中的作用方式。

第六节　本书的主要内容

本书在媒体内容融合发展的大背景下聚焦编辑室空间生产问题，通过对媒体内容融合发展背景的分析、基于空间生产的理论视角，结合经典案例与质化材料分析编辑室空间形态的变化、认识编辑室空间生产中存在的问题、把握编辑室空间内部权力关系的变化，进而思考编辑室空间应当如何调整、重构，从而能够在媒体与社会融合中产生意义。本书明确了一点：编辑室中的最主要任务与活动是媒体内容生产，在融合发展过程中形成了 IP 化、社会化、移动化、数据化、智能化几种比较有代表性的创新型媒体内容生产方式，这几种内容生产方式能够代表当下的媒体内容融合发展特征、趋势与方向。本书从上述 5 个方面展开，将编辑室空间生产与 5 种媒体内容融合发展趋势相结合，思考编辑室空间在不同媒体内容融合趋势下是如何调整与重构的。基于上述纵向、横向两个方面对编辑室空间生产的研究，审视编辑室空间内外权力关系的变化及其影响，并且对编辑室空间生产存在的问题及相应对策做出思考。

第一章提出观点：编辑室是媒体中具有核心生产功能的空间结构板块，是开展内容生产实践的场所，在媒体与社会空间互动、构建意义的过程中发挥着不容忽视的作用。以媒体内容生产实践为切入点，对编辑室空间变化的融合发展背景做整体性把握，从中发现驱动编辑室空间变化的因素。本书认为在深入探讨编辑室空间形态、结构、权力关系的变化之前，有必要清晰把握相关背景的前沿动态,所以本章第一节聚焦融合背景下内容生产实践活动的变化,这是编辑室空间生产的核心内容。通过对媒体内容生产实践动态发展的把握,为探究编辑室空间生产问题打下基础。第二节主要分析编辑室空间生产几个维度的主要问题,从空间形态、结构、主体关系、意义等几个层面说明编辑室空间生产的主要内容,采用元新闻话语研究方法,对代表性的元新闻话语材料进行编码分析,整体把握融合背景下内容生产实践的主要特征、编辑室空间生产的现状与问题,并基于编码分析结果搭建后续章节的整体框架。

第二章对近年来传媒领域 IP 化生产的理念、现状进行梳理,并审视这一过程中编辑室空间结构、空间关系、内容生产行为等方面的变化。从编辑室空间的角度,把握 IP 化生产如何基于统一的 IP 内容打通不同形态媒体编辑室之间的空间界限,从策划、编辑、制作等生产环节联通原本孤立的各类编辑室,尤其对传统媒体编辑室空间形成比较大的冲击,推动传统编辑室空间的解构。本书发现,IP 化内容生产不仅强化了不同形态的、原本处于孤立状态的编辑室的空间关联,还改变了多元空间主体之间的关系。本章依循 IP 化生产的逻辑,深入把握编辑室空间结构及功能变化,理顺编辑室空间内外多元主体的关系,从几个方面对 IP 化生产驱动下编辑室空间生产关系维度的几个问题进行了简要探讨,并关注与编辑室形态、功能等其他维度的联系,由此丰富关于 IP 化驱动下编辑室空间生产的研究。

第三章关注社会化内容生产驱动下的编辑室空间生产,认为如果基于 IP 化内容生产能够实现不同形态编辑室空间在生产环节的互通,那么通过社会化内容生产方式的应用,就能够使更多社会生产力量进入内容生产环节,这将大幅扩展编辑室的空间范围,进一步冲击传统、固定、专业、机构化的编辑室空间,推动各种具有内容生产能力的主体聚合形成节点化、分散化的网络编辑室空间,弱化甚至打破编辑室的物理空间形态与结构,同时大大增强了编辑室的内容生产效率和功能。本章基于对社会化内容生产方式的把握,分析社会化内容生产驱动下的编辑室空间生产的相关问题。

第四章关注移动化内容生产对传统编辑室空间的冲击,认为移动互联网解构着单一化、固态化的传统编辑室空间,编辑室的移动化解构也成为比 IP 化、社会化发展更为明显的空间特点。本章在分析中主要结合移动短视频、音频内容与平台发展,重点探讨移动化内容生产对编辑室空间结构、特征变化的影响与作用,并提出需要对编辑室空间主体的内容生产规范问题做出的批判与反思。

第五章关注数据化内容生产驱动下编辑室空间生产及相应问题。大数据经过几年的发展已经从概念走向现实,对传媒行业产生了深远影响,为编辑室空间形态的扩展创造了良好条件。掌握的数据资源、数据分析能力,已经成为当下衡量编辑室竞争力的重要标准。数据化运营既是编辑室空间生产的重要工具,又是其发展方向。基于统一的数据平台与标准,原本处于孤立状态的、不同媒体形态的编辑室空间具备了更为普遍的"可沟通性",不同编辑室的空间可以做更为深入和广泛的对话、交融,而且能够催生数据新闻等诸多新的媒体形态,同时改变了编辑室空间内部的生产方式与编辑室之间的合作形态。从这一层面来看,基于数据化内容生产驱动的编辑室空间生产具有跨越式、革命性的意义,本章对上述问题展开探讨与分析。

第六章基于媒体内容智能化生产方式的发展,分析编辑室空间生产的新特点、新问题。首先,分析融合背景下智能传播新趋势的现状、特征及影响,并对媒体内容智能化生产方式进行梳理,全面把握智能传播时代媒体内容生产的特点。其次,从行动者网络的视角审视智能技术对编辑室空间的"介入",基于编辑室空间中多种生产方式并存的现状,把握媒体内容生产主体由人向人机协调转化的趋势,思考这种内容生产方式的迭代如何推动编辑室空间的更新。最后,面对智能化生产背景下编辑室空间权力结构的重构,对人类行动者如何调整理念、以免在行动者网络结构中失去主动权等问题做出思考。

第七章基于内容生产实践驱动下编辑室空间权力关系与结构的变化,针对当下存在的突出问题,把握编辑室空间的引导和规制方式,探讨编辑室空间怎样调整或者重构才能在媒体生态转型进程、在社会进步中发挥更大作用,并在此基础上概括编辑室空间生产过程中的代表性问题,进而思考编辑室空间的生产规制路径。

第八章简要阐述与分析本书的主要内容与结论、不足与限制,以及对未来研究的建议。

第一章 媒体内容融合背景下的编辑室空间重构

编辑室是媒体中具有核心生产功能的空间结构板块,是开展内容生产实践的场所,在媒体与社会空间互动、构建意义的过程中发挥着不容忽视的作用。"空间的社会性内涵及其被生产的可能性与现实性被发现"①。空间给了我们审视媒体发展的新视角,也提供了研究媒体自身空间的理论工具,列斐伏尔(Lefebvre)认为"空间是一种生产资料,土地、地底、空中光线,都纳入生产与产物之中。都市结构挟其沟通与交换的多重网络,成为生产工具的一部分。城市及其各种设施(港口、火车站等)乃是资本的一部分。"②编辑室空间同样是媒体生产过程中不可或缺的生产资料,是传媒资本的一部分。"再不能把空间构想成某种被动的东西……空间这个概念不能被孤立起来或处于静止状态。"③不能忽视编辑室本身便是社会系统中的重要空间,不只是连接其他不同类型空间、关联不同空间主体行为的渠道或载体,编辑室本身就是一个值得关注的空间对象,而且这个空间对象是众多权力关系的交汇点。"空间实践其实就是社会实践的'空间化'过程,即权力和资本在空间向度上的施展智慧和生产策略。"④目前无论是新兴媒体编辑室还是转型中的传统媒体编辑室,都呈现出与传统的媒体编辑室不同的空间特征,这种变化是在多种因素的综合作用下实现的,是融合发展背景下各种因素交织、博弈在编辑室空间中的体现,其中媒体内容融合对编辑室空间生产的影响尤为突出。本章以内容生产实践为切入点,对编辑室空间变化的融合发展背景做整体性把

---

① 刘涛.社会化媒体与空间的社会化生产:福柯"空间规训思想"的当代阐释[J].国际新闻界,2014(5)48.

② 中共中央马克思恩格斯列宁斯大林著作编译局.马克思恩格斯选集:第 25 卷:下[M].北京:人民出版社,1974:872.

③ 张一兵.社会批判理论纪事:第 1 辑[M].北京:中央编译出版社,2006.

④ 刘涛.社会化媒体与空间的社会化生产:列斐伏尔和福柯"空间思想"的批判与对话机制研究[J].新闻与传播研究,2015(5)76.

握,从中发现驱动编辑室空间变化的因素。

内容生产是融合发展的核心环节,面对媒体融合趋势的持续深化,内容生产实践也在进化,而且内容生产实践方式的变化是推动编辑室革新的直接动力。所以,在深入探讨编辑室空间形态、结构、权力关系的变化之前,有必要清晰把握相关背景的前沿动态。本章第一节聚焦融合背景下内容生产实践活动的变化,这是编辑室空间生产的核心内容。通过对媒体内容生产实践动态发展的把握,为探究编辑室空间生产问题打下基础。第二节主要分析编辑室空间生产几个维度的主要问题,从空间形态、结构、主体关系、意义等几个层面说明编辑室空间生产的主要内容;采用元话语研究法,对代表性的元新闻话语材料进行编码分析,整体把握融合背景下内容生产实践的主要特征、编辑室空间生产的现状与问题,并基于编码分析结果搭建后续章节的整体框架。

第一节　媒体内容融合发展:编辑室 空间生产的背景

一、媒体内容生产实践发展迭代的背景

"近年来,中国媒体融合的发展速度惊人,从 1.0 时代,到今日的 4.0 时代,中国传媒业正经历着激烈的剧变。不断推进传统媒体与新兴媒体的深度融合,潜移默化地改变着我们获取信息的方式,重塑新闻出版业的产业结构。"①媒体内容融合发展不是一个新课题,围绕不同形态媒体创新、融合发展的探讨、研究早已存在,并且涌现出很多优秀研究成果,但是媒体内容融合的现状不断发生新变化,这些变化迭代的速度甚至越来越快,原有的融合发展理念、管理方式、运营模式如果不能得到及时更新,就难以适应动态的媒体深度融合发展的需求。比如 web1.0、web2.0 时代的媒体融合,单一驱动因素的变化不足以影响整个传媒生态的发展,整体的媒体生态格局是趋于稳定的,但是在 web3.0 以及智能化、多元一体化的传媒环境下,很多驱动元素的变化已经具备了搅动媒体生态格局的可能性。"传统媒体内容生产的格局、方式是基本固定的,网络新媒体兴起后的生产方式也是有章可循的,但是随着融合发展进程不断深入,媒体内容应当以什么形态存在和传播开

---

① 史建华.大数据驱动下的媒体融合 4.0 时代[J].传媒,2015(9)18.

始困扰所有媒体人。"①行业内外、不同层面的多种因素错综复杂、相互作用,为了适应融合背景下的生存需要,不同类型的媒体均在积极探索内容生产实践方式的创新,力求通过革新内容生产模式,提升在融合背景下的竞争力。内容生产实践方式的创新受到诸多要素的制约,内部有技术要素的驱动,外部需适应渠道传播和受众习惯的变化,还需要在组织、流程等方面实现自身运营模式的调整。虽然革新面临很大的挑战,但"变"已经迫在眉睫,如果逃避融合发展对媒体内容生产方式的挑战,那从业者就会在未来的媒体竞争中面临更大的压力。以下从两方面分析。

第一,媒体内容融合发展的时代机遇已经到来。"党和国家积极部署新媒体发展格局,制定并出台相关法律法规、方针政策,为新媒体发展提供政策支持和保障。媒体行业严管严控愈发常态化,社会各界应协力探索媒体融合的对策和出路,并在实践中强化融合的深度和广度。"②随着融合发展深度与广度的强化,从媒体融合发展具体到媒体内容融合发展并非某一环节的迁移,内容层面的融合发展虽然是传统媒体与新兴媒体融合发展过程中的一个重要组成部分,但是并不意味着将媒体融合的运营路径应用在内容环节就能够应对时代变化带来的挑战,而必须将媒体内容融合作为一个独立课题,专门深入探讨其所面临的发展背景、条件以及要求,进而充分结合渠道融合、集群融合等其他范畴的发展趋势与进程,形成能够在整个媒体融合发展过程中具有引领性意义的内容融合发展策略。媒体内容融合在整个传媒业进化与生态重构中具有基础作用,立足变革中的时代特点以及行业发展的新要求,重新思考媒体内容融合,具有极大的急迫性和必要性。比如"人工智能新闻基于计算机程序和大数据分析,呈现内容标准化、时效性强和立场隐匿化的特点,完全颠覆了传统新闻的采访、写作、编辑、校对等环节,使新闻生产简单化、个性化和去时间化"③,智能传播的兴起再次冲击着传统的媒体内容生产流程,具有时代前沿属性的"智能化"特征迅速成为影响媒体内容融合的基本逻辑。

相对于传统媒体时代专业化的内容生产,在当下融媒体、全媒体、自媒体的时代,无论从什么样的视角切入,无论是基于封闭式的传统媒体渠道还是开放式的新兴媒体平台,内容"泛化"生产都已成为主流。个人和机构在一定程度上都掌握了传媒表达权力,专业化媒体内容生产也必须立足于泛

① 严三九.中国传统媒体与新兴媒体内容融合发展研究[J].新闻与传播研究,2017(3)111.
② 黄楚新.中国媒体融合的新特点与新趋势[J].传媒,2020(8)13.
③ 张亮.人工智能时代新闻生产的流程再造[J].出版广角,2019(3)40.

生产的背景,只有按照新的信息传播要求才能实现传统影响力的重聚,否则就会被海量的媒体内容淹没。"宽带通讯技术和数字技术的迅速发展和普及,消解了位于传统传播机制上游的媒体机构的技术特权。普通人也可以成为传媒内容的制作者和发布者,来自草根的创造力逐渐形成一股与传统媒体机构平等的强大力量,传媒内容得以变得更加多元和包容。"①媒体内容从专业化到泛生产的过渡已经改变了传统的运营逻辑,但是目前的泛内容生产还缺乏一定的规律性,比如基于新媒体平台形成的社群内容"利用特殊的传播途径,在网络空间内重构延伸着现实社会关系,并不断冲击着社会主流文化"②,这加大了媒体内容融合发展路径探索与规制的难度。可喜的是,媒体内容生态运营的规律规则正在趋于明朗,融合的趋势会逐步催生一种良性的内容生产引导与约束机制,这是时代变革、传媒生产力的发展所带来的基础性推动力量,这对于处于探索期的媒体内容生产融合是一个巨大的机遇。

第二,媒体内容融合发展逻辑的迭代。媒体融合已经从最初的内容、渠道等几个环节的互动升级为各种生态的碎化、整合与重构,"媒体融合发展是一场传播方式的历史性变革。传统媒体与新兴媒体的融合发展并非简单的'1+1等于2'或者'你就是我、我就是你',而是传播理念、内容资源、队伍、编发流程、产品形态、传播渠道、技术解决方案、市场对接等多方面的高度契合"③。由此可见,媒体内容融合逻辑迭代的第一个层面的要求与特点便是内容生产与其他环节的互动融合需升级为整个传媒产业链条的融合。虽然未来的传媒产业链的具体细节或形态还无法完全得知,但其方向与趋势已经明朗。

但是当前还存在很多阻碍传媒产业链融合发展的因素,导致内容融合实践不仅与学界的理论分析、探讨存在较大差距,而且与业界运营者的诸多探索性理念也存在一定落差,这反映出媒体内容融合发展现状与研究现状、运营现状与理念现状的差距。不过反过来看,这并不意味着诸多研究者、从业者认识到媒体内容融合需要突破一系列制约因素或困境,并对未来的媒体融合趋势有了比较清晰的把握,就能够顺利将其转化成可行的实践策略。"传统媒体与新兴媒体'融'的是理念和思路,'合'的是内容和技术,'做'的

① 宋戈.互联网背景下传媒内容国际传播的启示与思考[J].现代传播(中国传媒大学学报),2014(10)163.
② 匡文波.自媒体时代圈群文化新特征[J].人民论坛,2020(C2)151.
③ 中国传媒大学党报党刊研究中心课题组.党报:探索和实践媒体融合发展之路[J].现代传播(中国传媒大学学报),2015(2)151.

是协调和互动,'求'的是再造和双赢,在技术和平台等物理层面实现融合并不难,难的是真正实现在理念、规制、内容和传播方式等方面的融合。"①其实在技术层面来看,推动媒体深度融合的基础条件早已具备,却因种种制约而难以形成应有的融合局面。媒体内容融合逻辑迭代第二个层面的要求和特点便是内容融合需要进一步聚集势能,以求更有效率地突破当下各种限制。在此基础上形成的内容融合势能不仅可以做到传媒产业链的重构,还能够推动传媒业与其他行业的深度融合,使媒体内容在融合背景下体现出更大的价值。

二、媒体内容生产实践创新的驱动要素分析

媒体内容生态运营规律的发展是在多种要素的驱动下进行的。正确认识这些要素,把握其作用机制,并且理解不同要素的相互影响,对于推动内容生产实践方式创新有重要意义。结合当下经济社会转型以及媒体内容融合的方向与趋势,媒体内容生产实践方式创新驱动要素的影响范围不再限于单一的传媒行业,比如过去技术对传媒业和电商而言都属于基础性的驱动要素,能够不断推动着两个行业实现升级迭代,但是因为两个行业之间的底层壁垒依然存在,所以同一要素虽然能够对两个行业具有相近的驱动作用,但是不能实现两个行业的共同驱动。不过随着目前行业融合趋势的日益明显,同一要素已经可以驱动不同行业的同一化发展,各种行业的生态平台也将面临进一步的整合。由此,媒体内容生产实践的空间也不仅存在于传媒业,还可以在其他行业以创新性的形态存在,并获得巨大的市场份额,这是当下我们思考媒体内容生产实践驱动因素时需要首先具备的理念。在此基础上,再去研究不同驱动要素时,便能够在更高的战略层面进行统筹。下面将从技术、受众需求、政策引导、集团创新发展需求等 4 个方面进行简要分析。

第一,具有穿透性的技术融合力。"新媒体技术的迭代发展,已极大地改变了人类的信息传播模式,并引发了媒介生态的整体变革。"②从早期的媒体内容融合开始,技术要素就逐步消解了不同部门、工种的界限,全国各级、各种形态的媒体开始按照数字化、一体化改革的要求推进管理机制、组织方式的改革,成为编辑室空间形态变化的直接动因。"信息技术的发展依

---

① 沈正赋.媒体融合视域下的报纸转型[J].安徽师范大学学报(人文社会科学版),2014(5).
② 苏涛,彭兰.热点与趋势:技术逻辑导向下的媒介生态变革:2019 年新媒体研究述评[J].国际新闻界,2020(1)43.

然日新月异,特别是随着大数据、5G、区块链等技术的实际应用,新媒体的边界和影响力由此不断扩大,世界传媒业已处于一个新的变革时代。"①当下的技术驱动因素在媒体内容生产实践中的作用具有强大的穿透性,以大数据技术为例,数字媒体在多年的运营过程中积聚的海量用户数据对诸多行业来说具有极大的可供挖掘的价值,基于此,能够产生新的生产模式,面向新的市场空间,形成新的运营方式。极具穿透性的技术革新具有解决融合过程中多种复杂问题的可能性,在这样的因素驱动之下,媒体内容生产实践也必须体现出不同于传统模式的优势。

第二,受众需求的反向驱动。自从网络快速发展之后,传统媒体一直面临受众分流的困境,内容生产也很难在传统渠道当中获得之前的覆盖面和影响力。一般来讲,新兴媒体借助渠道优势,便于放大内容对受众的吸引力;而传统媒体多年来则苦于受众分流所造成的渠道弱化、广告份额下降等问题,这也极大地影响了内容生产环节。受众需求至上是媒体内容生产重要的定律,每一个媒体运营者都深知这一定律的重要性,但是限于以上因素的影响,受众需求无法贯彻到内容生产的各个环节。不过随着不同媒体类型融合的加深,以上问题的解决也有了现实条件。如此,受众的需求便成为各种媒体为了获得持续发展所要考虑的首要问题,传媒竞争者为了保证受众需求得到最佳满足,进而在多方共赢中实现自身的发展,便会在内容生产环节开展更多合作,这在近年来多个"现象级"电视剧、综艺节目、出版 IP 的运营中都能得到鲜明体现。可见,受众需求的反向驱动已经形成一种机制,推动着媒体内容生产实践方式的创新发展。

第三,国家政策的引导效应。我国传媒业具有双重属性,不能完全按照市场机制的要求运营,需要进行合理的引导、管控,以保证其健康发展。"媒体融合发展目前面临的最大困难是什么? 主要是体制机制的障碍,比如传统媒体的转型应该加大对媒体融合方面的考核和政策鼓励,而不只是广告经营收入等指标。传统媒体从业者尤其是管理层应该主动学习、积极使用新媒体,用互联网思维加强媒体内部建设,变挑战为机遇。"②新思维的学习不仅是运营者、管理者要补的课程,还是政策设计者需要关注和思考的核心问题。政府已经充分意识到这个问题的重要性,以《加快推进传统媒体与新兴媒体融合发展》的重要讲话为标志,一系列政策、改革

---

① 苏涛,彭兰.热点与趋势:技术逻辑导向下的媒介生态变革:2019 年新媒体研究述评[J].国际新闻界,2020(1)57.

② 涂凌波.2014 年"创新与发展:媒体融合战略高端研讨会"综述[J].现代传播(中国传媒大学学报),2015(1)148.

措施不断推出,显示了政府通过深化传统媒体体制改革推动媒体融合发展的决心,从随后传媒业态的反应也能够看出新政策所形成的巨大积极影响。媒体内容融合也将享受到相当大的"红利",优质内容在媒体融合过程中的核心作用将得到更大的彰显,对内容生产实践方式创新的需求也更为迫切。

第四,媒体单位、企业创新发展的内在需求。媒体单位、企业的内在发展需求是内容生产实践方式创新的基础性驱动要素。随着技术环境、政策环境、市场环境的不断优化,作为具有一定实力的传媒市场竞争主体将在媒体内容融合中发挥直接作用,以传媒集团为代表的企业甚至优质自媒体生产者都将迎来内容生产方式革新的机遇期。以传媒集团的发展为例,集团化运营是我国传媒业做大做强的重要方式,也是推动内容生产实践方式创新的重要主体,其发展状况很能体现内容融合发展的程度。"从传媒产业集团化发展现状来看,以经济发达中心而崛起的媒体集团依靠地缘优势推动集团化的进程,则不可避免出现了产权划分不明、集团部门交叉管理混乱、组织结构欠科学等共性问题。"[1]以内容生产实践方式为抓手推动生产流程、管理模式的再造,已经成为传媒集团克服诸多限制因素的思路。融合发展趋势已经充分激发了媒体单位、企业创新发展的内在需求,这也是传媒运营主体层面实现内容生产实践方式创新的良好条件。

三、媒体内容生产实践创新的趋势与方向

以上分析了媒体内容生产实践方式创新的背景以及驱动要素。在融合背景下,多个驱动要素的相互作用更为紧密,不能脱离融合背景或者从单一角度思考每一驱动要素的作用,这是在把握媒体内容生产实践方式创新趋势与过程中要认清的问题。同时,未来媒体内容生产实践创新的趋势在一定程度上与驱动要素是重合、同质化的,比如在大数据技术不断深入应用的前提下,基于大数据分析的内容生产与传播便是内容融合的重要方向,而大数据技术本身又属于内容生产实践创新的驱动要素,要素与趋势由此形成一种重合形态,这在其他方面同样能够得到体现。此外,无论从什么样的角度切入研究内容生产实践创新的趋势与方向,无论不同的趋势之间存在什么样的差异化需求,未来的内容生产实践都需要从生态层面予以全面把握。

---

① 朱剑飞.主流风范:融合发展浴火重生:加快我国新型媒体集团建设的若干思考[J].现代传播(中国传媒大学学报),2014(11)13.

所以概括地讲,未来媒体内容生产实践创新的趋势与方向是形成各种驱动要素相互作用更加紧密、不同内容形态相互依存、围绕优质 IP 形成产业链打造、诸多产业链相互交织的繁荣生态。在内容生态融合的背景下再从不同角度审视不同生产实践方式的发展趋势与方向,便能对其做出更加清晰而深入的把握。

第一,面向场景应用的内容生产实践创新趋势。"场景融汇了不同的传播内容、形态、技术和参与者,是一种多种元素叠加的意义生产与传播。"①媒体内容生产也将从与技术要素契合向与场景需求契合转化,受众个性化与多元化的信息需求将受到更多的重视,媒体将竭尽所能满足受众在各种场景中的信息需求甚至其他相关需求,以此实现自身内容生产方式、运营模式的创新。以电视为例,"场景对于电视具有特别的意义,因为电视本身就是一种场景化的媒介,从诞生那天开始,电视就与场景相伴相随,场景化传播也成为传统信息时代电视的固有优势和生命力的根本。"②电视媒体的场景传播在融合中被赋予了新的内涵,需要寻找新兴的移动化、智能化传播场景。媒体与受众对场景的感知与理解存在一定偏差,媒体更多关注寻求更多连接点以推动内容融合,而受众则关注如何获得更大的便利。面向受众的场景化需求重新定义了媒体内容生产实践发展的重要趋势。

第二,基于技术驱动的内容生产实践创新。技术驱动媒体内容生产实践方式创新仍是未来的主流趋势之一,只是这一趋势的实现方式与形态将呈现出不同于以往的新特点,比如"5G 技术将赋能媒介传播新图景,即未来媒体智能化传播、视觉化传播、场景化传播和沉浸式传播的新转向和新常态"③。以视听产业的内容生产方式创新为例,传统电视媒体、网络视频、移动视频等多种竞争主体都在积极应用新兴数字技术,在基础构架中通过云计算的应用实现一体化运营,在形态上实现"一云多屏"布局,在驱动因素中实现数据挖掘与分析技术的应用等。"在 5G 技术推动与市场需求影响下,我国视听行业应通过树立融合理念、提升视听内容质量、推动视听传播渠道融合、进行产业升级等手段,推动广播电视与网络视听行业的进一步融合发展。"④视听产业格局基于技术驱动在迅速朝着"互联网+"的方向迭代,并带

① 贺亚莉.场景传播:电视喜剧节目的媒介化表达:以《欢乐喜剧人》为例[J].当代电视,2019(2)44.
② 冯哲辉.电视场景化传播的生态变革与文化变迁[J].中国电视,2017(11)77.
③ 曹素贞,张金桐.5G 技术赋能:媒介生态变迁与传播图景重塑[J].当代传播,2020(2)37.
④ 韩诚,韩岳.5G 前景下视听传播生态演变研究[J].当代电视,2020(2)88.

动相应环节的改革与优化,内容融合是这一过程的核心。如果迭代、改革、优化的成果不能在内容融合层面得到体现,便意味着这种内容生产方式偏离了技术要素在融合过程中发挥作用的逻辑起点。

第三,基于产业驱动的内容生产实践创新。在一定程度上,"媒体融合的本质是传媒资源的再配置过程,即传媒资源通过产业链的扩张和价值链的整合,实现资源配置最优化和资源利用效益最大化。"①市场层面的产业驱动因素与管控层面的政策因素在一定程度上构成了传媒业发展的两极影响模式,传媒业需要在两种因素的相互制约、消长当中寻求发展的平衡。总体来看,我国当下的媒体融合趋势中,这两种因素能够形成有利于推进传统媒体与新兴媒体融合发展的积极合力,能够使政策因素的服务性特征越来越明显,使产业驱动因素的作用能够得到更加充分的发挥。这对提升我国传媒市场化水平、产业化发展实力,提高我国传媒业在国际上的影响力和竞争力有着不可忽视的作用。产业化发展立足并紧跟市场需求的变化。随着媒体融合进程的不断深入,渠道、平台、互联网化的运营模式都将成为各形态媒体的"标配",此时能够左右传媒竞争格局的便是基础的内容要素。内容生产实践方式在产业运营中的地位将越来越重要,内容与产业将形成极具活力的相互促进关系,基于产业驱动的内容生产实践方式创新也将是融合发展的核心部分。以内容为中心的产业化运营即 IP 化运营将在未来的传媒市场中引导新兴商业模式的出现。以此为核心,无论内容生产者如何多元化、生产机制如何变化,都能够把握内容生产实践方式创新的重要趋势。

第四,政策管控与社会责任导向的内容生产实践创新。产业化驱动与政策管控导向不可分割。为了使这两个因素形成积极的合力、规避负面影响的产生,政府积极探索在传媒体制、政策、法规等层面的创新,激活媒体内容生产实践的内在活力。但是激发内容生产活力并不意味着放松内容的有效引导与科学管理,比如融合背景下的创新内容生产方式"从外生性压力开始转向内生性因素,已经逐渐成为国家治理体系和治理能力现代化的一种助推力量"②。内容生产在传媒生态中的地位发生了变化,政策管控在媒体内容生产过程中将发挥一种外在引导作用,媒体积极承担社会责任、在传媒与社会的相互促进中实现媒体内容生产体现的是一

---

① 文远竹.媒体融合的产业经济学分析:对广州日报报业集团的个案研究[J].编辑之友,2019(4)62.

② 周庆安,卢明江.制度场域构建与治理体系现代化:基于 2019 年政府新闻发布的观察[J].新闻与写作,2019(12)66.

种内在引导作用,这两方面的作用叠加,成为媒体内容生产实践方式创新的又一个趋势。

第二节　编辑室空间生产的主要
维度与研究框架

在媒体内容融合进程的背景下,在内容生产实践方式革新与演化的推动下,编辑室空间形态与结构均产生动态变化,多个维度的变化构成了编辑室空间生产的主要内容。编辑室空间生产既是传媒业态融合发展的必然结果,又是传媒单位、企业等为了适应融合发展需要做出的探索与变革,具体体现为编辑室空间形态、功能、结构的改进等,从这几个方面入手可以从外在维度把握编辑室空间生产的主要问题;但是在研究中还需要探讨编辑室空间外在形态变化背后的内容,比如空间主体权力关系的变化、编辑室空间生产的意义,这些是从内部维度对编辑室空间生产核心问题的把握。为了明确后面各个章节在探讨编辑室空间生产时所关注的主要问题,本节分析近年来我国媒体内容融合过程中具有代表性的元话语材料,旨在梳理编辑室空间生产的主要维度与问题。本节基于对内容融合背景的概括性分析,通过对针对性经验材料的编码分析,明确编辑室空间生产所包含的不同维度的主要内容,为本书整体框架的搭建提供科学参考,并且为后续章节打下基础。

一、编辑室空间生产的主要内容

为了初步把握上述背景下编辑室空间生产的主要内容,本书选择国内具有代表性的、以媒体内容生产为核心的,并且在融合发展过程中取得一定成绩的媒体单位为材料选取对象。在传媒类型的选择方面,一方面要注重媒体类型的多样性,需要覆盖传统媒体与新兴媒体;另一方面也要注重选择媒体对象的权威性、代表性,无论是传统媒体还是新兴媒体,都需要选择内容生产模式创新探索领域的标杆(见表1-1)。

在传统媒体的选择上,本书以《人民日报》和中央电视台为对象,《人民日报》和中央电视台分别是国内报纸及广电领域内容生产模式创新的引领者,特别是两家单位的"中央厨房"、融媒体中心建设都是国内同类型媒体当中的标杆,具有很高的权威性和代表性。本章选择《人民日报》的3篇文章,其中包括对《人民日报》"中央厨房"负责人的采访,对《人民日报》"中央厨

表1-1 经验材料内容、类别及来源表

媒体类型	媒体名称	编号	文 章 题 目	字数(个)
传统媒体(报纸)	《人民日报》	01	《人民日报》"中央厨房"何以爆款频出?来听幕后"大厨"怎么说①	3 444
	《人民日报》	02	《人民日报》"中央厨房"正式上线!如何烹制新闻大餐?②	2 832
	《人民日报》	03	探秘《人民日报》"中央厨房"③	2 119
传统媒体(广电)	中央电视台	04	电视媒体"中央厨房"与纸媒有何不同?看看央视的实践④	4 094
	中央电视台(总台)	05	阎晓明:中央广播电视总台的全媒体融合之路⑤	2 669
	中央电视台(总台)	06	央视总台融媒体智慧平台上线,年内将整合千家县级融媒体平台⑥	2 463
	中央电视台(总台)	07	中央广播电视总台是怎么做媒体融合的?⑦	4 892
门户网站	腾讯网	08	腾讯网总编辑李方:依托平台优势,推进主旋律的生产力连接⑧	2 340
新媒体(视频)	梨视频	09	专访梨视频总编辑李鑫:"一只梨"如何搅动短视频格局⑨	4 325

① 《人民日报》"中央厨房"何以爆款频出?来听幕后"大厨"怎么说[EB/OL].[2018-06-25].https://www.sohu.com/a/237680582_181884.html.

② 《人民日报》"中央厨房"正式上线!如何烹制新闻大餐?[EB/OL].[2016-03-01].http://media.people.com.cn/n1/2016/0301/c192370-28161771.html.

③ 探秘《人民日报》"中央厨房"[EB/OL].[2017-01-23].http://media.people.com.cn/n1/2017/0123/c192370-29044372.html.

④ 电视媒体"中央厨房"与纸媒有何不同?看看央视的实践[EB/OL].[2017-04-09].https://www.sohu.com/a/132803170_570245.html.

⑤ 阎晓明:中央广播电视总台的全媒体融合之路[EB/OL].[2020-04-23].http://www.ttacc.net/a/news/2020/0423/61075.html.

⑥ 央视总台融媒体智慧平台上线,年内将整合千家县级融媒体平台[EB/OL].[2019-02-19].http://www.dvbcn.com/p/92666.html.

⑦ 中央广播电视总台是怎么做媒体融合的?[EB/OL].[2019-10-22].https://www.sohu.com/a/329606334_720993.html.

⑧ 腾讯网总编辑李方:依托平台优势,推进主旋律的生产力连接[EB/OL].[2018-11-10].https://www.sohu.com/a/274514169_481352.html.

⑨ 专访梨视频总编辑李鑫:"一只梨"如何搅动短视频格局[EB/OL].[2018-09-17].https://xw.qq.com/amphtml/20180917A221ON00.html.

（续表）

媒体类型	媒体名称	编号	文　章　题　目	字数（个）
新媒体（音频）	喜马拉雅 FM	10	喜马拉雅 FM 副总裁、总编辑周晓晗：正道致远，创新制胜①	2 596
新媒体（新闻客户端）	澎湃新闻	11	澎湃新闻总裁、总编辑：内容为王 别执着于具体形态②	431
自媒体	吴晓波频道	12	吴晓波：不是内容生产方式变了，而是内容变现方式③	3 114

房"的调研报道文章；选择 4 篇与中央电视台相关的文章，其中 1 篇介绍中央电视台"中央厨房"的实践，其他 3 篇介绍中央广播电视总台组建过程中媒体内容融合发展的相关情况。上述文章能够较好反映我国广电媒体内容融合发展的最新动态，其中有主要领导的专访、有标志性事件的新闻报道、有总台经验的总结，能够比较全面地反映广电内容生产模式的发展情况及相关问题。

新兴媒体方面，本章依据媒体形态，分别从视频、音频、新闻客户端等方面选择案例。近年来，视频音频生态格局出现了较大变化，也是新兴媒体发展迅速的细分领域，出现了诸多具有代表性、颠覆性的新兴案例。视频方面，本章以梨视频为案例。梨视频是近年来在短视频领域迅速发展的代表者，其模式具有极高的生产效率，同时形成了比较高效的内容监管机制，引发业界关注。音频方面，本章以喜马拉雅 FM 为案例。喜马拉雅 FM 以颠覆性的生产和运营模式成功抢占了移动生态的音频入口，其平台具有强大的音频内容生产能力。在移动媒体生态环境下，新闻客户端获得了快速增长，各类媒体均在新闻客户端的打造维护方面投入大量资源，成为媒体内容融合领域的新兴代表。本章选择澎湃新闻客户端的案例。澎湃新闻是由传统媒体孵化、打造的成功案例，其运营模式及内容质量均获得了业界及受众较为广泛的认可与好评。

与传统的广播、电视、报刊相比，门户网站在其发展初期是新兴媒体的

---

① 喜马拉雅 FM 副总裁、总编辑周晓晗：正道致远，创新制胜［EB/OL］.［2019－05－10］. https://mini.eastday.com/a/190509135414574.html.

② 澎湃新闻总裁、总编辑：内容为王　别执着于具体形态［EB/OL］.［2017－08－19］. http://media.people.com.cn/n1/2017/0819/c14677－29480726.html.

③ 吴晓波：不是内容生产方式变了，而是内容变现方式［EB/OL］.［2017－01－24］.https:// www.sohu.com/a/154932588_668565.html.

典型代表,但是随着各种新兴媒体形态的诞生与发展,特别是移动互联网的高速兴起,以四大门户为代表的门户网站在一定程度上又成了"传统媒体",这种"夹缝"中的定位使门户网站的内容融合生产具备了一定的特殊性,值得关注与深入研究。本章以四大门户中的腾讯网为分析案例。此外,新媒体发展颠覆了传统的内容生产与传播模式,赋能所有受众,使他们成为具有媒体内容生产能力的主体,自媒体内容的蓬勃发展在很大程度上成为媒体内容生态的重要力量,同时也给网络内容监管、受众媒介素养提升等带来很大挑战。所以本章也以近年来具有一定代表性、同样存在明显问题的"吴晓波频道"为自媒体分析案例。总之,力求通过不同类型案例的组合,比较全面地反映当下媒体内容融合发展的现状。

在同类文章的筛选过程中,本书确保文章作者及来源具有一定的权威性。整体来看,在案例的选择过程当中,本书对纯商业属性的新兴媒体关注较少。其一是因为本书主要探讨编辑室空间生产问题,在这一类型案例的研究中既便于发现传统编辑室空间存在的问题及创新的过程,又便于思考新兴媒体生态对编辑室空间生产的影响。其二是因为商业属性的新兴媒体大多以平台运营为主,特别是新兴的今日头条等算法平台在媒体生态当中更多发挥渠道创新及生态整合的作用,原创内容生产的功能及影响相对较弱,而且很多媒体发展过程当中还在版权保护等方面存在一些问题。其三是因为思考优化媒体内容生态是本书的重要落脚点。具有传统媒体属性的内容生产模式更加注重内容质量、内容安全等方面的考量,对这一类型案例的深入分析能够在此方面为本书提供有效参考,而且这方面理念与路径的提炼也有助于解决商业属性媒体在内容生产当中存在的诸多问题。

（一）编码框架与基本内容

本章采用质性研究的方法。首先对上述 12 篇元新闻话语材料进行初步编辑,将网页的主要文字材料复制到 word 文本,去掉网址、图片等无用信息,获得元新闻话语经验材料共计 35 319 字。使用 Nvivo12 软件做质化编码分析,对经验材料进行三级编码,共完成节点 207 个,将 207 个三级节点概括成 23 个二级节点,将 23 个二级节点概括为 6 个一级节点。在初步编码的基础上对其节点进行优化、调整,对同类型的相关节点进行合并,对前期编码不当的节点进行优化,最终形成 6 个一级节点、23 个二级节点、142 个三级节点。其中,6 个一级节点为编辑室空间的变化、媒体内容生产方式创新的背景、媒体内容融合生产的现状与进展、内容生产方式创新的特征、内容生产方式创新的价值、内容生产方式创新过程中的规制(见表1-2)。这6个一级节点基本上可以概括我国目前媒体内容融合发展以及编辑室空间变化的主要内容与特征。本节分别对6个一级节点展开描述,结合经验材料案例,对不同部分的二级节点及三级节点进行全面而深入的分析和解读,全面展示我国媒体内容融合发展的背景现状特征及所取得的成绩,描述编辑室空间形态功能的变化以及相应的组织结构和运营模式调整。对这些具有权威性的经验材料的深入解读,为本书逻辑结构的优化及理论性的探讨提供了科学依据和有力支撑。

表1-2　三级编码总表

一 级 编 码	二 级 编 码	三级编码(部分)
编辑室空间的变化	编辑室空间形态与功能变化	编辑室"空间形态"的改造
		编辑室空间的新功能
	编辑室组织结构及运营模式变化	编辑室组织架构重组后更加灵活
		项目制模式在电视新媒体生产得到应用
媒体内容生产方式创新的背景	内容生产方式创新的必要性	传媒生态重构
		传统内容生产模式效率低下
	内容生产方式创新的驱动因素	政策驱动融合发展
		技术驱动创新与融合
		资本驱动媒体融合发展
	内容生产方式创新的前景	媒体内容融合发展格局远大
		媒体内容融合发展态势迅猛
媒体内容融合生产的现状与进展	内容生产机制与模式创新	泛资讯视频内容生产模式的创新与实践
		知识付费模式受到认可
	内容生产流程与方式创新	内容采集与制作方式创新
		自媒体内容兴起

一 级 编 码	二 级 编 码	三 级 编 码（部分）
媒体内容融合生产的现状与进展	内容生产理念的创新	内容生产理念的升级与迭代
		颠覆式创新
	先进技术的应用与影响	5G 技术应用于内容生产
		万物互联的革命性影响
	人才结构优化与培养模式创新	广纳人才、优化人才结构
		多举措培养传媒人才
	媒体内容产业发展	打通内容产业链
		内容变现模式的创新
内容生产方式创新的特征	IP 化特征	打造 IP 产品及品牌
		版权管理、交易、创收模式的创新
	社会化特征	传统媒体的社会化生产模式探索
		建立并维护全球化的拍客体系
	移动化特征	"移动优先"成为诸多媒体的战略选择
		基于 UGC 的移动化生产模式创新
	数据化特征	大数据辅助选题策划与内容生产
		数据新闻产品的创新
	智能化特征	智能技术赋能媒体内容生产
		与互联网巨头开展智能传播合作
内容生产方式创新的价值	基于内容生产方式创新的功能扩展（宏观层面）	创新党的舆论宣传路径
		创新主流声音传播方式

（续表）

一 级 编 码	二 级 编 码	三级编码（部分）
内容生产方式创新的价值	基于内容生产方式创新的功能扩展（微观层面）	流程创新激发了内容创造力
		提高了内容生产效率
	内容生产方式创新的社会意义	媒体嵌入社会生活与治理
	受到多方肯定与认可	受到中央领导的肯定
		受到受众认可
内容生产方式创新过程中的规制	内容生产方式创新中存在的问题与规制的必要性	版权问题
		对"中央厨房"的质疑与反思
		对媒体内容融合发展效果的审视与反思
	对内容生产方式创新的规制	把控内容质量与内容安全性
		注重公益内容生产、凸显社会责任
		把控内容市场规范

（二）媒体内容生产方式创新的趋势与特征

1. 媒体内容生产方式创新的背景

媒体内容生产方式创新的背景包括"内容生产方式创新的必要性""内容生产方式创新的驱动因素""内容生产方式创新的前景"等3个二级节点。前文已经对媒体内容生产方式创新的背景做了比较全面而深入的分析,在此结合相关经验材料的编码对前文内容予以验证和补充。

第一,内容生产方式创新的必要性。内容生产方式创新的必要性包括"传媒生态重构""传统媒体的优势与劣势均明显""内容生产机制创新的迫切性"等3个三级节点(见表1-3)。媒体内容融合生产是传媒生态变革驱动之下不得不进行的路径选择,具有战略层面的急迫性与重要意义。这点在相关经验材料中都得到了明显体现,与前文的研究结论一致。

表1-3 内容生产方式创新的必要性编码表

二级编码	三级编码	举 例	来源
内容生产方式创新的必要性	传媒生态重构	全媒体时代为媒体发展创新创造了无限可能	05
		通过重组、联合、合作等构建全媒体业态已经成为整个信息与传媒行业的发展大势	06
	传统媒体的优势与劣势均明显	尤其是像中央电视台这样的资源较多的大电视台,因其历史原因,在"中央厨房"的"一次采集、多元生成"方面已经先行一步,已实现这些基本新闻要素的融合	04
		在许多新闻的采制中,各家报纸都会派出自己的记者,但采集回的信息往往同质化程度较高,造成了采访成本的浪费	04
	内容生产机制创新的迫切性	更短、更碎片的时间,正打破旧有世界的规则	09
		在媒体融合这条道上,从《东方早报》到澎湃新闻,我们走得比较快	11

第二,内容生产方式创新的驱动因素。媒体内容融合生产是在多元因素的综合驱动之下不断深入发展的,政策、技术、资本是这一过程当中发挥主要作用的几个核心要素。在编码过程中可见,内容生产方式创新的驱动因素包括"各级领导重视、频繁观摩指导""政策驱动融合发展""技术驱动创新与融合""资本驱动媒体融合发展""平台生态发展驱动全媒体传播""诸多媒体存在强烈的跨媒体、跨平台生产诉求"等6个三级节点(见表1-4)。业界与学界对这些要素的认知和判断具有较强的一致性。

表1-4 内容生产方式创新的驱动因素编码表

二级编码	三级编码	举 例	来源
内容生产方式创新的驱动因素	各级领导重视、频繁观摩指导	2016年2月19日,习近平总书记在人民日报社考察时,充分肯定建设"中央厨房"大平台推进融合发展的路子	01

（续表）

二级编码	三级编码	举　　例	来源
内容生产方式创新的驱动因素	各级领导重视、频繁观摩指导	中共中央政治局委员、中央宣传部部长刘奇葆在推进媒体深度融合工作座谈会期间，观摩了人民日报社"中央厨房"、新媒体中心和人民网建设情况	03
	政策驱动融合发展	党的十八届三中全会就已经提出了推动媒体融合发展的重大任务，中央专门印发了《关于推动传统媒体和新兴媒体融合发展的指导意见》	03
		纵观整个行业，自国家实施媒体融合战略以来，广电媒体都纷纷与新媒体融合，谋求新的发展路径	07
	技术驱动创新与融合	越是积极拥抱新技术、运用新技术，媒体就越能在全媒体格局的激烈演变中占据先机	05
		技术带给内容生产者的福利有可能会大量增加，而这些技术在未来可能会以免费工具的方式出现	12
	资本驱动媒体融合发展	放眼全球，AT&T收购时代华纳、Comcast收购NBCU/NBC环球等一系列事件表明，通过重组、联合、合作等构建全媒体业态，已经成为整个信息与传媒行业的发展大势	07
		今年（2018年）4月，梨视频宣布完成A轮融资，由腾讯领投，百度等跟投，A轮融资总额为6.17亿元人民币。这意味着，继华人文化、人民网之后，腾讯、百度两大超级平台也成为梨视频的新股东，梨视频再一次引起行业关注	09
	平台生态发展驱动全媒体传播	全媒体时代，要有"得平台者得天下"的意识	05
		平台打造是系统工程，要坚持从适应自身发展实际出发，不搞"一刀切""一个样"，既充分用好"大而全"的共享平台，又积极打造"专而精"的自建平台，既吸引用户、聚集用户，又为用户服务，努力做打破行业壁垒的推动者	05
	诸多媒体存在强烈的跨媒体、跨平台生产诉求	我们（喜马拉雅FM）非常希望尽快进入综艺节目制作领域	10

第三,内容生产方式创新的前景。内容生产方式创新的前景包括"媒体内容融合发展格局远大""媒体内容融合发展态势迅猛"等两个三级节点(见表1-5)。特别是媒体内容和发展态势迅猛这个三级节点,其子节点数量多、覆盖面大,并且在各种类型的媒体当中都能够得到明显体现,无论是在集团整体战略发展层面还是具体的内容产品生产层面,都能够找到大量反映媒体内容融合迅猛发展态势的经验材料。这也说明了媒体内容融合生产是当下传媒生态变革的重要内容,从业者需要基于传媒与经济、社会发展的大格局思考内容融合的创新理念。

表1-5 内容生产方式创新的前景编码表

二级编码	三级编码	举　　例	来源
内容生产方式创新的前景	媒体内容融合发展格局远大	可以说"中央厨房"的设置指向的是未来。培养全能媒体人才、壮大主流舆论阵地,在全球化和社交媒体时代,以融媒体和融合报道连接海内外,传播好中国声音,是其未来更为广阔的发展前景	03
		建设国际一流新型主流媒体是全媒体时代中央广播电视总台的奋斗目标,我们将坚持以守正创新促进主流媒体转型升级	05
		但梨视频的野心远远不止于此……梨视频要打造"中国故事供应商"	09
	媒体内容融合发展态势迅猛	中央广播电视总台预计到今年(2019年)年底将有1 000家县级融媒体中心联合打造融媒体智慧平台	06
		自手机客户端上线以来,喜马拉雅迅速成为国内发展最快、规模最大的在线移动音频分享平台	10
		短短数天,活动浏览量就超过10.74亿,创造了全球融媒体产品的世界纪录	08

2. 媒体内容融合生产的现状与进展

媒体内容融合生产的现状与进展包含"内容生产机制与模式创新""内容生产流程与方式创新""内容生产理念的创新""先进技术的应用与影响""人才结构优化与培养模式创新""媒体内容产业发展"等6个二级节点。结合前文的文献综述及分析来看,通过经验材料分析编码提炼出来的理论节点与目前学界对媒体内容融合生产现状的主要观点基本一致。

第一,内容生产机制与模式创新。内容生产机制与模式创新既是媒体内容融合生产的基础内容,又是各种类型媒体在融合生产实践中探索的重要目标与任务。这一部分包括"根据中央部署思考创新融合路径""内容生产机制创新""泛资讯视频内容生产模式的创新与实践""实践中推动内容生产机制动态优化""跨地域内容生产的布局""知识付费模式受到认可"等6个三级节点(见表1-6),体现出内容生产机制与模式创新的主要方向,比如中央的部署及相关政策是各类媒体探索内容创新生产方式的重要依据。而且内容生产机制创新需要与宏观的媒体结构调整(如内容生产供给侧结构性改革)深入结合,注重顶层设计理念的创新与引领,进而在具体的资讯生产、知识付费、跨地域生产等层面探索可操作性、可复制性的生产模式,并结合各自的内容生产要求在融合实践中不断推动生产机制的动态优化。

表1-6 内容生产机制与模式创新表

二级编码	三级编码	举　　例	来源
内容生产机制与模式创新	根据中央部署思考创新融合路径	全媒体时代,我们要深入学习贯彻习近平总书记关于媒体融合发展的重要论述,坚持守正创新,深化融合发展,以全新姿态迎接全媒体时代的新一轮挑战	05
		按照党中央关于推进媒体融合发展的指示要求,人民日报社在"中央厨房"建设取得阶段性成果和经验的基础上,规划建设全国党媒信息公共平台	01
	内容生产机制创新	要勇于跳出条条框框,以流程再造推动内容生产供给侧结构性改革,向体制机制创新要动能,全面推进组织架构、内容生产、平台渠道和管理机制的流程再造	05
		除了在顶层指挥上的创新,人民日报社"中央厨房"更在工作机制上创新推出"融新闻工作室"	03
	泛资讯视频内容生产模式的创新与实践	在内容生产上,梨视频不同于《新京报》,我们视频、看看新闻主打严肃硬新闻的特点,也不同于抖音、快手做UGC内容的呈现。梨视频主打泛资讯,更加强调现场感和直击人心,这种工业化、	09

（续表）

二级编码	三级编码	举　　例	来源
内容生产机制与模式创新		持续化、标准化的生产体系也成就了梨视频独特的发展模式	09
	实践中推动内容生产机制动态优化	《人民日报》"中央厨房"不是一天建起来的，它是在不断实践、实战中逐步完善的，用来推动《人民日报》内部的媒体融合	01
		总台成立以来，持续深化"台网并重、先网后台、移动优先"战略，找准广播与电视、传统媒体与新兴媒体、对内宣传与对外宣传、产业与事业融合发展的新路径、新机制，不断催化融合质变，持续产生"化学反应"	05
	跨地域内容生产的布局	中央广播电视总台与上海市人民政府签署深化战略合作框架协议；上海总部基地伴随国际传媒港的启动同步亮相	07
		继总台长三角总部和上海总站揭牌后，在广州设立粤港澳大湾区总部、广东总站也被提上日程	07
	知识付费模式受到认可	这样的环境下就出现了新的内容变现的可能性……大家养成了所谓的知识付费习惯	12

第二，内容生产流程与方式创新。内容生产流程与方式创新，包括"内容采集与制作方式创新""不同媒体形式的个性特色得到发挥""严肃内容生活化、娱乐化""自媒体内容兴起"等 4 个三级节点（见表1-7）。媒体内容生产流程与方式的创新涉及编辑室空间主体各类具体活动的变化，在具体材料中，这一部分内容为大量经验以及案例。在具体的新闻采写过程中、在不同部门的具体协调互助中、在新内容与受众的互动反馈中，都能够发现具体的内容材质与创作方式的创新。在这一过程中伴随着严肃内容的生活化与娱乐化处理，伴随着自媒体内容的兴起，伴随着各种媒体形式个性特色的发挥，由此产生出的多种具有创新性的内容采集与编辑制作方式成为业界同行关注与交流的重要内容。

表 1-7　内容生产流程与方式创新表

二级编码	三级编码	举　　例	来源
内容生产流程与方式创新	内容采集与制作方式创新	前方记者除了写成品稿件,还必须提供多种多样的素材给后台	02
		建设"中央厨房"基本要实现的是"新旧融合、一次采集、多种生成、多元发布"	04
	不同媒体形式的个性特色得到发挥	不是让新闻成为流水线产品,而是尽量充分发挥不同媒介的新闻专业特色,实现个性化新闻生产,满足新闻产品的个性化需求	01
	严肃内容生活化、娱乐化	将腾讯"天天 P 图"的"人脸融合"图像处理技术第一次应用到严肃的时政新媒体报道领域,实现了应用领域的突破	08
		腾讯网将严肃的时政报道进行转化,打造了一个又一个深受网友喜爱的产品	08
	自媒体内容兴起	现在移动互联网环境下平台背景丰富了,内容的强度也不一样了……这样的环境下,内容本身具备自我传播能力,所以我们叫自媒体	12

　　第三,内容生产理念的创新。在媒体内容融合生产机制、模式、流程、方式等方面创新发展的基础上,从业者从中提炼出能够符合未来传媒生态变革发展要求的新兴内容生产理念,包括"内容生产理念的升级与迭代""传统媒体主动求变、应对时代挑战""根据不同媒体类型特点制定差异化生产策略""颠覆式创新"等 4 个三级节点(见表 1-8)。媒体内容融合生产理念需要紧跟传媒生态及格局变化的趋势,在传统的大众传播时代终结、网络化及特别是移动互联网化特征越来越明显的背景下,必然要摆脱、革新带有工业化生产特征的传统媒体生产理念,实现内容生产"哲学"的迭代升级;形成符合我国传媒顶层设计要求、从"哲学"层面实现对媒体内容融合创新理念的系统性、前瞻性思考,是我们对媒体内容融合的理解趋向成熟的重要标志。诸多传统媒体主动求变、通过探索各种创新生产方式积极应对新媒体时代的挑战,全面分析自身存在的优势及劣势,并根据本身特点思考个性化与差异化的生产策略,总结出很多成功经验,在一些方面甚至体现出较强的颠覆性。

表 1 - 8 内容生产理念的创新编码表

二级编码	三级编码	举 例	来源
内容生产理念的创新	内容生产理念的升级与迭代	互联网公司和我原来熟悉的传统制造业在产品生产、研发模式、哲学上不同。比如制造业讲的是标准化、规模化生产、大众化品牌。互联网公司讲的是硅谷、单点突破、流量分发,这是互联网产品哲学上的变化	12
		大众传播时代终结,更多的人和更多的时间消费会被沉淀在垂直的领域	12
	传统媒体主动求变、应对时代挑战	中央提出合并和组建中央广播电视总台,就是回应传统广电重构全媒体全新体制的时代要求	07
		总台在合作方面的动作,表明其通过拥抱互联网、拥抱电信运营商,正用互联网思维改造传统媒体	07
	根据不同媒体类型特点制定差异化生产策略	我们在业内有一个讨论,认为视频的节目天生有放松和娱乐的功能,而我们通过声音去传递的部分,天生有知识和学习的功能	10
		和纸媒在子报间横向重点整合不同,现在包括中央电视台在内的电视台所要进行的"中央厨房"建设重点部分在于,纵向地将电视和网络端口资源打通,将原来在电视端的采集任务延伸为多平台的采集和制作	04
	颠覆式创新	"中央厨房"是机制不是机构,要做的不是机构重建,而是机制再造	01
		当你的产量成倍递增的时候,内容生产方式可能有一个革命性的变化	09

第四,先进技术的应用与影响。先进技术的应用与影响是媒体内容融合发展过程当中具有很高辨识度的一个要素,同时也印证了技术驱动在传媒生态变革过程当中的重要作用,包括"从战略层面统筹新技术布局""面向融合生产的技术架构的升级""5G 技术应用于内容生产""超高清内容生产""万物互联的革命性影响""与 BAT 等加强技术合作"等 6 个三级节点(见表 1-9)。在媒体融合发展之初,与互联网新媒体相比,传统媒体在

先进技术应用方面存在明显劣势,但是在当下的内容融合过程当中,传统媒体逐渐跟上了互联网新媒体的理念,从战略层面统筹布局新媒体技术的应用,而且注重面向自身内容生产需要,搭建具有创新性、可操作、可扩展、易更新的技术架构。人工智能、5G、超高清技术等成为在内容生产当中具有很高应用频率的先进技术,各种媒体基于这些具有革命性的前沿技术,探讨面向未来的内容生产模式。

表 1-9　先进技术的应用与影响编码表

二级编码	三级编码	举　　例	来源
先进技术的应用与影响	从战略层面统筹新技术布局	总台从成立之初就把新技术引领高质量发展作为战略布局的重中之重	07
		总台始终把强化技术引领作为驱动高质量发展的重要抓手	05
	面向融合生产的技术架构的升级	新版央视网实现全终端的传播升级,在PC端、手机端(手机央视网、手机电视)、IPTV、互联网电视等全终端同步推出,全方位覆盖,全天候延伸,全媒体传播	06
		建设新闻共享云平台,并构建用户新闻上传平台(UGC系统)和面向生产的即时通信系统	04
	5G技术应用于内容生产	总台始终把强化技术引领作为驱动高质量发展的重要抓手,积极构建"5G+4K/8K+AI"全新战略格局,积极推进我国首个国家级5G新媒体平台建设,成功实现我国首次8K超高清内容的5G远程传输	05
		中央广播电视总台联合中国电信、中国移动、中国联通和华为公司共同建设首个国家级5G新媒体平台	07
	超高清内容生产	在春节联欢晚会上,中央广播电视总台首次进行了4K超高清直播	06
		中央广播电视总台开播全国首个上星4K超高清电视频道	07
	万物互联的革命性影响	信息革命带来的万物互联推动了传播边界的不断拓展	05

（续表）

二级编码	三级编码	举例	来源
先进技术的应用与影响	与 BAT 等加强技术合作	中央广播电视总台下属的中国国际电视总公司与阿里巴巴集团签订技术合作协议，双方将在云平台、大数据、移动客户端、信息化平台建设等方面进行合作	07
		中央广播电视总台与华为公司举行了战略合作协议签约活动，双方将围绕 5G 和 4K/8K 的应用，开展全方位的产业深度合作	07

　　第五，人才结构优化与培养模式创新。人才结构优化与培养模式创新包括"传统媒体面临人才流失困境""广纳人才、优化人才结构""多举措培养传媒人才"等 3 个三级节点（见表 1－10）。人才结构的优化及人才素质的提升是媒体内容融合发展的基础保障，对优秀人才的争抢、高端人才的流动也成为近年来传媒界广受关注的一个话题，特别是对于传统媒体来讲，诸多知名主持人及高层管理人员离职转投新兴媒体，成为业界担忧传统媒体发展前景的因素。面对人才流失的困境，传统媒体也从多方面发力，广纳人才，特别是具有技术优势的创新型、综合型人才成为各类媒体争抢的对象，中央广播电视总台成立后发布的 300 名新媒体英才招聘启事一时成为业界关注的焦点。此外传统媒体还积极探讨人才激励与培养模式的创新，注重通过一系列创新举措来激活存量人才的潜能。

表 1－10　人才结构优化与培养模式创新编码表

二级编码	三级编码	举例	来源
人才结构优化与培养模式创新	传统媒体面临人才流失困境	其实对于业务发展来说，没有什么事情比留住最优秀的人才重要。但是最近几年，电视台陷入人才出走的困境	07
	广纳人才、优化人才结构	在 2019 年 4 月 4 日，中央广播电视总台成立发布首次大规模人才招聘启事，诚聘涵盖 82 个岗位的 300 名新媒体英才，引发全网瞩目。总台面向社会公开招聘，能广纳各方优秀人才，优化人才队伍结构，也适应当前工作发展要求	07

（续表）

二级编码	三级编码	举　　　例	来源
人才结构优化与培养模式创新	广纳人才、优化人才结构	《人民日报》媒体技术公司投入设计师、动画师、前端开发、运营推广人员共40多人，来支持工作室内容的创新和孵化	03
	多举措培养传媒人才	2017年，"中央厨房"融媒体学院开课，通过融媒人才的培训、交流，加强融媒人才队伍力量	01
		"中央厨房"正是一个造就全媒体创新人才的平台，可以实现传统媒体与新媒体记者、编辑、主持人、制作人等角色的自由切换，造就融媒体时代的"全能型记者"	03

　　第六，媒体内容产业发展。产业化发展是媒体内容融合的内在要求，而市场也是媒体内容高效融合的有力驱动者。媒体内容产业发展包括"打通内容产业链""积极探索传媒产业融合发展路径""内容变现模式的创新"等3个三级节点（见表1-11）。从业者在融合发展中注重积极探索各种形式的创新方式，一方面探索更高效、更便捷的内容生产方式，一方面最大限度地提升优质内容在传媒市场上的占有率。通过多种产业化运营方式的创新，力求打通内容产业链；通过产业链上下游从业者的通力合作，使优质内容的价值更加充分地实现。这一过程可以实现内容变现模式的多样化，特别是对于传统媒体来说，这是摆脱传统单一内容变现模式的重要突破口。

表1-11　媒体内容产业发展编码表

二级编码	三级编码	举　　　例	来源
媒体内容产业发展	打通内容产业链	在内容生产之初，各个平台都要考虑分发效率、留存功能，以及可以对用户到底带来什么影响。好内容很难得，需要我们很多的努力，希望全产业链的每一个部分都能够发挥作用，让我们的用户随手可取	10
		努力做打破行业壁垒的推动者，实现产业链上下游的通力合作	05

（续表）

二级编码	三级编码	举　　　例	来源
媒体内容产业发展	积极探索传媒产业融合发展路径	融合发展或许将经历以下三个层次：一是媒体内部的融合；二是媒体与媒体之间的行业融合；三是媒体与一切产业的融合	01
		中央广播电视总台注册成立融媒体公司——央视频融媒体发展有限公司，注册资本为10亿元	07
	内容变现模式的创新	如果内容生产方式没变，那变化的是什么？实际上是商业意义上的变化，内容变现方式发生了巨大变化	12
		内容创业者的时代到来，最关键的是我们在这条内容生产链上的每一端，涉及你的生产方式、传播方式、变现能力，还涉及你对用户画像的描写，这是最关键的问题	12

3. 媒体内容融合生产的主要特征

很多节点代表着融合背景下媒体内容生产的新特征、新动向。本章对这些节点进行系统归类，结合前期文献研究，最终概括出"IP化特征""社会化特征""移动化特征""数据化特征""智能化特征"等5个二级节点。这5点能够比较全面地概括当下媒体内容融合生产的主要特点及相应的趋势：第一，这5个特征已经在内容融合生产过程当中实现。特别是对传统媒体来说，基于这5个方向的创新与探索已经成为区别于传统生产路径的重要表现。IP化、智能化等也已经成为一些代表性新媒体企业的标签特征。第二，基于对传媒生态转型趋势和逻辑的把握与分析，这5个特征在未来的内容融合生产中将得到进一步强化，基于这些特征或曰趋势探索新的内容生产方式在一定程度上已经成为从业者所遵循的一个原则。第三，与这些特征相关联的三级节点当中，包含着大量能够反映内容生产一线变化的经验材料，让我们能够在对内容生产特征的分析过程中审视各种生产方式的效果、影响及问题。本书结合对经验材料的分析，从这5个方面对内容生产方式创新的特征予以解读。

第一，IP化特征。IP化特征包括"版权问题是痛点""版权管理、交易、创收模式的创新""打造IP产品及品牌""探索高效IP运营机制""基于跨媒体、跨平台合作实现 IP 运营""产品类型与内容多元化发展""打通内容产业链""对 IP 同质化的反思""诸多代表性的 IP 案例"等 9 个三级节点(见表 1-12)。IP 是近年来传媒市场上的热点概念,虽然学界对这一概念或运营理念的认知中存在比较大的争议,也有学者并不认可这一表述,但是不可否认 IP 化内容生产及运营已经成为当下传媒内容产业的核心理念之一。在经验材料当中,无论是中央广播电视总台、《人民日报》等传统媒体,还是腾讯网、喜马拉雅 FM 等商业媒体,再或者是以吴晓波频道为代表的自媒体,均把打造 IP 产品及品牌、探索高效的 IP 运营机制作为创新的重要原则与方向,并在这一过程中实现了内容产品类型的多元化发展,基于优质 IP 内容推动了文字、声音、视频等各种类型内容产品的创新生产运营,打破了不同媒体、不同平台之间的界限,探索出多种类型的跨媒体合作模式,传媒内容产业链上下游的诸多环节也逐步实现了高效互通与连接,打造出大量高质量、好口碑的代表性 IP 案例。同时,从业者也对 IP 化生产过程中存在的痛点如侵权问题、内容同质化问题进行了反思,并积极探讨相应对策。

表 1-12　IP 化特征编码表

二级编码	三级编码	举　例	来源
IP 化特征	版权问题是痛点	版权问题成为短视频痛点	09
		今年上半年以来,短视频版权问题遭遇主管部门的多次管控	09
	版权管理、交易、创收模式的创新	腾讯网通过版权合作,集纳丰富的优质稿源	08
		梨视频正在搭建一个版权交易系统,将会在近两个月上线	09
	打造 IP 产品及品牌	中央广播电视总台聚力打造"头条工程",推出《传习录》《人民领袖》《春风习习》等融媒体产品	05
		仅融媒体工作室就生产出 3 300 多个融媒体产品,产品形式包括文字、音视频、图解、H5、动画、表情包、VR 等,其中不乏大量爆款产品	01
	探索高效 IP 运营机制	形成了一套成熟的体系,也在平台下沉了非常稳定的受众群体,这个庞大的、成熟的 IP 资源库足以展开较为高效的转化和运营	10

（续表）

二级编码	三级编码	举　例	来源
IP 化特征	探索高效 IP 运营机制	喜马拉雅一直在尝试进行内容的反向输出，除了面向出版社，面向动漫，在电视节目领域先后和浙江卫视合作过《思想跨年》，同湖南卫视合作过《声临其境》，均取得了不错的成效	10
	基于跨媒体、跨平台合作实现 IP 运营	近年来，在庆祝建军 90 周年、党的十九大、全国两会、冬奥会等报道中，腾讯网都携手央媒，策划推出很多现象级新闻产品	08
		源于平台受众需求和央视节目气质的高匹配度，这几年来，双方在持续而深入的合作中，呈现出可喜的共赢局面	10
	产品类型与内容多元化发展	多元发布是指新媒体可以将文字、声音、图片、图表、视频、互动内容等各类信息放在一个传播单元中，实现了多种手段的融合	04
		采编联动平台是《人民日报》"中央厨房"的常设运行机构，由采访中心、编辑中心和技术中心组成，人员来自"报、网、端、微"各个部门，负责执行指令，进行全媒体新闻产品的生产加工	01
	打通内容产业链	好内容很难得，需要我们很多的努力，希望全产业链的每一个部分都能够发挥作用，让我们的用户随手可取	10
		努力做打破行业壁垒的推动者，实现产业链上下游的通力合作	05
	对 IP 同质化的反思	《人民日报》旗下拥有众多平台和渠道，除了平台集成和分发需要梳理精细流程之外，"一次采集、多次分发"是否会造成各终端内容同质化？	02
	诸多代表性的 IP 案例	央视综艺频道的爆款文化节目《朗读者》在喜马拉雅的收听总量已经突破 14.1 亿，第二季完播率达 66%	10
		持续擦亮《央视快评》《国际锐评》《央广时评》《玉渊谭天》等融媒体评论言论品牌，以有风骨、敢亮剑、接地气的新语态"引爆"舆论场	05

　　第二,社会化特征。社会化特征包括"从战略合作层面实现多方资源整合""传统媒体的社会化生产模式探索""基于平台实现社会化聚合效应""建立并维护全球化的拍客体系""建立全球化拍客体系的技术管理系统""强调生产中的用户关系""与海外媒体多层次合作""对社会化生产的引导与规制"等8个三级节点(见表1-13)。随着不同类型媒体编辑室空间之间联系的日益强化,以及专业的编辑室生产空间及非专业的、生活化的UGC编辑生产空间之间越发频繁地互动与融合,从业者在内容生产中越发注重社会化创新模式,以实现多方资源的整合。传统媒体为了提高生产效率,以开放性举措打通自身与社会各界的连接路径,借助更多外力,在合作共赢中开拓新的发展空间,这种社会化生产包括与海外媒体在多方面展开的深度合作。新兴媒体也充分发挥自身在互联网资源整合与连接方面的先天优势,从战略合作层面实现多方渠道资源的聚合。梨视频的社会化生产模式具有较强的代表性,在全球范围聚合了数万名高质量的拍客团队,并且探索出高效的拍客管理、生产协调、质量把控等机制。媒体在社会化生产中要注重多方主体关系的维护与经营、高效协调机制的尝试与探索、内容品质与导向的把控——这些都是社会化生产特征的重要内涵。

表1-13　社会化特征编码表

二级编码	三级编码	举　　例	来源
社会化特征	从战略合作层面实现多方资源整合	此次战略合作将实现三方的渠道整合和资源聚合,让腾讯的媒体融合之路进入新的发展阶段	08
		在合作共赢、互通共融中获得新空间、赢得新机遇	05
	传统媒体的社会化生产模式探索	央视综艺频道以开放之姿诚邀"创新合伙人",吸引了众多优秀社会机构、平台的踊跃响应	10
		总台的一系列开放性举措,开启了总台与各界各单位的开放连接之路,实现了向外借力	07
	基于平台实现社会化聚合效应	这是一个大开放、大协作的全新媒体融合平台,把人民日报社的融合经验分享给全国党媒,大家可以共享平台、共享技术、共享渠道,携手打造"百端千室"综合体	01

二级编码	三级编码	举　　例	来源
社会化特征	基于平台实现社会化聚合效应	平台打造是系统工程,要坚持从适应自身发展实际出发,不搞"一刀切""一个样",既充分用好"大而全"的共享平台,又积极打造"专而精"的自建平台	05
	建立并维护全球化的拍客体系	梨视频的拍客体系包括机构拍客、核心拍客群、拍客 plus 和商业拍客,目前梨视频核心拍客人数达到 6 万名,覆盖 520 个国际主要城市和 2 000 多个国内区县	09
		我们的全球拍客跑遍了所有志愿者的国家,回顾了这场 28 国 4 000 多人参与的救援奇迹	09
	建立全球化拍客体系的技术管理系统	强大的全球拍客网络系统的建立,得益于梨视频自主研发的 Spider 拍客管理系统	09
		面对短视频产量成倍递增,梨视频还自主开发了编客系统,编客系统会引入大学生参与,但编客系统只承担后期剪辑部分,短视频审核依然由梨视频团队操作	09
	强调生产中的用户关系	在这种变化发生的时候只有构成用户关系,才可能把内容升级为产品	12
		腾讯新闻推出一系列优秀网络互动作品,凝聚人心、汇聚力量,发挥了连接器的作用	08
	与海外媒体多层次合作	与俄罗斯中央及地方媒体展开的多层次的合作	07
		中央广播电视总台与葡萄牙广播电视总台在里斯本签署合作协议	07
	对社会化生产的引导与规制	作为内容生产平台的梨视频,以 PGC(专业生产内容)团队对 UGC(用户生成内容)拍客进行指导	09
		虽然梨视频的生产模式一度被外界质疑过重,但这种生产模式却使得 UGC 生产更加专业化、标准化和安全化	09

　　第三,移动化特征。移动化特征包括"'移动优先'成为诸多媒体的战略选择""'线上线下打通'成为业界共识""万物互联带来革命性影响""移动互联时代的内容生产新路径""基于 UGC 的移动化生产模式创新""移动互联网驱动传媒从业者转型""移动客户端发展迅速"等 7 个三级节点(见表 1-14)。移动化是媒体内容融合发展过程中具有高辨识度的特征,近年来基于 4G 的移动互联网的高速发展已经重构了移动传播生态,推动媒体与诸多社会领域实现深度融合发展。随着 5G 商用的高速推广,可以预见万物互联会带来革命性的影响,未来移动传播生态的升级迭代将在更多社会场景中得到体现。在这样的背景之下,"移动优先"成为诸多媒体的战略选择,线上与线下打通也将成为共识,不断探讨移动化内容生产的新路径,更好地满足受众碎片化、场景化的信息消费需求成为各类媒体竞争的焦点。移动化特征在媒体运营的变动中得到了鲜明体现,比如大量从业者在移动互联网高速发展的驱动之下主动寻求转型,诸多新媒体开始基于移动传播探讨具有全民性的 UGC 生产模式,扎根于不同细分内容领域的移动客户端发展迅速。

表 1-14　移动化特征编码表

二级编码	三级编码	举　　例	来源
移动化特征	"移动优先"成为诸多媒体的战略选择	建立移动优先、PC 做全、纸媒做深、多次生成、多元传播的策采编发新流程	01
		坚持移动优先策略,与网络运营商合作,打造 5G 网络环境下的新媒体新平台	07
	"线上线下打通"成为业界共识	总编调度中心既包括线下的工作空间,也包括线上的软件平台	01
		进行线上线下的全渠道的结合	10
	万物互联带来革命性影响	信息革命带来的万物互联推动了传播边界的不断拓展	05
	移动互联时代的内容生产新路径	可以更好地满足用户碎片化的场景需求,发挥出短视频的社会价值,未来我们还会探讨更多互利互惠的商业模式	09
		花了很多力气让大家掌握互联网思维,尤其是移动互联网思维	11
	基于 UGC 的移动化生产模式创新	梨视频的生产是专业生产下的 UGC 模式,更加强调全民性	09
		构建用户新闻上传平台(UGC 系统)	04

（续表）

二级编码	三级编码	举 例	来源
移动化特征	移动互联网驱动传媒从业者转型	移动互联网浪潮的兴起引起媒体人的迁移成为近年来传媒行业的现象	09
	移动客户端发展迅速	腾讯新闻客户端日均用户超过6 000万，日均刊登新闻2 000条，累计用户下载量超6亿	08
		"央视频"客户端正式上线，标志着总台以"央视频"为品牌、短视频为主打的视听新媒体旗舰扬帆起航	05

第四，数据化特征。数据化特征包括"传统媒体提供数据服务""大数据辅助选题策划与内容生产""大数据助力新闻热点与舆情分析""基于大数据的用户画像、分析与效果评估""数据新闻产品的创新""与互联网巨头开展大数据合作"等6个三级节点（见表1－15）。大数据时代的到来在一定程度上改变了媒体生产与运营的基本逻辑，在大数据元年（2013年），面对拥有海量数据资源及先进数据分析能力的互联网新媒体，传统媒体在应对大数据挑战时面临诸多困惑。经过短短几年的积累与发展，诸多传统媒体也已经探索出了适合自身发展阶段及特征的数据化生产及运营模式，有实力的传统媒体也已经开始在市场上提供多元化的数据服务。而互联网新媒体也基于自身在大数据领域的优势，努力往智能媒体方向迭代，新兴的数据新闻产品广受关注，各类媒体之间的大数据合作越发深入。在具体的内容生产过程中，利用大数据辅助选题策划与内容创意、助力新闻热点把握与舆情分析、基于更为精准的用户画像提升内容生产效率和传播效果，在诸多媒体均已得到了广泛应用，大数据理念、思维及模式已经受到普遍认可，数据化已经成为当下及未来媒体内容融合生产领域的基础特征。

表1－15 数据化特征编码表

二级编码	三级编码	举 例	来源
数据化特征	传统媒体提供数据服务	今年两会，"厨房"首次推出了数据服务，代表着"菜单"中第一次出现了"数据大餐"	04

（续表）

二级编码	三级编码	举　　例	来源
数据化特征	大数据辅助选题策划与内容生产	利用大数据来进行管理选题策划和内容生产	09
		新闻线索不再只是通过记者报道，也可以通过网络抓取、分析	01
	大数据助力新闻热点与舆情分析	全国各地发生的热点事件能地图式即时呈现	01
		网民在微博及输入法中呈现的两会热度、以自媒体为主的微信呈现的态度、基于传统媒体全媒体的新闻大数据，都在这次两会中实现全打通，基于新闻热点进行聚合分析	04
	基于大数据的用户画像、分析与效果评估	新媒体平台的大数据优势，为喜马拉雅从音频进军视频，提供了针对细分领域展开调查、分析和总结的可能，使内容生产更趋精准，受众结构得以优化	10
		如果没有数据管理、没有用户互动关系，我们所谓的用户和当年报纸、电视、电台、微博、博客的时代的用户并没有本质区别	12
	数据新闻产品的创新	独一无二的数据源，使数据新闻能第一时间在《人民日报》落地	04
		工种覆盖美编、UI、UE 设计，H5 程序开发员，视频编辑……在《人民日报》全媒体平台上，这个职能由数据新闻可视化实验室承担	02
	与互联网巨头开展大数据合作	总台领导就密集会见 BAT、华为、新浪、京东等互联网巨头公司，达成在大数据、云计算、AI 技术、5G、全媒体联合运营等多方面的合作意向	07
		中央广播电视总台下属的中国国际电视总公司与阿里巴巴集团签订技术合作协议，双方将在云平台、大数据、移动客户端、信息化平台建设等方面进行合作	07

第五,智能化特征。智能化特征包括"智能技术赋能媒体内容生产""智能化平台与内容生态的打造""智能生产方式的试验与探索""基于新技术打造'沉浸式'内容体验""与互联网巨头开展智能传播合作"等5个三级节点(见表1-16)。人工智能技术的高速发展与应用正在改变着人类社会的发展进程,使社会发展的诸多领域都逐步具备了智能化特点。作为人类社会整体智能化趋势在传媒领域的表现,智能媒体的发展成为近年来媒体深度融合过程中出现的新亮点。字节跳动作为在 BAT 三极之外迅速成长起来的新兴势力,以最具创新性的理念与模式,把智能算法应用于媒体内容的匹配中,这一颠覆性模式使字节跳动旗下的多款新媒体产品短短几年内在海内外获得了爆发式增长,成为智能媒体高速发展的典型代表。除了智能算法之外,各种新兴智能技术开始在内容生产领域得到越来越多的应用,比如应用智能语音识别技术制作字幕、应用版面智能化设计系统提高报纸版面整体排版效率等。为了能够将更多的智能技术应用于内容生产,很多媒体开始展开多方合作、共同开发,比如中央广播电视总台与上海交通大学共同建设超高清与人工智能媒体应用实验室,与 BAT 等互联网巨头展开合作等。智能传播的发展并非仅仅提升了一个或几个媒体内容生产的效率,更重要的是推动了智能化平台的建设,并且提高了整个媒体内容生态的智能化水平。

表 1-16 智能化特征编码表

二级编码	三级编码	举　　例	来源
智能化特征	智能技术赋能媒体内容生产	通过算法,升级主页卡每刷的正能量和暖新闻推荐比例	08
		应用智能语音识别字幕制作技术	06
		报纸版面智能化设计系统:提高报纸版面整体编排效率	02
	智能化平台与内容生态的打造	中央广播电视总台将打通丰台融媒平台与总台智慧平台的渠道	06
		中央广播电视总台"全国县级融媒体智慧平台"上线启动	07
	智能生产方式的试验与探索	中央广播电视总台成立一年来……超高清与人工智能媒体应用实验室的成立等成果不断	07

（续表）

二级编码	三级编码	举　　例	来源
智能化特征	智能生产方式的试验与探索	中央广播电视总台央视技术管理中心与上海交通大学签署了战略合作协议，共同建设超高清与人工智能媒体应用实验室	07
	基于新技术打造"沉浸式"内容体验	"9·3阅兵"报道中，"中央厨房"首次采用虚拟现实视频（VR）采集设备全程拍摄阅兵仪式	02
		冬奥邀请函打造出沉浸式冬奥互动体验，极大提升了冬奥体育盛宴的影响力	08
	与互联网巨头开展智能传播合作	总台与BAT、华为等诸多互联网巨头达成AI技术联合运营的合作意向	07

此外，依托先进的智能技术，媒体内容除了能够为受众提供所需的信息，还能够在受众的生产、生活场景当中发挥更加多元的作用。也可以说，智能技术赋予媒体内容生产者更为多元的角色特征，使之能够介入更加多元的社会场景，发挥更多样的积极作用；赋予媒体内容更为多元的产品特征，使之具备了能够满足更多生产、生活场景需要的功能。比如中央广播电视总台启动的"全国县级融媒体智慧平台"不仅具有内容生产、信息传播、舆情引导等传统功能，还能够在新时代的社会智能治理中发挥积极作用。

二、编辑室空间形态与功能的变化

编辑室空间的变化包括"编辑室空间形态与功能变化""编辑室组织结构及运营模式变化"等2个二级节点。通过经验材料的分析可以发现，内容融合生产过程中编辑室空间形态与功能的变化已经受到业界的关注，从业者还在实践过程中对如何提升编辑室空间组织效率、改进创新协调机制进行了研究。通过对经验材料的逐级编码及理论化概括，本节能够较为直观地概括当下内容融合生产过程当中编辑室空间变化的基本内容，下面将结合编码过程及案例对这2个二级节点分别解读。

编辑室空间形态与功能变化包括"编辑室'空间形态'的改造""编辑室内部空间区隔被打破""多种异质化要素在编辑室空间内实现聚合""编辑

室空间的新功能"等4个三级节点(见表1-17)。编辑室空间形态的变化已经成为内容融合发展的外在表征,特别是在以"中央厨房"、融媒体中心等为代表的编辑室结构调整过程当中,编辑室的空间形态在内容生产方式创新过程中呈现出与传统媒体明显不同的特点,编辑室内部空间的重大调整已经成为融合发展的代表性案例,内部空间的组合安排方式、具有大屏幕、不同部门之间不存在办公物理区隔等显性特点甚至在一定程度上成为一些媒体单位判定内容生产方式创新的标准。优化后的编辑室空间具备了新的内容生产功能,可以驱动不同要素在融合生产过程中不断调整,大幅提升人人交互、人机交互的效率,为提升融合生产效率、推动内容生产方式创新创造了条件。

表1-17 编辑室空间形态与功能变化编码表

二级编码	三级编码	举　　例	来源
编辑室空间形态与功能变化	编辑室"空间形态"的改造	而空间平台……这个大厅将建在人民日报社新媒体大厦的 10 层,建筑面积 3 200 多平方米	02
		一张"中央厨房"的设计图已经曝光,你们感受下这个"飞船状"的"指挥部"	02
		位于《人民日报》新媒体大楼10层的"中央厨房",这个建筑面积 3 200 多平方米、充满科技感的空间,就像是科幻片中常出现的"指挥中心",是掌管整个人民日报社新闻生产的中枢和大脑	03
	编辑室内部空间区隔被打破	鼓励报纸、网站、客户端、微博、微信的优秀编辑记者根据自己的兴趣,跨部门、跨媒体、跨地域、跨专业地组织新闻工作室,如同一支支小规模的战斗突击队,既灵活又有针对性	03
		"中央厨房"打破了过去媒体板块分割的运作模式,专门设立总编调度中心,建立采编联动平台,统筹采访、编辑	04
	多种异质化要素在编辑室空间内实现聚合	"中央厨房"由业务平台、技术平台、空间平台三部分构成	02

（续表）

二级编码	三级编码	举　　例	来源
编辑室空间形态与功能变化	编辑室空间的新功能	就是在这样一个空间内，《人民日报》希望依托于集成化平台，实现重大报道"一体策划、一次采集、多种生成、多元传播、全天滚动、全球覆盖"	02
		"中央厨房"大厅是人民日报社媒体矩阵策、采、编、发的指挥中枢和中控平台。这个空间平台除了解决"人机交互"的问题，还解决"人人交互"的问题	01

在融合发展进程中媒体内容生产方式创新的驱动下，诸多媒体编辑室的空间形态开始发生变化。编辑室空间形态的变化反映了媒体内容融合发展趋势的深入，是应对未来传媒竞争必然经历的过程，体现了对传统的媒体运营理念与内容生产机制的突破。已有大量文献关注媒体内容生产方式创新过程中编辑室形态的动态发展，如研究者认为"中央厨房"的打造有利于报纸[1]、电视[2]、广播[3]等各种形态媒体的创新运营，并对其经验进行了总结，也发现了"中央厨房"存在的同质化[4]、形式化[5]等问题，并从"流水线"式内容生产模式的负面影响[6]、编辑室内的文化冲突[7]、外部力量的介入[8]等方面对问题成因做出了思考。形态变化是编辑室空间生产过程中可以在显性、外在层面直接把握的维度，能够反映编辑室空间结构、功能、意义等层面的诸多问题，所以在分析中有必要首先对编辑室空间形态的变化做出整体把握。

（一）编辑室空间形态趋向开放

在内容融合发展的驱动下，传统编辑室之间、编辑室不同部分之间的空间壁垒被打破，传统编辑室基于结构化、条块化的地理空间布局而搭建，不同部门、栏目被限制在封闭、孤立的个体空间中，分别与处于空间权力中心位置的"主编"对接，而以"中央厨房"为代表的新型编辑室为了实现"一次

---

① 陈玉林.人民日报"中央厨房"的打造与运行[J].传媒,2017(14).

② 赵蒙华,罗强.地方广电媒体中央厨房发展对策[J].传媒论坛,2018(11).

③ 戴林.广播媒体"中央厨房"流程再造浅析[J].西部广播电视,2018(17).

④ 陈国权.中国媒体"中央厨房"发展报告[J].新闻记者,2018(1)50.

⑤ 王东平."中央厨房"：媒体深度融合新模式[J].新闻研究导刊,2017(14).

⑥ 陈国权.中国媒体"中央厨房"发展报告[J].新闻记者,2018(1)55.

⑦ 何瑛,胡翼青.从"编辑部生产"到"中央厨房"：当代新闻生产的再思考[J].新闻记者,2017(8)32.

⑧ 王敏."场域-惯习"框架下的新闻生产：一个研究范式的学术史考察[J].新闻界,2018(3)38.

采集、多种生成、多元传播"的目标,打破了传统编辑室的封闭空间,实现了业务空间、技术空间、平台空间的融合一体化,如《人民日报》"中央厨房"采编人员均处于统一的融合化开放空间之中,"所有人都能够坐在一起"①,每个人均是可以产生互动关系的空间节点,报纸、网站、微博、客户端的媒体内容生产活动在同一空间得到聚合。

由此,编辑室空间的可见性特征得到凸显,数字化技术嵌入编辑室空间的每个角落,空间内部主体的工作内容都可以通过各种"大屏"显示,比如被称为业界"样板"的《人民日报》"中央厨房",在其全媒体新闻大厅中,"大家目不转睛地盯着眼前十几米长的屏幕"②成为新型编辑室空间的标志性景观。"可见"便于采编工作的统筹、管理,为提高内容生产效率创造了条件。而且,编辑室空间具备明显的可扩展性,而这也为增强编辑室空间与城市社会空间的"可沟通性"提供了条件:一方面,能够为面向新媒体的业务创新提供空间支撑(如员工的新媒体创新项目能够以工作室的形式得到孵化),增加了编辑室空间介入、影响社会空间的内容与渠道;另一方面也为外部空间生产力量与资源的接入打开了接口,可以实现不同媒体单位编辑室空间的联通。随着编辑室空间壁垒的打破,媒体内容生产方式更为灵活、多元,更多突破原有编辑室空间的限制,能够在更为开放的背景下高效完成媒体内容生产工作,编辑室空间形态的开放性特征逐步强化。

(二)编辑室空间形态持续融合演化

从空间形态的创新来看,"中央厨房"的建设推动传统媒体编辑室空间的跨越式发展,弥补了传统媒体编辑室空间对外封闭、内部单元孤立、空间关系线性化等诸多不足,是传统媒体在融合发展过程中的重要突破。从"中央厨房"的空间形态特征中能够发现媒体内容融合发展对编辑室空间的直接影响,因为建设"中央厨房"的初衷便是在融合进程中推动媒体内容生产方式的创新。"中央厨房"空间是借鉴新兴媒体编辑室先进经验、针对传统媒体编辑室在融合发展中的不足而设计的优化方案,所以其空间特征能够鲜明地反映方案设计者的融合理念、目标意愿与路径倾向。

"空间不是社会的反映(reflection),而是社会的表现(expression)。"③对"中央厨房"空间的认识不能只停留在显性特征的层面,更重要的是从空间结构与空间关系的解读中发现编辑室空间生产的意义。虽然"中央厨房"推

① 范锐."大脑"如何更聪明:浙报集团技术驱动型"中央厨房"运行模式及效果分析[J].传媒评论,2017(7).
② 陈正荣."中央厨房":共享与个性能否兼得[J].中国报业,2015(9).
③ 曼纽尔·卡斯特.网络社会的崛起[M].夏铸九,等译.北京:社会科学文献出版社,2001.

动了编辑室空间形态的创新,但掩盖不了其内部空间结构与关系中存在的矛盾,"中央厨房"空间的内部矛盾恰恰是融合发展过程中传媒业复杂性的表现。延森提出"三种不同维度的媒介融合"①,"人的身体的媒介平台、大众媒介平台以及以元技术—数字技术为核心的平台,融合是三种平台交错混杂的网络"②,3 种平台的交错实现了"交流和传播实践跨越不同物质技术和社会机构的开放式迁移"③,"中央厨房"的融合、开放空间在这样的融合要求面前依然表现出无力感,因为将全媒体形态聚合于同一空间的出发点并非适应"开放式迁移"的要求,而是增加内部空间的丰富性,使编辑室成为"融合空间"。所以在未来的融合进程中,随着媒体内容生产方式创新需求的驱动,编辑室空间的形态还将持续演化与发展,在进一步开放的过程中还将从多个维度体现深度融合发展的要求。

（三）编辑室空间形态与功能的差异化要求

为了支持不同类型媒体面对各种渠道或场景时内容生产与传播的个性化需要,编辑室空间的形态与功能也需要体现出一定的差异化特征。编辑室空间形态为了适应融合背景下媒体内容生产的要求而改变,为了支撑多元化的内容生产功能,需要对编辑室空间形态做出相应优化。在这个过程中,编辑室空间的形态与功能将会相互协调,在融合背景下会出现诸多碎片化的编辑室实体空间与虚拟空间,进而需要依据功能来判定编辑室空间以及编辑室碎片空间的生产是否有价值,其中的重要标准便是能否在融合发展中切实发挥创新性的内容生产功能,形成具有辨识度的内容生产与传播模式,形成一定的话语权和影响力。

"空间生产理论以追求差异空间为目标。"④不同编辑室空间在融合背景下的扩展应当是差异性、个性化的,千篇一律的"碎片"空间只能制造越来越多的噪声。近年来涌现的各种新兴内容形态,彼此的编辑室空间形态、功能有明显差异,这些差异的基础是空间内数字技术、运营机制的个性化组合,而这些差异化空间生产的结果是多样化的新兴内容传播形态、传媒产业模式的生成以及融合背景下编辑室空间形态的变化与功能升级。很多编辑室空间改变之后得到了资本的支持、市场的认可、受众的接纳,实现了列斐伏尔意义上的空间生产。

①　延森.媒介融合:网络传播、大众传播和人际传播的三重维度[M].刘君,译.上海:复旦大学出版社.2012.
②　黄旦.重造新闻学:网络化关系的视角[J].国际新闻界,2015(1)79.
③　黄旦.重造新闻学:网络化关系的视角[J].国际新闻界,2015(1)79.
④　孙全胜.列斐伏尔"空间生产"的理论形态研究[M].北京:中国社会科学出版社,2017.

三、编辑室组织结构与运营模式的更新

编辑室组织结构及运营模式变化包括"编辑室组织架构重组后更加灵活""生产流程的探索、重构与完善""不同生产部门与环节之间的协调、组织""创新、高效团队的建设与打造""项目制模式在电视新媒体生产得到应用"等5个三级节点(见表1-18)。编辑室空间组织结构及运营模式的变化是其实现新的空间功能的重要基础。从材料中可见,通过组织架构、运营模式、管理系统、团队建设理念等多方面的调整,传统媒体的编辑室空间具备了越来越强烈的互联网公司的运营特征,在一定程度上解决了"不适应现代传媒企业治理要求"的传统"顽疾"。

表1-18　编辑室组织结构及运营模式变化表

二级编码	三级编码	举　　例	来源
编辑室组织结构及运营模式变化	编辑室组织架构重组后更加灵活	在组织架构上,《人民日报》"中央厨房"彻底打通和整合"报、网、端、微"的采访、编辑和技术力量,实现融合策划、融合采集、融合加工、融合传播	01
		媒体人自由组合,成立创意团队,生产出人们喜闻乐见的内容产品	03
	生产流程的探索、重构与完善	最早的时候很多人还质疑我们这种模式,但实际上我们这一步走得很对,我们从开始阶段就要把整个的流程完善	09
		大部分媒体的"中央厨房"都能集合新媒体的"快"和传统媒体"全""深"的特点,改变传统纸媒优先发稿、再上传到网站发表的发稿原则	04
	不同生产部门与环节之间的协调、组织	还有内部用户管理系统、互联网用户管理系统两大系统,一同为全媒体平台的业务运行提供强有力的技术支撑	02
		中央电视台新闻中心实行新闻中心总值班室,每天从早到晚开几次协调会,协调前后期、各频道、各栏目组的新闻选题、线索以及排版。现在包括新媒体部门(如"央视新闻"客户端)在内的各部门值班人员都要参会,以协调做好各编辑部的版面设计和相关调整,并对全台资源进行统一调配	04

（续表）

二级编码	三级编码	举　例	来源
编辑室组织结构及运营模式变化	创新、高效团队的建设与打造	真正让这个厨房运行起来，除了技术和空间平台，还仰仗一个高效运转的团队	02
		在这个"创新工厂"里，不再只有编辑/记者，而是通过"指挥员""采集员""加工员""技术员""推销员""信息员"的分工协作，实现运行。角色解析如下……	02
	项目制模式在电视新媒体生产得到应用	"王冠详解南海仲裁"和两次电视激辩的新媒体传播正是北美分台新媒体以项目制的方式，使用"中央厨房"的一次有益尝试	04

　　编辑室空间形态的变化是其结构与功能发展的体现，编辑室空间结构与功能的更新与媒体内容生产实践具有更强的相关性，关系着新型内容生产方式的有效实现，而这需要以运营模式的创新为支撑。编辑室空间的形态、功能、结构、运营模式形成紧密联系。列斐伏尔在空间生产研究中"通过对空间生产过程、空间资源流动、空间资本增殖、空间政治霸权、空间权力运动、空间生态系统等方面的考察，来寻求社会空间之间的变革方法和空间矛盾的解决之道"①，编辑室空间结构与功能的更新将会对各种空间主体原有的状态与关系产生影响，会对原有的空间资源配置方式产生冲击；而且随着编辑室空间开放性特征的强化，既已将编辑室空间定位为社会空间的组成部分，那么不同媒体的编辑室空间之间、编辑室空间与社会空间的矛盾的解决方案也需要从空间结构与功能变化的角度去寻找与把握。基于数字技术的发展及其对社会的改造，编辑室空间的功能持续得到演化，比如面对元宇宙的兴起与发展，"赛博化"的编辑室空间开始受到研究者与从业者的重视，哈姆林克（Hamelink）提出"赛博空间是地理上无限的、非实在的空间，在其中——独立于时间、距离和位置——人与人之间、计算机与计算机之间以及人与计算机之间发生联系。"②这意味着新的空间资源整合方式的作用将得到提升，并驱动编辑室空间结构与功能进一步发展。

---

① 孙全胜.列斐伏尔"空间生产"的理论形态研究［M］.北京：中国社会科学出版社,2017.
② 哈姆林克.赛博空间伦理学［M］.李世新,译.北京：首都师范大学出版社,2010.

（一）传统编辑室空间结构的解构与优化

传统的编辑室空间结构无法适应融合背景下媒体内容生产的基本要求，无法支撑面向移动化、智能化环境的内容生产功能，所以在融合发展中逐步经历了一个解构与重构、尝试与优化的过程。在未来，编辑室空间结构还会出现虚拟化的趋势，基于元宇宙的新技术甚至能够逐步摆脱现实空间对内容生产功能的限制，比如"赛博化"的编辑室空间本质上是虚拟化的空间，"是一种可视的、有色彩的、由电子操纵的数据景观。它主要是一个概念空间、符号空间、思维空间，也即一个自为的人造空间，而非一个自在的实存空间或物理空间"①。当虚拟化技术进一步介入媒体内容生产环节，融合生产呈现出更强的虚拟性特征时，这种越来越普遍的虚拟性趋势会迫使实体化编辑室空间的结构与功能不断演化。

编辑室努力调整自身的空间结构、借助数字技术优化内容生产功能，通过多种尝试使实体编辑室空间成为未来各种虚拟空间主体的基础节点，由此实现实体编辑室空间与虚拟赛博空间的连接，提高编辑室空间在未来媒体生态中的话语权。比如在今日头条的实体"编辑室"中没有具体的采编空间，占据核心位置的是智能化数据分析与推送系统，这对于传统媒体编辑室来说是具有颠覆性的空间形态，具备了赛博空间的竞争先机。"与景观碎片、认知碎片、文化碎片等碎片形态一样，空间碎片是现代社会一种常见的空间形态。"②城市社会空间处于变动之中，"在空间连接处，甚至同一空间内部不同单元之间，出现各种形态的缝隙和空档，构成了碎片空间"③。不同性质空间产生碎片化的原因存在差异，而编辑室需要通过结构调整来优化功能，是为了达成在赛博空间中更有效地发挥媒体功能的目标。

（二）编辑室空间功能优化与要素重新分配的逻辑依据

内容生产功能优化是编辑室空间形态与结构调整的重要目标，而这需要以运营模式的创新为基础。编辑室空间内部运营模式的创新意味着对各种要素的调整，只有立足于它们的内在关联和运营模式创新的路径，才便于把握编辑室空间要素整合的逻辑。融合发展正在持续改变着人类习以为常的媒体空间状态，大量数字化的媒体空间"既没有物理空间的广延性和距离

---

① 张之沧.论空间的生产、建构和创造[J].学术月刊,2011(7).

② 弗里斯比.现代性的碎片：齐美尔、克拉考尔和本雅明作品中的现代性理论[M].卢晖临,等译.北京：商务印书馆,2003.

③ 刘涛.社会化媒体与空间的社会化生产：列斐伏尔和福柯"空间思想"的批判与对话机制研究[J].新闻与传播研究,2015(5)76.

感,也没有物理时间的一维性和不可逆性,实现了对人类时空的重组,表现为流动的空间和无时间之时间"①。编辑室空间结构与功能如何适应这一趋势并实现差异化的空间创新,是实现内容生产实践方式创新的关键。传统的编辑室为人提供结构化、固定化的采编活动空间,人的活动受到空间结构与业务流程的限制;未来的编辑室空间强调人的活动在空间中的作用提升,以人为中心,实现空间要素的智能化整合。赛博人"是当前技术与人的融合塑造出的新型传播主体,昭示一个颠覆性的事实,即传播的主体已经从掌握工具的自然人转变为技术嵌入身体的赛博人"②。"技术嵌入身体"即为空间嵌入身体。编辑室内的主体与编辑室空间基于智能化、数据化、移动化的传播技术不断"融合"。编辑室空间不仅实现了不同流程、部门、媒体形态的融合,还实现了人与智能设备融合、人与编辑室空间的融合。"人成为移动网络的节点主体……传媒机构正在从相对专业化的社会子系统,转变为社会网络的节点。"③编辑室空间内化于空间内的"智能化"主体,通过人的行动实现编辑室空间生产功能,消解显性的编辑室空间结构、以碎片化节点的形式对其他城市、社会空间产生直接影响,进而为编辑室空间生产寻找更大的可能性。

四、编辑室空间主体权力关系的调整与规制

福柯认为,"空间是权力实施的媒介,空间生产实际上体现为对空间的规训实践"④。编辑室空间形态与结构的变化能够体现编辑室内外的各种规训力量的博弈,也可以说编辑室空间是不同规训力量相互作用的产物,并使各种空间主体的关系、权力结构产生变化。在传统媒体的编辑室空间生产过程中,数字化、智能化等内容生产逻辑的作用相对缺失,传统的工业化媒体生产逻辑发挥主导作用,这与传统媒体编辑室空间内外的权力结构、规训力量是分不开的。对这些权力之于编辑室空间规训方式及影响的分析,是把握编辑室空间生产逻辑发展走向、思考编辑室空间生产优化策略的有效切入点。

（一）编辑室空间主体权力的调整

第一,权力交织下的编辑室空间。"权力与空间不可分割地缠绕在一

---

① 张骋.赛博空间与本体重建:新媒体时代人类存在方式的变革[J].新闻界,2015(5)39.
② 孙玮.赛博人:后人类时代的媒介融合[J].新闻记者,2018(6)5.
③ 孙玮.赛博人:后人类时代的媒介融合[J].新闻记者,2018(6)9.
④ 刘涛.社会化媒体与空间的社会化生产:福柯"空间规训思想"的当代阐释[J].国际新闻界,2014(5)48.

起,空间是权力实践、运用的空间,它是展现权力规训的重要机制。"①编辑室空间生产不仅是权力实践的产物,而且也会成为权力规训的工具。"空间格局中心的形成体现着中心位置与权力的集聚。"②当把编辑室视作一个相对独立的空间与行动系统时,编辑室空间就是社会空间的一个组成部分,不同性质的主体(如政府、社会、市场以及编辑室本身)的多种权力在空间中展开博弈,编辑室成为不同权力角力的场所,形成一种复杂的权力关系结构。编辑室空间生产过程中出现的矛盾恰恰是不同权力交织、角力的结果:一方面,智能技术的进步、传媒市场的转型、融合发展的深入,不断给传统的编辑室空间形态传递压力,形成一种推动编辑室空间向智能时代"理想化"空间进化的力量;另一方面,传统媒体事业单位色彩的管理机制与思维的影响依然存在,不仅存在于编辑室的实体空间内,还存在于经过改造的数字化、虚拟化的"中央厨房"生产社群中,"传统的权力因素转化为流动性权力,其本质是实体组织权力的维系,并推动了虚拟空间'科层化'的过程"③。

第二,编辑室空间中的权力关系与冲突。"制度规范与边界生产的联系最终影响了空间内部的权力结构"④,权力的交织与角力直接表现在编辑室空间主体权力关系的冲突中,具体如下。一、工作流程中的冲突。以编辑室空间中的新闻可视化创新为例,"传统'记者—编辑'组织关系演变为'记者—新媒体(视觉)编辑''传统编辑—新媒体(视觉)编辑''新媒体(视觉)编辑部门—媒体决策层'等不同身份群体、组织间的矛盾关系"⑤,国内外很多编辑室空间在融合发展中都出现了这一冲突,大多数编辑室选择了忍耐、磨合,也有的选择了部门、空间剥离的"去融合"策略。二、管理过程中的冲突。以成本管理为例,编辑室空间形态与结构创新的一个出发点是实现媒体内容生产中的规模经济,由此降低运营成本,但是内部空间的冲突导致部门利益牵绊、沟通成本与硬件维护成本增加等问题。三、空间与组织文化的冲突。譬如"中央厨房"的建设,"对现存新闻业而言不仅仅是技术问题,还是文化问题和心态问题。传统的编辑部新

---

① 董慧,李家丽.城市、空间与生态:福柯空间批判的启示与意义[J].世界哲学,2018(5)29.

② 安东尼·奥洛姆,陈向明.城市的世界:对地点的比较分析和历史分析[M].曾茂娟,任远,译.上海:上海人民出版社,2005.

③ 张军.流动的权力:"科层式微信群"的权力实践研究[J].社会科学战线,2018(9)213.

④ 王艺璇,刘诣.空间边界的生产:关于 B 市格林苑社区分区的故事[J].社会学评论,2018(4)77.

⑤ 杨奇光.媒体融合时代的新闻室矛盾:基于新闻可视化生产实践的考察[J].新闻大学,2018(1)20.

闻生产和"中央厨房"的新闻生产方式在短时间内很难合二为一,它们显然是难以融合的两种文化"①。虽然不同的生产主体在"中央厨房"建设过程中离开原属部门空间并聚集在统一的编辑室空间,但他们带有深刻的原属部门、媒体形态的文化与思维印迹。这些文化惯性与"中央厨房"力求建立的融合文化产生冲突,比如"扁平化管理、去中心化等新媒体思维,推动到中层管理部门时很容易停滞,固有权力结构对调整的反弹和排斥在很大程度上影响着媒体融合策略的推进效率,甚至造成雷声大、雨点小的尴尬局面"②。

第三,编辑室空间主体关系冲突对内容生产的影响。编辑室空间主体之间权力关系往往是编辑室运营逻辑、组织文化的体现,是破解编辑室空间生产过程中诸多瓶颈的核心。简单对比传统媒体时代与深度融合背景下的编辑室空间主体关系,能够发现其背后体现了两种媒体内容生产逻辑的差异。在一定程度上,传统媒体时代编辑室空间生产与深度融合背景下的编辑室空间生产的两种逻辑背后不仅是两种不同权力关系与结构的集合体,而且是代表两个不同发展阶段的集合体。融合背景下的编辑室空间生产逻辑指向未来,更加侧重智能化、人机结合的传媒进化趋势对编辑室空间的影响,描绘了一幅未来理想化、带有"革命性"的编辑室空间图景,力求提升编辑室空间的智能化、数据化水平,更加注重空间关系的重构、空间功能的扩展和实现。而传统媒体时代编辑室空间生产逻辑立足当时特定的内容生产阶段,虽然部分媒体对编辑室现实空间进行了改造,但无法在短时间内改变传统编辑室空间的基础结构,传统的编辑室空间主体关系便继续保持。即使继续调整编辑室空间形态,但因受制于传统空间关系的制约,新的编辑室空间结构中依然存在诸多矛盾,难以有效达成预期的内容生产功能。

所以,正处于建设、变动与调整中的编辑室空间,会频繁碰触不同权力的固有边界,产生各种各样的矛盾与摩擦。要在这个不断调整、以满足多方需求的过程中艰难完成自身进化,就必须寻找一种"高效"且具有可操作性的空间结构调整方案和与之相适应的内容生产流程。通过对编辑室空间内权力结构冲突的分析,本书发现传统媒体编辑室之所以在转型、融合发展过程中面临诸多困境与难题,是因为现实权力关系、结构的角力和未来编辑室

① 何瑛,胡翼青.从"编辑部生产"到"中央厨房":当代新闻生产的再思考[J].新闻记者,2017(8)28.

② 王昕.媒体深度融合中的"中央厨房"模式探析[J].现代传播(中国传媒大学学报),2017(9)125.

空间中理想化的权力协调方式还存在很大差异。诸多传统媒体编辑室空间如果仅按照固有的逻辑稳步积累、艰难进化，便很难"跨越式"地向适应未来智能传播时代的编辑室空间发展。可见，在编辑室空间生产过程中，不仅要从空间形态、结构层面探讨创新路径，还要深入把握空间主体权力关系变化的制约，这是决定有效达成预期内容生产功能的基础。否则，即使在编辑室改造过程中应用再多先进的智能技术，也改变不了其固有的关系结构，也只能形成"大屏"越来越多、空间越来越大的传统编辑室，不能实现有效的编辑室空间生产。

（二）内容生产方式创新过程中的规制

编辑室空间主体关系的变化会在内容生产方式创新过程中得到体现，同时也会因为诸多主体关系在内容生产过程中的变化而催生各类问题。如果不加以科学规制，会使各空间主体的关系权力结构失衡，进而影响内容生产方式的探索。从经验材料的分析与编码节点提炼过程可见，虽然我国媒体内容融合发展形成了诸多创新的模式与理念，在内容产业、人才培养、技术应用等诸多方面也取得了较大进展，但是依然存在诸多亟待解决的问题。对这些问题的忧虑以及对策的探讨体现在诸多从业者的思考中。在编码过程中，本章将这些思考提炼为内容生产方式创新过程中的规制，认为科学合理的规制是内容生产方式创新的内涵之一，也是被很多关注内容融合的研究者所忽视的核心内容。内容生产方式创新过程中的规制包含"内容生产方式创新中存在的问题与规制的必要性""对内容生产方式创新的规制"等2个二级节点。

第一，内容生产创新过程中存在的问题与规制的必要性。内容生产创新过程中存在的问题与规制的必要性包括"版权问题""对媒体内容融合发展效果的审视与反思""内容生产低俗化、商业化等问题""对'中央厨房'的质疑与反思"等4个三级节点（见表1-19）。这一部分研究是提炼编辑室空间生产规制理念及策略的基础，大致可以分为两个层面。第一层面是对依然存在的制约内容生产方式创新的问题的认识与批判。比如长期存在并困扰内容融合的版权问题、在新兴媒体平台上表现明显的内容低俗化问题。第二层面是对内容生产方式创新效果的反思。比如我们在传统媒体融合发展中投入大量资源，但是这主要基于政策驱动、资源驱动，并未形成能够与基于市场驱动、技术创新驱动的互联网巨头并驾齐驱的新兴媒体。再如作为内容融合标杆的"中央厨房"所存在的"形式化"问题，对这些问题的深入分析能够引导我们回到内容生产方式创新的逻辑起点展开反思。

表 1 - 19　内容生产创新过程中存在的问题与规制的必要性编码表

二级编码	三级编码	举　　例	来源
内容生产创新过程中存在的问题与规制	版权问题	版权问题成为短视频痛点	09
		今年上半年以来,短视频版权问题遭遇主管部门的多次管控	09
	对媒体内容融合发展效果的审视与反思	真正实现全媒体转型,能与互联网巨头并驾齐驱的寥寥无几	07
		面对成熟市场化的互联网媒体,包括总台在内的所有广电媒体转型之路只是刚刚起步,面临的问题和挑战有很多	07
	内容生产低俗化、商业化等问题	今天的内容创作跟十年前、二十年前相比变得更加粗暴,现在自媒体看到的是口语化的文本,一个国家的文字如果只在口语化表达状态的话,是低等的状态	12
		我并不认为自媒体文本有任何进步,甚至大部分都处在退步,处在一个讨好和迎合的状态	12
	对"中央厨房"的质疑与反思	人民报社系各媒体,以及系外的一些商业媒体、商业网站,对于优秀新闻产品的需求量很大,但是我们新闻的生产能力和供给能力不足	01
		有一些对于"中央厨房"的质疑,比如把"中央厨房"比作"形象工程""景观工程""羊头工程""节庆工程""要钱工程"	01

第二,对内容生产方式创新的规制。对内容生产方式创新的规制的研究是本书的落脚点之一,是编辑室空间生产的内在要求,也是在未来媒体格局变化中持续推动内容融合生产的基础。这一部分包括"把控内容质量与内容安全性""坚守内容品质与原则""注重公益内容生产、凸显社会责任""把控内容市场规范"等4个三级节点(见表1-20)。这4个节点从不同层面反映了对内容生产方式创新规制的主要内容:其一,把控内容质量及内容安全性在目前融合生态下具有很强的必要性和急迫性;其二,品质要求及其相关基本生产原则在任何环境下都是内容生产者需要坚守的底线;其三,媒体内容生产不是孤立的,而是与社会、经济发展紧密结合的有机环节,在探索创新型融合生产方式时要统筹考虑媒体内容在社会生活、经济发展中的作用;其四,

优质媒体内容具有很高的市场价值,由此在融合发展过程当中引发了诸多不规范的市场行为,而把控内容市场规范也是融合生产规制的重要部分。

表 1-20　对内容生产方式创新的规制编码表

二级编码	三级编码	举　例	来源
对内容生产方式创新的规制	把控内容质量与内容安全性	广电媒体在转型的过程中要以内容为根本,守住内容的底线,完成主流媒体传播正能量的职责,不断打磨精品内容	08
		在内容维度,腾讯新闻每一条资讯都经过多个信源的核查,确保内容的真实可信,提升用户信任度	08
		平台一定要有价值观,邱兵一直跟团队强调,我们的产品敢不敢给自己的小孩看,这个是我们短视频产品生产的标准	09
		你要比受众早一步,既不可以落后于他们,也不可以快太多,要用媒体的经验和智慧,发现好的内容并且呈现给他们,不可以一味去迎合,而应该做一些引导	10
	坚守内容品质与原则	建立重大、突发事件应急报道机制,安排专人实时监控、随时调度,第一时间进行融合采集、加工、生产和传播	01
		腾讯新闻秉承"事实派"理念,坚持把事实传递给用户	08
		生产中国故事,这是我们内容团队的一个追求。如果再进一步阐述的话,我们希望生产出更多正向的资讯内容	09
		好的内容是可以让人成长的内容,可以给人留下什么,或者改变什么、影响什么,这才是我们真正有意义去做的事情	10
	注重公益内容生产、凸显社会责任	把加强公益宣传作为工作重点来抓,例如开办精准扶贫的专题、扩大扶贫覆盖面	04
		"中央广播电视总台广告精准扶贫及国家重大工程公益传播项目签约仪式"在京举行	04
	把控内容市场规范	短视频行业良莠不齐,发展还处于起步阶段。随着主管部门规范的管理和市场参与者的自律,短视频市场会逐渐建立起生产标准和规范	09

五、意义构建：编辑室空间生产的目标指向

（一）内容生产方式创新的价值

经过多年的创新探索，媒体内容融合生产已经取得了一定成效。本书在总结经验材料的过程中发现，学界与业界对这一部分的认知有着较强的一致性，而且本章的编码内容与前期文献资料的分析结果也有较强的一致性，所以在此仅作简要描述。内容生产方式创新的特征包含"基于内容生产方式创新的功能扩展（宏观层面）""基于内容生产方式创新的功能扩展（微观层面）""内容生产方式创新的社会意义""受到多方肯定与认可"等4个二级节点。

第一，基于内容生产方式创新的功能扩展（宏观层面）。基于内容生产方式创新的功能可以从宏观和微观两个层面予以概括。其中，从宏观层面可以提炼出"创新'中国故事''中国声音'的传播方式""创新党的舆论宣传路径""创新主流声音传播方式""提升海外传播效率"等4个三级节点（见表1-21）。从这几个方面可见中央对内容生产创新提出的要求在宏观层面基本上能够满足，而且4个三级编码有内在联系和一致性，如从讲述中国故事、传递中国声音、创新党的舆论宣传路径、创新主流声音传播方式、提升海外传播效率等方面共同提升了我国媒体内容的影响力。

表1-21　基于内容生产方式创新的功能扩展（宏观层面）编码表

二级编码	三级编码	举　　例	来源
基于内容生产方式创新的功能扩展（宏观层面）	创新"中国故事""中国声音"的传播方式	梨视频要打造"中国故事供应商"	09
		节目播出后……反响强烈，多家主流媒体和多个微博及微信公众号都转载报道，网友评论"中国有理有据""中国需要发出自己的声音"	04
	创新党的舆论宣传路径	人民日报社顺势建立的"中央厨房"，正是在媒体融合的道路上为党的舆论宣传树立了新的标杆	03
		夯实基层最后一公里的宣传引导能力	06
	创新主流声音传播方式	让正能量更充沛、主旋律更昂扬，形成网上网下同心圆	05
		总台自成立后在弘扬主流价值方面也在不断推进中	07

（续表）

二级编码	三级编码	举　　例	来源
基于内容生产方式创新的功能扩展（宏观层面）	提升海外传播效率	"中央厨房"还与众多国外主流媒体建立了畅通的沟通和发稿渠道，也善于将海外社交媒体账号作为海外推送主阵地	02
		北美分台的新媒体特别制作系列在中英文多平台同步投放，西方视角，有理有力，深入浅出，制作精良	04

第二，基于内容生产方式创新的功能扩展（微观层面）。基于内容生产方式创新的功能扩展（微观层面）包括"流程创新激发了内容创造力""提高了内容生产效率""打造出业界标杆与样板"等 3 个三级节点（见表 1–22）。这更多是在具体内容生产中探索出的新模式、实现的新功能与新效果。各种创新生产方式极大提升了内容生产效率，梨视频、喜马拉雅 FM 等均实现了平台内容的聚合式、爆发式增长，编辑室空间以及作为空间主体的生产者的潜能被激发。新的生产流程与管理模式能够提升采编人员的生产效率，激励他们创新表达方式，推出一批又一批的精品内容。

表 1–22　基于内容生产方式创新的功能扩展（微观层面）编码表

二级编码	三级编码	举　　例	来源
基于内容生产方式创新的功能扩展（微观层面）	流程创新激发了内容创造力	"中央厨房"烹制新闻美味，极大解放了编辑、记者的内容生产力	01
		编辑、记者的积极性和创造力被激发起来，他们不断创新表达，生产出一批精品	01
	提高了内容生产效率	日前，梨视频团队包括内容、技术、运营有 500 多人，每天生产约 1 000 条短视频	09
		当一个产品搭建起基本的框架逻辑后，它就具备了批量生产的核心竞争力	09
	打造出业界标杆与样板	"中央厨房"是什么，"中央厨房"怎么建，"中央厨房"怎么用三大问题，都可以在人民日报社"中央厨房"的运作中找到样板	03

第三,内容生产方式创新的社会意义。内容生产方式创新的社会意义包括"媒体嵌入社会生活与治理"这 1 个三级节点(见表 1 - 23)。随着融合发展的不断深入,媒体内容与社会生产、社会生活的联系越来越紧密,媒体内容生产过程也实现了与社会发展过程的深度互嵌,生产者能基于多种技术手段抵达多元化的社会生活场景,探寻媒体内容的创新应用空间,并以此为新的基点思考内容生产的新逻辑、新方式,进而使媒体内容在融合生产中承担更加多样的社会责任。

表 1 - 23　内容生产方式创新的社会意义编码表

二级编码	三级编码	举　　例	来源
内容生产方式创新的社会意义	媒体嵌入社会生活与治理	媒体能够以更大的辐射范围对接不同类型的社会需求,必须不断提升自身连接社会的广度和参与社会的深度,构建全新的传播生态	05
		把县级融媒体中心建成为服务大众、便利生活的综合平台和社区信息枢纽	06
		中央广播电视总台与应急管理部举行战略合作备忘录签约仪式	07

第四,受到多方肯定与认可。本章在编码过程中发现,内容生产的诸多新理念、新模式、新产品均受到了多方面的肯定与认可。经过归纳与提炼,具体可以分为"受到中央领导的肯定""受到受众的认可""获得中国新闻奖""媒体内容融合生产的创新广受关注""受到广告商及市场的认可""受到西方主流媒体及社交平台的认可"等 6 个三级节点(见表 1 - 24)。

表 1 - 24　受到多方肯定与认可编码表

二级编码	三级编码	举　　例	来源
受到多方肯定与认可	受到中央领导的肯定	习近平总书记在人民日报社考察时,充分肯定建设"中央厨房"大平台推进融合发展的路子	01
		《推进媒体深度融合　打造新型主流媒体》指出:"'中央厨房'就是融媒体中心。推进媒体深度融合,'中央厨房'是标配、是龙头工程,一定要建好用好。"	03

（续表）

二级编码	三级编码	举　　例	来源
受到多方肯定与认可	受到受众的认可	产生了很强烈的反响和很好的口碑	09
		赢得公信力和用户口碑	08
	获得中国新闻奖	2015年9月，习近平总书记对美国进行国事访问前夕，《人民日报》制作推出该短视频。该视频获中国新闻奖一等奖	01
		时政微视频《公仆之路》播放量达2.5亿次，并获得第二十八届中国新闻奖一等奖	07
	媒体内容融合生产的创新广受关注	这个带着传统媒体基因的产品，一诞生便引起行业强烈关注	09
		《人民日报》"中央厨房"自运行以来，就作为媒体融合发展的"龙头工程"备受关注	04
	受到广告商及市场的认可	通过自有平台内容营销原生广告实现商业转化，今年上半年，梨视频广告销售额同比增长300%以上	09
	受到西方主流媒体及社交平台的认可	路透社称这是迄今已知的第一部采访外国留学生评价他国领导人的视频，"萌萌、酷酷的"	02
		《习近平主席来了》被多个西方主流媒体转载	01

（二）编辑室空间生产的意义构建

不仅传统媒体的编辑室在空间生产过程中会存在各种症结，而且诸多前沿、有代表性的新兴媒体编辑室空间在从"样板"到落地的过程中也会产生各种矛盾与冲突。这些矛盾与冲突会伴随着不同权力关系与结构的改变而改变。"空间的物理形态和化学能量是社会空间的质料，是空间生产改造和利用的对象，他们能够转换为社会性意义。"①抛开传统媒体编辑室空间生产逻辑与新兴媒体编辑室空间生产逻辑的差别，暂时搁置对编辑室空间形态与结构的纠结，审视编辑室空间与社会空间的关系、互动，可以发现，无论编辑室空间形态、结构如何发展、优化，其目的都是为了完成编辑室在社

---

① 孙全胜.列斐伏尔"空间生产"的理论形态研究[M].北京：中国社会科学出版社，2017.

会空间中的意义生产,否则对编辑室空间生产便会造成资源的浪费。"空间蕴含着社会意义和历史过程,社会和空间呈现着紧密关系,体现为社会关系和生产关系的制造过程。"①虽然在融合进程中的不同类型编辑室空间生产均存在诸多问题与不足,但从编辑室与社会互动的层面能够看到其空间生产的意义和价值。

空间生产和社会关系的生成是互动的过程。"各种社会关系与各种空间关系具有辩证的交互作用,并且相互依存;社会的各种生产关系既能形成空间,又受制于空间。"②编辑室空间的发展不仅要统筹两种逻辑的要求和影响,也要考虑自身空间变化之于社会、受众的意义生产。纠结于编辑室自身空间生产特别是形式化的空间生产是传播者中心思想的体现。而基于受众中心需要考虑编辑室与社会的互动,努力提高编辑室在社会空间发展进步中的积极作用,为社会空间中的主体受众提供更好的信息与服务,这才是编辑室空间生产的意义所在。近年来我国各级媒体"中央厨房"建设过程中出现形式化、同质化等问题,其重要原因在于照搬"成功"样板的模式与经验,追求在较短时间内从空间形态、结构层面实现传统编辑室的更新,并力求在内容生产能力方面得到大幅提升;但这种形式化的建设模式忽视了区域化的传媒生态和社会生活,即忽视了从意义生成层面审视编辑室空间生产的把控。所以,对成功经验的借鉴不能受媒体形态融合的限制,而要以提升面向社会、受众的信息与服务能力为前提——只有抓住这个前提,才能保证编辑室空间意义的生产。在这个过程中,如果空间形态生产和空间意义生产发生矛盾,就要慎重考虑编辑室空间形态的融合、进化。本书建议把空间意义的追求放在首位,即使某些编辑室空间形态在技术指标、结构方式等方面相对"滞后",但是维持这一部分空间的社会意义生产功能,可以切实为受众提供高质量的内容服务,进而在此基础上有条件地推进编辑室空间进化。切忌打造脱离社会意义的形式化编辑室,否则即使编辑室空间的智能化、移动化程度再高,也终归是空中楼阁。

"在信息化迅速发展并对社会产生深刻影响的背景下,流动空间是当代网络社会新的空间形式。"③编辑室空间形态的开放性将持续提升,在空间结构与功能方面的"移动化""流动性"特征也将进一步加强。编辑

---

① 孙全胜.列斐伏尔"空间生产"的理论形态研究[M].北京:中国社会科学出版社,2017.
② 曼纽尔·卡斯特.网络社会的崛起[M].严铸九,等译.北京:社会科学文献出版社,2001.
③ 曼纽尔·卡斯特.网络社会的崛起[M].严铸九,等译.北京:社会科学文献出版社,2001.

室空间能够通过各种移动化手段、特定的智能化手段与社会空间产生关联与互动,这需要以意义生产为目标指向,做到不断试错、调整、优化,不能套用照搬,不能一刀切。"从根本上来说,空间生产的发展根源于人自身的发展,以人的发展为终极价值指向。"①编辑室空间形态与结构并非空间生产的核心内涵,媒体内容生产方式的创新应当以编辑室空间形态与结构背后的人的发展、人与社会的信息需求为出发点,在融合探索中逐步实现空间意义的生产。

六、本书研究框架的搭建

本章三级节点的编码及其分析能够比较全面地反映我国媒体内容融合生产的主要情况。对这一背景下内容生产方式创新的背景、进展、特征等进行了把握,基于大量经验材料,特别是案例内容的分析,对上述问题进行了系统性和理论性的提炼。编码当中的一个亮点是编辑室空间变化的总结。此外,还有从形态与功能变化、结构与运营模式更新、权力关系变化等几个方面对编辑室空间生产的主要内容的整体分析和解读。在经验材料的整理及初步编码阶段,本书并未刻意按照编辑室空间生产的要求在经验材料中提炼相关三级节点,但是在编码过程中发现多种类型媒体在内容生产方式创新过程中对编辑室空间形态及其功能创新给予了高度关注。本书遂对编辑室空间变化的相关案例进行了深入分析,并且对这一过程中出现的多种问题做出反思。这些内容经过提炼后形成"编辑室空间的变化"这个一级节点。本书比较"编辑室空间的变化"和其他 5 个一级节点后发现,审视不同问题的视角在"内容生产方式创新"这一层面保持着高度一致,但也存在一定差异。其他 5 个一级节点直接聚焦媒体内容生产的具体问题并展开探讨,"编辑室空间的变化"这一节点即审视编辑室空间的变化(见表 1-25)。而且在一些三级节点当中已经能够体现出基于空间生产相关理论对编辑室变化所做出的思考。由此也验证了在融合背景下审视内容生产创新实践的发展和编辑室空间生产问题这一研究思路的可行性。在此,基于对上述编码的分析,搭建本书的基本逻辑框架,以便为后续几章打下基础。

(一)集中探讨编辑室空间生产问题

编辑室空间生产的主要内容已经体现在编码分析中。后续研究从不同维度展开,具体体现为以下 4 个方面。

---

① 庄友刚.空间生产与资本逻辑[J].学习与探索,2010(1)14.

表 1－25　基于视角差异的一级编码表

视　角　差　异	一　级　编　码
审视编辑室空间的变化	编辑室空间的变化
聚焦内容生产方式创新问题	媒体内容生产方式创新的背景
	媒体内容融合生产的现状与进展
	内容生产方式创新的特征
	内容生产方式创新的价值
	内容生产方式创新过程中的规制

第一,编辑室空间形态与功能的变化。这是从外在层面能够把握的编辑室空间生产过程中的"显性"特征。第二,编辑室空间结构与运营模式的更新。空间结构优化既是形态变化的直接原因,又是支撑不同媒体在各种场景中创新内容生产方式的重要基础,更是编辑室空间功能优化与要素重新分配的逻辑依据。编辑室空间结构与功能的更新与媒体内容生产实践具有更高的相关性,关系着新型内容生产方式的有效实现。第三,编辑室空间主体权力关系的调整与规制。关注不同要素与规训力量对编辑室空间的影响,把握各种空间主体之间的关系、权力结构产生的变化,这是把握编辑室空间生产逻辑发展走向、思考编辑室空间生产优化策略的有效切入点。第四,编辑室空间意义的构建。这是编辑室空间生产的核心内容。编辑室空间形态、结构、功能层面的创新需要以意义构建为指向,否则会陷入形式化的窠臼。这 4 个维度构成编辑室空间生产的主要内容,是本书分析逻辑的"暗线",后面几章对编辑室空间生产问题的探讨主要围绕这几个维度展开。

在此需强调的是,在上述 4 个维度的主要内容中,本书以规制的分析与探讨为落脚点。把表 1－25 中的"编辑室空间的变化"这个一级节点"剔除",在"聚焦内容生产方式创新问题"的另外 5 个一级节点当中,基于"研究类型"这一层面的对比可见,"内容生产方式创新过程中的规制"与其他 4 个节点又有区别(见表 1－26)。"媒体内容生产方式创新的背景""媒体内容融合生产的现状与进展""内容生产方式创新的特征""内容生产方式创新的价值"等 4 个节点属于现状研究,主要是对媒体内容生产方式创新的背景、现状、特征等问题的描述及提炼;而"内容生产方式创新过程中的规制"

则属于对策研究,其研究目的是发现内容生产方式创新过程中存在的问题,探讨有针对性的对策。通过对编辑室空间生产的研究,本书需要在媒体内容融合特征的变化中把握编辑室空间内部诸多主体权力关系的动态发展,掌握权力关系重构过程中出现的影响内容融合健康发展的现实问题,并从理念与对策层面提出有效建议。而这也正是本书的研究价值所在。基于此,本书在第七章探讨编辑室空间生产的规制问题。

表 1-26   聚焦媒体内容融合生产的具体问题编码表

视 角 差 异	研究类型	一 级 编 码
聚焦媒体内容融合生产的具体问题	现状研究	媒体内容生产方式创新的背景
		媒体内容融合生产的现状与进展
		内容生产方式创新的特征
		内容生产方式创新的价值
	对策研究	内容生产方式创新过程中的规制

(二)围绕内容生产实践的特征,搭建研究框架

除了"编辑室空间的变化","内容生产方式创新的特征"这个一级节点在本章所有编码当中也具有较强的代表性和创新性。"内容生产方式创新的特征"是当下媒体内容生态剧烈变化的典型表现,以此展开研究,便于更加高效和全面地掌握内容生产方式创新的现状、意义等相关问题,可以更直接、全面地把握编辑室空间生产的背景、要素、方向等。

第一,"内容生产方式创新的特征"与未来内容融合发展的趋势同构。在本章的节点编码中,IP 化、社会化、移动化、数据化、智能化是经过两级编码提炼出的主要特征,能够反映内容生产在融合过程中呈现的诸多新特点;同时,这 5 个节点也代表未来内容融合发展的趋势,编辑室空间生产的方向亦与这 5 个节点的特征有内在关联。所以,基于这 5 个节点展开研究,不仅便于分析现阶段内容生产方式创新的特征,还能够把握未来传媒生态升级迭代过程中编辑室空间生产的趋势,使课题研究具有更强的前瞻性、持续性。

第二,"内容生产方式创新的特征"在其他一级节点、二级节点中均有明显体现。在编码过程中,如果把"内容生产方式创新的特征"的诸多三级子节点"复制",就能"粘贴"到其他多个一级节点下的子节点当中。比如"IP

化特征"中的"打造 IP 产品及品牌"同样符合"媒体内容融合生产的现状与进展"的编码要求,"社会化特征"中的"基于平台实现社会化聚合效应"同样符合"内容生产方式创新的价值"的编码要求,"移动化特征"中的"万物互联带来革命性的影响"同样符合"媒体内容生产方式创新的背景"的编码要求等。由此可见,对"内容生产方式创新的特征"的研究同时可以深化对其他节点的理解,由此可以提升研究效率和"穿透力"。

第三,"内容生产方式创新的特征"与"编辑室空间的变化"有内在联系。媒体内容融合生产背景下"编辑室空间的变化"是本书要解决的主要问题,而"内容生产方式创新的特征"也恰恰是编辑室空间变化相关特征的表现。比如移动技术的应用、移动化生产模式的探索是打破编辑室内部空间区隔的重要因素,而移动化生产又成为编辑室空间新功能的重要特点;数据化、智能化技术与模式的应用是编辑室组织结构改造过程中实现高效团队建设的基本条件,而编辑室组织结构的变化又使其具备了展开社会化合作的能力,进而使编辑室空间体现出了社会化生产的特点。再如 IP 化生产本身便具有打破不同媒体编辑室的空间区隔的效能,能够基于优质 IP 的多形态、全产业链运营,提升不同编辑室空间的关联程度,进而使编辑室空间具备 IP 化生产的特征。从这个角度可以发现,对"内容生产方式创新的特征"的研究便于更加全面地理解编辑室空间变化的动态过程,把握编辑室各个空间主体关系在融合中的发展,为编辑室空间生产相关问题的探讨打下基础。

所以,基于上述几点,本书围绕"内容生产方式创新的特征"展开、搭建后续几章的研究框架。整体框架逻辑是基于媒体内容生产方式的创新来审视编辑室空间生产多个层面的问题(见图 1-1)。为了更深入地把握内容生产方式创新对编辑室空间生产的影响,更全面地探讨编辑室空间生产不同层面的具体变化,本书从 IP 化、社会化、移动化、数据化、智能化等 5 个方面把握内容生产方式的创新,探讨在这些生产方式的驱动之下编辑室空间在形态变化、功能迭代、结构优化、运营模式更新、意义构建等多个层面的变化,通过这几个层面的分析支撑对编辑室空间生产的把握,进而针对编辑室空间生产诸多层面体现出的问题,尤其是不同空间主体权力关系的调整,思考如何优化编辑室空间生产的规制。具体来看,第二章到第六章从 IP 化、社会化、移动化、数据化、智能化等 5 个方面展开,分别基于具有不同特征的媒体内容融合生产方式的创新,结合特征背后的驱动要素、与不同特征相关的创新生产理念与模式,思考这些要素综合作用下的编辑室空间生产的相关问题。由此,一方面,可以把对内容生产方式创新背景、现状、意义等方面的分析融入不同特征的研究;另一方面,可以从多层次、多方面深化对编辑室空间生产问题的研究。

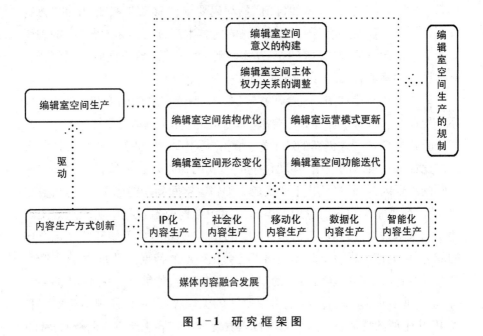

图1-1 研究框架图

第三节 本章小结

本章提出,编辑室是媒体中具有核心生产功能的空间结构板块,分析了编辑室在媒体与社会空间互动、构建意义的过程中的作用,并以媒体内容生产实践为切入点,对编辑室空间变化的背景进行了梳理,探讨驱动编辑室空间变化的主要因素。首先聚焦融合背景下内容生产实践活动,通过把握媒体内容生产实践动态发展,为探究编辑室空间生产问题创造条件。其次梳理编辑室空间生产的几个维度,从空间形态、结构、主体关系、意义等几个层面把握编辑室空间生产的主要内容。最后整体把握融合背景下内容生产实践的主要特征、编辑室空间生产的现状与问题,并基于编码分析结果搭建后续章节的整体框架。

第二章　IP 化内容生产驱动下的编辑室空间生产

　　随着融合发展的深入,编辑室各种元素的组织方式、整体运营思维以及生产机制发生改变,传统的内容生产模式在融合进程中被打破,与内容生产相关的诸多元素依据媒体生态演化的新逻辑、新要求开始重组,编辑室空间形态、结构等不断产生新变化。编辑室空间的变化是一个否定之否定的辩证过程,其中需要经历空间运转逻辑、空间结构、空间关系、内容生产行为的再造。在这一过程中,内容生产机制将从传统的稳定状态趋向混沌,再寻找新的运营规律与模式,从而走向进一步的稳定。

　　在编辑室空间生产过程中,媒体内容生产与传播环节存在诸多值得关注的问题,譬如,如何改善或升级传统的生产模式,如何规范引导新兴的生产方式,如何构建多元传播渠道背景下的版权保护机制,如何形成基于内容原创与衍生的完善盈利模式。上述问题不但影响编辑室空间形态、结构的调整,而且影响内容生产者、运营者等多方主体关系的调整,以及各种媒体资源与要素重构的新逻辑。融合背景下编辑室空间生产的过程是各种资源、要素碎化与整合的过程,需要重新梳理混沌状态中的诸多同质化、重复性的内容生产方式,在优质生产要素的聚合过程中不断形成科学的运营模式,并且在经过融合实践和传媒市场的多重检验之后逐步趋向完善。

　　IP 为 intellectual property(知识产权)的缩写。IP 化生产模式最早出现于游戏产业中,并在游戏、电影、软件等不同领域相互影响,推动市场不断扩大。这种模式在传媒产业中体现出很强的适应性,与传统运营理念和模式相比,能够极大地释放媒体内容的产业价值,逐步得到传媒界的认可。这一理念与模式的广泛应用使当下的内容融合生产体现出突出的 IP 化特征。从编辑室空间的角度看,IP 化生产能够基于统一的 IP 内容,打通不同形态媒体编辑室的空间界限,从策划、编辑、制作等生产环节联通原本孤立的各类编辑室,尤其对传统媒体编辑室空间形成比较大的冲击,在一定程度上推动了传统编辑室空间的解构。本章对近年来传媒领域 IP 化生产的理念、现状进行梳理,并审视这一过程中编辑室空间结构、空间关系、内容生产行为等方面的变化。

第一节　从版权到 IP:编辑室空间解构的新基点

媒体内容生产方式的创新是在诸多因素驱动下实现的,如国家政策层面的推动、数字技术的创新。这些因素均具有驱动内容融合深入发展的基点作用。不同基点的创新构成媒体内容生产方式创新的驱动力,内容融合的路径、方式只能基于这些主要因素展开。"随着传媒产业各个行业门类实践的更加深入,'知识产权(IP)'的概念正在替代'版权'成为传媒产业的核心动力表述,这也是产品经营意识和全版权运营意识深入人心的一种体现。"①内容版权这一媒体生产领域的"核心要素"在传媒生态格局转型的背景之下产生了显著变化。学者不再仅从传统角度思考内容版权的保护,而更注重对 IP 资源的动态开发与循环利用,以此为新的基点,驱动诸多媒体资源与各类要素的重组。随着媒体资源与各类要素的重组,编辑室空间的形态、功能等均出现新的变化,特别是传统媒体的内容生产实践在 IP 化运营过程中与其他类型的编辑室产生越来越多的交集,使编辑室空间形态更为开放,生产功能得到更新。由此,从版权到 IP 的转化以及 IP 化经营模式的发展已成为驱动编辑室空间解构的新基点。

一、从版权到 IP 的转化

"IP 化生产是基于知识产权进行深度开发,在聚合资本、市场、渠道等多方面优势力量的基础上使 IP 内容的价值实现最大化,并且使所有参与 IP 化生产过程的主体得到相应的回报,在多方共赢中打造出可持续开发的 IP 生态链。"②目前大量传媒主体均在思考基于版权内容实现 IP 转化来延伸产业链条。从版权保护向 IP 化价值延伸的生产与转换已经成为内容融合发展领域的重要基点。这种理念与运营模式的转换给媒体内容产业带来了巨大空间。在我国媒体生态不断发展、版权意识得到普遍重视的前提下,IP 化价值的衍生打造成为众多内容生产者与经营者关注的理念,以高质量 IP

---

① 蒲波.从版权到 IP 值:重视创意内容的商品属性[N].中国艺术报,2014-09-05(12).
② 刘峰.基于 IP 化运营的媒体内容融合发展路径探析[J].新闻爱好者,2017(3)42.

内容为基础的价值链延伸在融合发展中得到应用,并且表现出很高的热度。

（一）IP化内容生产

IP化生产较早的有效应用是在游戏产业。基于优质的游戏版权做多元内容的衍生化运营,衍生出影视、动漫、图书、玩具等多种内容产品,围绕同一核心版权激发创意,形成了立体化的产业链条。以高质量IP内容为基础的"IP化运营"在国际上诸多知名媒体集团的发展过程中均有成功应用,比如迪士尼传媒帝国的构建在很大程度上便是立足于IP的深度衍生与开发。这一理念在我国传媒界同样得到有效应用,多形态、多层次的优质IP在传媒市场竞争中受到认可。正如淘米网副总经理CQ所说:"淘米网的发展离不开品牌IP的孵化与培育,甚至可以说淘米网是以IP运营为基础成长起来的。比如通过成功运营《赛尔号》等IP,使淘米网在较短的时间内成功实现了覆盖网站、游戏、电影、出版等各种板块的产业布局。这种IP化运营的成长势能是传统的媒体发展模式所不具备的。"①"版权不能止于保护,版权需要经营,并为产业创新服务,这是版权经济功能的重要层面,也是我国传媒产业未来发展的重要增长点。"②媒体从业者在融合背景下努力探索内容生产方式的转型、创新之路,IP化便是其重要路径。

从版权向IP化生产的转换已经在很多媒体内容融合发展案例中得到应用,近年来具有代表性的综艺节目"中国好声音""我是歌手""奔跑吧兄弟""爸爸去哪儿"等均充分运用IP化生产的理念与方式,版权的持有者与购买者、节目制作者、传统电视播出平台、新兴网络播出平台等诸多主体在版权的购买、内容的制作、节目的播出、衍生品的开发等各个环节共同参与,充分体现和发挥了品牌IP的价值。有效的IP改编能够为受众提供更为丰富的媒体内容,使同一IP在更多场景发挥作用,比如很多"改编"后的优质资源能够更高效地提升不同受众群体的媒介素养③。目前这一模式已经成为传媒界的共识。优质IP内容价值的实现以及版权保护机制的不断完善,极大提升了高质量媒体内容原创生产者以及其他市场主体的积极性。山东卫视某资深编导表示:"我们团队近年来创作了不少精品纪录片,放在过去,这些片子拍出来、播完了,基本上也就放在片库里面了。现在在台里重视版权开发,我们经过精心策划的纪录片在播出之后能够得到进一步的包装和推广,有的也已经成为业内具备一定知名度的IP,这样我们团队在拍片子的时

①　访谈资料为本书通过深度访谈获得,访谈对象使用化名。

②　宋慧献.传媒业版权经营初论[J].当代传播,2007(5).

③　Lamb, Annette. Digital media part 2: energize teen readers with book-film adaptations[J]. Teacher Librarian, 2018, 2: 52-57.

候干劲也更大了。"①基于代表性的 IP 可以实现游戏、节目、文学、歌曲等内容向其他多种媒体形态的转化(见表 2 - 1)。这种 IP 转化与传统的版权保护与经营理念不同,实现了从版权保护向 IP 化生产与经营的升级。

表 2 - 1　热门 IP 内容及其衍生形式简表

IP	衍 生 内 容
《赛尔号》《摩尔庄园》《仙剑奇侠传》(游戏)	动画、电影、玩具、图书……
"爸爸去哪儿""非诚勿扰"(综艺节目)	电影、手游、图书……
《罗辑思维》《吴晓波频道》(网络视频)	社群、图书……
《同桌的你》《栀子花开》(歌曲)	电影……
《失恋 33 天》《盗墓笔记》《何以笙箫默》(网络小说)	电影、电视剧……

从版权到 IP 的转化、IP 化生产模式的应用,实现了对传统的内容生产模式与理念的突破。首先,IP 化运营成为驱动媒体内容生产方式及产业链重构的重要基础,改变了内容生产者在传媒产业链中的作用和位置。具有高质量 IP 内容生产能力、掌握优质 IP 内容资源的媒体在融合生态中的话语权将不断提升。其次,基于 IP 化生产,媒体内容生产者可以把业务范围扩展到其他相关领域,解决传统媒体内容产业链延伸过程中存在的问题,为探索更有效的跨行业运营路径打下基础。最后,基于 IP 化的内容融合生产能够在传媒市场形成一定的影响力和控制力。以成立后获得高速成长的淘米网为例,淘米网旗下图书出版码洋在公司成立短短 3 年内就达到 2 亿元,并于纽约交易所成功上市。淘米网的成功,离不开差异化的"绿色游戏"理念和内容生产布局,基于此推出的《赛尔号》和《摩尔庄园》等都已经成为头部游戏IP 品牌。淘米网精准的细分定位和有效的 IP 化运营为这两个游戏积累了大量受众。乘着互联网高速增长的"风口",淘米网成为融合发展的成功案例。

(二) IP 化内容生产的优势

随着 IP 化内容生产模式的应用,出版、影视、网络等各种类型媒体的交集和融合会越来越多。在这一过程中,不仅有生产者为了创新发展而主动努力探索,还有传媒生态格局调整下被倒逼而做出的应对之举。不同媒体形态之间的差别在 IP 化生产与运营中被淡化,新的生产与运营理念、策略出现

---

①　访谈资料为本书通过深度访谈获得,访谈对象使用化名。

并发展。传统媒体并未将传统内容资源简单、直接地迁移、应用到新背景下的传媒实践当中,而是开始注重面对融合发展的需求、传媒市场的验证来不断调整生产和运营方式。可以说,面对传媒业态急剧变革以及巨大的生存困境、发展压力,内容生产者亟须充分认识自身的不足和优势,实现发展理念和策略的创新与迭代,而IP化生产恰恰是这一背景下可供参考的有效路径。

第一,IP化生产能够激发内容在融合发展中的内在优势。"知识产权主要通过对专利的使用,在促进因特网集中化方面扮演了重要的角色。这一专有权力的合法性基于劳动价值理论,即新技术的创立者应该凭他们付出的时间和努力来获得补偿。"①IP化生产有利于鼓励生产者在媒体内容方面做长期、丰富的积淀,这些IP内容是媒体内容生产者与运营者在融合发展中实现创新发展的资源宝库。基于IP化生产理念,充分激发内容潜能、发挥高质量内容的优势是其内在需求。

第二,IP化生产有利于扩展产业链布局。在媒体融合进程中,传媒业务的类型日益丰富,传媒产业的范围不断扩大,能够给多元化运营创造有利条件。基于IP化生产,媒体内容生产者不仅可以把业务范围扩展到其他相关领域,克服传统媒体内容以及产业链中存在的问题,为跨行业运营的实现打下基础,还能够提升在多元业务范围内的影响力和话语权,集聚、利用、激活更为丰富的IP周边资源。

第三,IP化生产能够助力传媒产业的转型升级。诸多传媒产业主体在融合发展中面临创新发展、转型升级的压力。如何打通内容生产环节与产业运营其他诸多环节的关系、做大传媒内容产业、实现传媒产业发展模式创新等问题始终困扰着行业管理者、市场竞争者。比如面对"互联网+"的方向,诸多传媒企业均在探讨如何在"互联网+"的实践中将自身优势扩展到更为多元的领域中,很多企业也将基于"互联网+"实现转型升级发展的理念转化为"内容+"。基于"互联网+"向"内容+"的发展是内容生产创新理念的深化,而"内容+"的核心环节就是立足高质量IP贯通多元传播渠道、扩展优质内容的落地场景。所以IP化生产对于传媒产业的转型升级有重要的战略价值,是各类传媒企业实现转型升级发展的必由之路。

第四,IP化生产可以为传播生态的完善创造条件。在互联网、新媒体兴起并逐步形成平台生态效应之后,传播渠道长期以来在媒体竞争中占据优势地位,这在媒体融合发展初期有明显体现。互联网新媒体打造了新兴

---

① 罗纳德·贝蒂格,陆臻.圈地赛博空间:商品化、集中化与商业化[J].新闻与传播研究,2013(2).

的传播平台,并充分发挥渠道优势,获得快速成长。随着媒体融合发展至相对稳定、趋向深入的阶段,在传播生态中,高质量内容的意义和作用便日益凸显,掌握优质 IP 内容资源的媒体将在竞争中获得更大优势。IP 化生产理念与模式的优化能够适应传播生态不断调整的需求,为传媒生态的引导与治理创造条件。

二、IP 化生产驱动下的编辑室定位

为了适应业态发展的需要、赢得传媒市场的竞争,各种媒体积极审视各自在生态转型中的角色定位,基于对行业趋势的把握做出调整。通过上述分析可见,IP 化生产在很大程度上重构了不同媒体内容协同生产的流程,打通了诸多原本孤立的编辑空间的界限。而作为媒体内容生产核心场景的编辑室,在媒体运营过程甚至整个传媒生态中的定位也发生了明显改变。"重新定位主要针对 3C:'竞争'(competition)、'变化'(change)和'危机'(crisis),从三个维度重新审视企业及产品的定位……突然之间,全世界的公司都不得不调整计划来应对这只能用'糟糕'来形容的经济环境。重新定位再一次有了用武之地。"①传媒生态的变化以及竞争格局的调整使许多传统编辑室面临巨大的"存在"危机,编辑室在重新思考自身定位时没有必要过分放大短期的困境因素,而是需要提升格局,在未来媒体生态进化的趋势中反思运营中存在的问题,在对行业前沿动态的科学把握中找到编辑室进化的方向与思路。

IP 化运营驱动媒体资源与要素重组,内容生产者需要在这一重组过程中审视编辑室在各种资源中的定位,而且这种定位带有一定的"非结构化"特征。编辑室在把握自身的角色定位时需要准确把握以下两组矛盾。第一组是编辑室与强势传播渠道的矛盾。这一对矛盾在媒体融合背景下快速发展后进入平稳,转型之后也出现了新的博弈,传播渠道特别是各大新兴平台近年来随着技术更迭、行业格局调整不断呈现"颠覆"性发展。例如社交媒体,数年之间从社交网站到微博再到微信,平台生态发展迅速,这就要求内容生产者及时做出调整。日益丰富的传播渠道与平台对高质量 IP 内容的需求越来越大,媒体需要更多内容产品来为受众提供服务,编辑室与渠道或平台矛盾的侧重点产生了偏移。第二组是静态编辑室空间和动态运营的冲突。与新兴媒体以及较早转型的其他传统媒体相比,很多编辑室受制于传

---

① 林莹.《重新定位》:应对竞争、变化与危机:解读杰克·特劳特最新观点[J].中国广告,2010(10).

统理念与运营模式,导致海量的高质量内容产品均处于静止状态,生产之后大多无法进入后续衍生开发的流程。但是,传媒市场主体在运营过程中需要深度挖掘大量高质量 IP,并努力实现多样 IP 形态的转化,这就使静态的、负责内容生产的编辑室与动态的 IP 运营产生冲突。通过把握上述两个矛盾,编辑室可以审视自身与渠道的动态关系,思考自身与渠道的关系如何基于 IP 化生产得到改变、自身与其他类型传媒主体之间关系如何基于 IP 化生产得到重组等问题,进而明确自身在媒体动态运营中的作用,并结合融合发展的趋势思考编辑室在传媒生态中的新定位。

三、IP 化生产：编辑室空间生产的新基点

随着 IP 内容价值的凸显,IP 化内容生产具备了超越传统媒体内容生产实践的新内涵,即 IP 化内容生产不仅能实现传统意义上的媒体内容生产,还能使这种生产实践以及这一过程中产出的优质内容具备对多种媒体传播渠道的影响力、对多元传媒主体的聚合力、对不同竞争行为的约束力。正如剧星传媒执行总裁在接受采访时表示:“IP 品牌影响力是我们广告产品价值的重要基础,我们基于大 IP 所推出的广告位、广告产品往往更受广告客户的欢迎,这体现了市场对 IP 内容以及 IP 模式的认可,也说明当下的传媒环境中,在缺乏统一的、直观的评价或参考标准的时候,大 IP 往往是内容品质、市场收益的保障,成为很多客户选择广告投放对象的重要参考。”[1]由此,基于从版权到 IP 的转化,媒体内容生产实践进一步由封闭转向开放,由独立生产转向合作运营,已经成为编辑室空间形态创新、结构重构的重要基点。

首先,IP 化生产驱动内容资源由传统静态生产向动态运营升级,助力打破传统编辑室固化的空间结构。“IP 化经营以知识产权为核心,但并不完全等同于传统意义上的知识产权运营或版权运营,因为传统知识产权运营更多地强调保护,而 IP 化经营强调的是最大限度地发掘并创造价值,尤其是在媒体内容融合背景下,更加注重商业模式的创新、与资本市场的对接等。融合背景下 IP 化经营的含义要比传统的知识产权运营具有更强的时代性、前沿性与商业特征。”[2]随着 IP 化生产模式在传媒业的兴起和发展,需要重新审视作为内容生产核心场景的编辑室空间。传统编辑室生产的内容有大量高质量 IP 资源,不过这些内容大部分仅经过单次传播便被转存入

①　访谈资料为本书通过深度访谈获得,访谈对象使用化名。
②　刘峰.出版机构 IP 化经营:媒体融合背景下的创新策略探析[J].出版发行研究,2015(9)23.

媒体资源库,长期被"封存"在固化的编辑室空间,处于静止状态。传统编辑室在生产过程中面临播出时段、报刊版面的压力,大量内容在制作出来之后被安排在时段或版面的"缺口"之中,随后生产者便迅速"陷入""填补"后续时段、版面"缺口"的流程。面对观众、读者不断更新的内容需求和传媒市场的竞争,海量内容在常态化的媒体运营压力下迅速成为"历史资料"。而在IP化运营过程中,内容的生产与单次传播不再意味着其"媒体内容生命周期"的终结,而是成为IP内容衍生与发展的起点。这样便实现了动态运营过程中编辑室空间的生产实践,该实践纳入更为完善的传媒产业链条。由此,IP化生产理念模式的兴起打破了传统静态的媒体内容生产状态,突破了传统生产模式对媒体内容价值的限制,生产者需要前置思考媒体内容能够在哪些渠道和平台中实现价值,由此必将使原本处于孤立状态、不同类型的编辑室空间产生关联与互动,彼此分离、不同形式的编辑室空间在IP内容的驱动下被串联、整合起来。

　　其次,IP化生产通过驱动传统内容编辑制作向产业整合升级,进一步冲击、消解不同类型的传统编辑室的空间"壁垒"。在传统媒体的运营模式中,不同形态的内容是编辑室内生产活动的对象,受众是这种生产活动所面对、服务的客体。而在IP化生产过程中,媒体内容的内涵得以扩展,除了传统媒体意义上的节目、版面等内容,还包括"产品"。这是媒体内容生产在互联网新媒体崛起的背景下不断进化的体现,用户是其所面向、服务的客体。由"内容"向"产品"的发展需要生产者在互动和维护之中投入更多精力。从内容客体的方面来看,由"受众"向"用户"的发展说明客体具有更强的依赖性,与互联网新媒体的产品生产和经营理念相比,传统的媒体内容生产思维存在诸多需要改进之处。"在IP全产业链运营的视野下,内容正摆脱传统的价值生成方式与生成途径,进行价值链与组织建构的创新,从而更大限度地提升IP的市场价值。"①IP化运营理念提供了从产品开发、市场推广、后期维护等方面审视内容生产的视角,这种理念体现了对传统内容生产和编辑理念的超越,是一种趋近前沿的互联网产品开发理念。传统单一形态的单个编辑室空间不具备上述IP化生产的功能,无法支撑起由"内容"向"产品"升级的生产要求,这种来自市场、"客户"的需求成为进一步打破传统媒体编辑室空间的壁垒,将报纸、期刊、广播、影视等诸多形态的编辑室空间围绕IP内容串联、整合为具有新的产品生产能力的编辑空间。由此才能围绕IP内容构成由内向外的发展态势,聚合多种编辑室的优质资源,贯通

---

① 刘斌.IP运营视角下动漫产业价值链创新[J].中国出版,2019(3)37.

传媒产业链,以IP内容为中心,完成由价值生产向价值实现的跨越。

再次,内容生产由传统单一化形态向融合形态升级,驱动编辑室空间结构形态多元化发展。内容在传统媒体时代基本上以单一化形态生产和传播,不同媒体形态有固有界限,相应的编辑室也有各自的空间结构方式,这些结构方式制约着不同形态的传统媒体,在数字化转型过程中长期未能实现真正意义上的全媒体化。在不同媒体结构的界限之外,还存在着各种垂直产业的区隔,比如传统出版、影视、广电、网络的编辑室空间都有成熟的形态特征和独立的发展逻辑,传统媒体内容不便突破上述界限与区隔,所以融合形态在这种背景下很难实现,大量优质内容只能以传统单一化的形态运营。"通过跨界合作可以构建以IP为核心的跨领域、跨业态、跨平台的商业运营新模式。"①IP化生产模式能够激发高质量内容在各种渠道、各个产业环节、各类编辑室空间中的潜能,驱动媒体资源向优质IP聚集,推动各种编辑室基于媒体内容的多形态发展、价值衍生需求改变传统的空间形态。青岛出版集团时尚生活中心副总编辑TL在采访中介绍:"我们集团已经通过IP化运营实现多种形态的内容出版,突破了过去单一化的纸质出版,或者简单地将图书内容电子化传播的模式。比如青岛出版集团和海尔集团合作,把集团出版的饮食类图书内容嵌入海尔智能冰箱的显示屏,让用户通过冰箱门上的屏幕就能够阅读所需内容。"②IP化生产不仅便于突破传统的单一化生产运营形态,还能够实现向深度融合的升级,促使各种传统媒体编辑室空间结构形态趋向多元化。

最后,传统媒体由单一化媒体属性向综合媒体属性升级,推动编辑室空间功能的发展与进化。传统媒体时代也有大量成功围绕媒体内容和品牌、延伸产业链的尝试,并积累了丰富的经验与案例,比如湖南卫视早在"超级女声"的运营中便运用了这一模式。但如果从媒体属性的角度审视,在上述案例中,电视媒体仍然占据主导地位,其他模式以补充或者辅助的方式存在,媒体属性有鲜明的单一化特点。"版权和IP的区别在哪里?前者更侧重于内容属性,强调作者权益;后者更侧重于商品属性,强调经营开发。而全版权运营就是优质IP实现价值最大化的方式。"③突破单一化媒体属性是IP化生产的内在要求,因为需要保障IP生产过程中多元主体的利益,充分激发各个主体的积极性,不同平台的媒体属性在摆脱单一化媒体运营模式的过程中均得到不同程度的体现。由此,编辑室结构在变化过程中逐渐具备了新的空间功能,处于

---

①　秦枫,周荣庭.网络文学IP运营与影视产业发展[J].科技与出版,2017(3)90.

②　访谈资料为本书通过深度访谈获得,访谈对象使用化名。

③　蒲波.从版权到IP值:重视创意内容的商品属性[N].中国艺术报,2014-09-05(12).

整个 IP 链条不同环节的各种编辑室都需要充分考虑其他环节、其他空间在融合生产中的统一需求。这种意识需要在策划、生产、传播等各个阶段得到体现,以保证单一的编辑空间以及整个 IP 化编辑空间生产功能的迭代。

第二节 IP 化生产驱动下的编辑室空间主体行为

　　媒体内容生产是编辑室空间内最为重要的行为,编辑室空间主体关系的调整主要是围绕内容生产展开的,依循 IP 驱动之下的内容融合能够分析内容生产行为的演化轨迹,便于更为深入地把握编辑室空间生产。所以本节聚焦 IP 化生产驱动之下编辑室空间主体的内容生产行为的变化。基于 IP 化内容的生产与运营,需要编辑室空间内部不同主体相互配合、支撑,这能够为编辑室空间内部形态融合提供直接驱动力;IP 化运营还需要诸多媒体、不同编辑室的沟通、配合,需要打通渠道、产业等诸多环节,由此为突破传统单一编辑室空间边界、形成传媒生态融合演化合力创造了条件。"IP 所具有的天然渗透性,可将其高知识性、高增值性、低污染性渗透到其他产业。IP 以创意、知识、信息、技术为核心要素。这些核心要素有助于促进传统产业结构调整和产业升级,提高产品的附加值。"[①]所以在 IP 化生产过程中,编辑室内外空间主体的行为均在发生变化。通过对 IP 化生产的分析能够梳理多元化的实践策略,构建一种能够打破传统编辑室空间边界的发展势能,能够为解决目前媒体内容生产过程中的各种问题提供借鉴,也可以为从空间形式、功能等多方面思考编辑室空间生产提供便利。

　　编辑室空间主体的生产行为在 IP 化运营中跳出了单一编辑室空间的限制,逐步探索出能够"超越"具体单一媒体内容形态、具有要素吸聚与整合功能的编辑理念,并且已经在诸多领域得到应用,突破了传统的媒体探索创新模式。比如中央电视台基于其在我国传媒格局中的优势创新布局多元化的媒体形态与内容矩阵,上海广播电视台(SMG)充分发挥贴近市场与资本的优势,逐步扩张发展为具有国际影响力的传媒集团,湖南电视台基于品牌优势不断打造并完善产业链布局。在这一过程中存在以下问题:第一,传统媒体编辑室(如上述 3 个代表性案例)空间主体的内容生产习惯与优势如何在保持稳定的前提下实现创新? 第二,如何在内容生产方式创新过程中

---

　　① 介子平.关于 IP 与 IP 跨界运营若干问题的探讨[J].编辑之友,2019(1)13.

优化多元空间主体之间的关系,提高内容生产效率,强化编辑室的整体控制力和引领力?"从产业演进的历程和未来的趋势看,我国版权产业在市场化改革的推动下,已经彻底改变了改革开放初期的封闭式、小作坊式的发展模式。毫无疑问,版权产业转型升级过程既是该产业自身痛苦转型的'凤凰涅槃',又同时需要政策资源、法律资源、人才资源、土地资源、传播管道资源等方面的大力支持。但也要看到,在一系列动力的作用下,这一转型升级的过程正是版权产业未来赢得发展,取得强大竞争力的关键阶段。"①IP化生产可以充分激发高质量内容的版权价值,同时提升了高质量内容生产实践在媒体运营中的作用,放大了内容生产这一核心环节在编辑室空间内外的影响力,也为通过内容生产实践突破传统编辑室空间固有界限、提升不同媒体编辑室空间的关联创造了条件。

"根据传媒业的一般规律,内容资源从源头生成到用户消费的产品生命周期,会形成一条完整的产业链。这个链条越长,跨越的媒体介质和传播渠道越多,媒体内容产生的边际效益越高。"②从媒体经济学的视角分析可见,基于IP内容的价值延伸能够体现较大的边际效益,而这一点恰恰是IP化的内容生产与内容生产行为在传媒市场形成引领力的重要原因。而随着IP化生产理念与实践方式作用的发挥,能够使编辑室空间主体的生产行为突破传统编辑室空间形态、结构与边界的限制,驱动其调整优化甚至重建。因为很多现有编辑室的外在空间形态、内在的组织方式等方面均存在不适应IP化生产要求的问题,成为编辑室构建融合发展引领力的制约因素。如果不同媒体编辑室空间主体的内容生产行为能够形成更为高效的沟通、融合机制,便可以突破传统版权运营过程中单一渠道的影响力,不仅停留在各种内容形态市场份额之间机械叠加的层面,而且在深度融合中借助各种创新传播方式与机制实现不同编辑室空间主体、多元生产方式优势相乘、裂变的功效。各种媒体资源、要素"相乘"的效果是"叠加"所不能与之竞争的。在这样的生产机制之下,即使是同样的内容生产行为,也能够在形态各异的编辑室空间与运转需求下发挥出更大效能。

可见,编辑室空间主体行为的改变是IP化生产驱动编辑室空间形态、结构调整的核心。不同媒体属性、形态属性的编辑室主体在面向统一的IP内容生产过程中逐步实现空间界限的突破、空间结构的结合、空间功能的重

---

① 王智源.论我国版权产业转型升级进程中的版权投融资体系建设[J].出版发行研究,2012(5)32.
② 贾双林.全媒体时代如何运营版权资产[N].中国新闻出版报,2014-05-07(5).

组等,进而提升优质内容在市场上的引领力,实现产业链式的融合发展。在传统媒体时代,报刊、电视、图书、门户网站等编辑室主体的内容生产行为是相互独立的,产出的内容产品也没有关联,与之相适应的各个媒体的编辑室空间也是孤立的,交集较少(见图2-1)。但是基于 IP 化的生产理念与运营模式,各种类型编辑室空间内的多种生产行为开始围绕统一任务、依据不同形态的具体要求展开生产,为观众呈现出依据统一 IP、具备多元表现形式的内容产品;由此,不同类型媒体编辑室空间的相互关系发生了根本性变化(见图2-2)。围绕统一的优质 IP 内容,多种形态的编辑室空间串联在一起,物理空间限制被打破,一个具备整体功能的新型编辑空间形成了。正如咪咕视频内容运营中心的工作人员所说:"我们通过 IP 运营和其他媒体或者各类剧团进行深度合作。我们在内容宣发、传播过程中和芒果 TV、凤凰等媒体开展深度合作。我们通过和各类专业院团合作,共同打造精品 IP 内容,并且在多平台进行传播。比如与国家京剧院合作,将京剧院的多部重点剧目 IP 进行录制、剪辑,在节目制作过程中我们与京剧院的艺术家们深度合作、共同创作,项目在北京、上海两地同时推进。现在这些节目不仅在国内诸多平台得到传播,而且已经在海外多个渠道中受到大量受众欢迎。"[①]当然,不同形态、实力和规模的生产者在版权运营方式的选择上需要根据现实因素进行综合考虑,导致基于 IP 生产理念的具体实践行为、策略有较大差异。无论采取什么形态的 IP 化生产方式,无论选择进攻型战略还是防守型战略,无论其战略的重点是放在 IP 内容版权的核心还是外围,都需要编辑室空间主体不断依据 IP 运营的要求调整自身的内容生产方式,而这些努力与实践也将体现在编辑室空间的变化中,成为推动编辑室空间生产的现实力量。

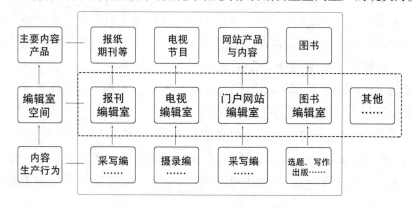

图2-1 传统的不同类型媒体编辑室空间相互关系图

---

① 访谈资料为本书通过深度访谈获得,访谈对象使用化名。

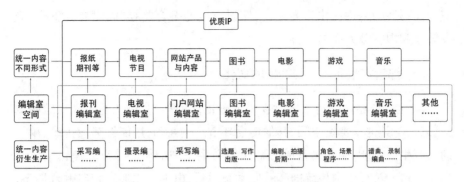

图 2−2　内容 IP 化融合背景下的不同类型媒体编辑室空间相互关系图

第三节　IP 化生产驱动下的编辑室空间形态、结构与功能

　　基于 IP 化理念的内容生产实践,不仅使编辑室空间内部、不同编辑室具备了空间沟通、重构的可能性,而且编辑室空间与传播渠道的互动与融合方式也出现了诸多变化。编辑室传统的孤立形态逐步被打破,开始与多种传媒渠道、平台深度对接,更加便于各类优势生产资源的整合,实现内容的生产与形式转换。随着先进技术的不断发展及其在传媒领域的应用,传统的编辑室空间形态与边界制约媒体运营的现象被弱化。IP 化内容生产可以提升内容与渠道对话过程中的话语权,这并非否定传统渠道的作用,也并非渠道与内容在融合发展中构成冲突,而是强调面对传媒生态重构的趋势,不同编辑室空间之间、编辑室空间和多种传播渠道之间已经摆脱了传统意义上形态与结构孤立、分离的状态,紧密联系。随着编辑室空间形态开放性的增强、边界的消融与打破,各种渠道甚至会逐步纳入编辑室空间的范畴,直接参与生产。咪咕视频内容运营中心的工作人员在采访中介绍:"我们在与国家京剧院合作打造多部优秀剧目 IP 的过程中,国家京剧院、咪咕、外部支撑厂商等多个主体共同参与剧目拍摄、剪辑。虽然制作团队分散在多个地方,但大家围绕共同的制作项目形成了一个跨越京沪的编辑团队,空间并没有成为阻碍节目拍摄与剪辑顺利进行的因素。"①所以,无论是基于传媒市场格局的宏观变化,还是传媒竞争主体的具体需求,都对打破传统编辑室封闭化、孤立式的空间形态与结构提出了迫切要求。从业者有必要以编辑

---

① 访谈资料为本书通过深度访谈获得,访谈对象使用化名。

室空间形态与结构优化为突破口,探讨有效的融合路径,以便充分整合、激发渠道和内容等方面的优势。

一、编辑室空间形态与结构的变化

IP 化生产驱动编辑室不仅逐步突破传统的孤立、单纯的内容采编的空间形态,与其他编辑室空间、其他传播环节产生互动,还能够突破传统、单一的内容生产功能,使编辑室成为融合传播生态中的核心节点。编辑室空间形态在这一过程中由传统静态转向动态运营,由单一化形态转向融合形态,空间结构也趋向融合与多元。本小节探究 IP 化生产实践对编辑室空间形态与结构的影响,审视融合进程中编辑室空间形态与结构如何体现 IP 化生产的机制。本书将 IP 化生产对媒体运营、融合发展的影响概括为"IP 即是渠道""IP 即是整合""IP 即是生态"3 个方面。① 这 3 个方面均是编辑室在 IP 化生产驱动下实现空间形态延伸与结构升级的机制基础。在此基于"IP 即是渠道""IP 即是整合""IP 即是生态"这 3 点探讨 IP 化驱动下编辑室空间形态与结构的变化。

首先,"IP 即是渠道",驱动编辑室空间进一步开放。业界对 IP 的普遍理解是版权、内容,不过在 IP 化生产的动态过程中,内容与渠道已出现多种有效的融合模式。"IP 即是渠道"之效逐步呈现,编辑室基于内容优势实现了在渠道环节的空间扩展,编辑室空间由此开始与其他媒体空间产生更多交集,开放性持续增强。"好的 IP 实际体现的是粉丝经济、眼球经济,游戏领域 IP 的拍卖渐成趋势,一个优质 IP 拍至一两千万元已是常态。开发商还将 IP 值与广告利润直接对等。"②当然 IP 值的基本标准不仅包含内容质量,还需要包含基于 IP 生产的聚合受众和社群效应。其中的核心环节并非最大范围、最多形态地整合渠道资源,而在于基于高质量 IP 内容引领力使分散于多元渠道的受众注意力资源实现聚合。上海教育报刊总社学生媒体发展中心总编辑 ZYP 在采访中称:"目前我们旗下多个报刊的很多内容编辑工作已经不在办公室里面开展了,比如我们打造的多个校园活动,也算是我们的品牌 IP,针对这些活动的组织、协调、采访等工作需要在不同的场景中进行。所以这其中的内容编辑已经不仅仅是传统的写作,而是要在与合作方、与采访对象、与受众的对话之中完成,这样才能使受众对我们的内容

① 刘峰.基于 IP 化运营的媒体内容融合发展路径探析[J].新闻爱好者,2017(3)42.
② 蒲波.从版权到 IP 值:重视创意内容的商品属性[N].中国艺术报,2014 - 09 - 05(12).

具有更高的黏性。"①为了适应IP化生产背景下内容与渠道的深层互动,编辑室需要适应不同渠道的传播要求,调动渠道资源挖掘、打造高质量IP。在这一过程中,编辑室必然向其他生产主体、渠道等开放,驱动后者调整空间形态与结构。

其次,"IP即是整合",驱动编辑室空间形态与结构优化。IP化生产将驱动编辑室空间元素进一步整合,"IP运营者既要整合更多专业创作者参与IP生产,又要善于培养和经营受众社群,使其成为IP传播的强大平台,增强IP的创造力和生命力"②。编辑室通过IP化生产获得了对媒体资源更大的整合能力,以IP衍生目标为基础在动态的跨行业、跨媒体、跨地域甚至跨国境整合过程中实现媒体、政策、技术等各种资源的科学配置。"知识产权制度的力量会推动技术创新与创业的发展,技术产品和商业模式的发展反过来又产生了新的产品组合。"③IP化生产是以资源整合为内在特征的生产运营模式,即使是静态的编辑室物理空间,面对内容整合与被整合的巨大势能,需要跨平台、跨物理空间参与内容生产,编辑室空间形态与结构在不断开放的同时得到优化。

最后,"IP即是生态",驱动编辑室空间形态与结构持续演化。从传媒生态发展的层面便于在更为宏观的视角下思考"IP即是渠道""IP即是整合"的作用机制,可以说IP化生产之所以能够具有资源整合的效能,是因为传媒生态层面有结构调整、转型升级的内在需求。比如近年来大量精品内容均注重"打造'精品化节目内容+矩阵式传播方式+多元化商业生态'全产业链运营模式,增强了节目IP内容的影响力、传播力、创造力"④。IP化生产打通传媒产业链条上内容及其衍生的多个环节,改变编辑室生产者、接受者等各种主体之间的关系,调整资本、技术、政策等的优化配比模式。融合发展的不断深入及其对社会发展影响的提升,将驱动编辑室空间形态与结构的持续演化。正如淘米网副总经理CQ所说:"IP品牌矩阵已经支撑淘米网形成了贯通游戏、动画、影视等多个产业的生态效应,我们依托品牌IP在传媒市场上同其他合作方洽谈时具备了较大的话语权。而且很多IP项目在推进过程中,需要根据具体的市场要求、受众调研需求来确定合作方与合作方式,进而灵活

---

①　访谈资料为本书通过深度访谈获得,访谈对象使用化名。

②　金韶,涂浩瀚.出版IP的跨媒介叙事和运营策略研究[J].编辑学刊,2020(2)107.

③　Pathak, Saurav. A two-staged approach to technology entrepreneurship: differential effects of intellectual property rights[J]. Technology Innovation Management Review, 2021, 6: 5–13.本书作者翻译,下同。

④　刘代坤.浅析综艺节目《青春有你》的IP传播[J].当代电视,2020(5)109.

调整 IP 内容的制作方式、制作团队的组成与运营方式。"①由此可见,IP 化生产具备驱动内容生态发展的潜能,而且在这一过程中依据不同的内容生产需求,将推动编辑室空间形态与结构的持续演化。

二、编辑室空间功能的更新

随着 IP 化生产模式的应用与优化,"内容为王"在传媒生态中的价值得以凸显。这里的"内容"在一定程度上并非传统媒体时代静态化的媒体内容,而是媒体运营、传播过程中体现出的意义与价值,是"传播意义为王""传媒价值为王"的体现。这里的传播意义、传媒价值是多维度范畴,代表编辑室空间生产的目标指向,包含满足用户多方面内容需求的价值、提升媒体的社会影响力和传媒生态引导力的价值、扩展传媒产业规模的价值等。能够把上述价值综合实现并贯穿于融合发展诸多环节的核心便是高质量媒体内容。而在 IP 化模式驱动编辑室空间生产的过程中,编辑室空间形态与功能的变化仅是内容生产机制创新的外在表现,而意义与价值层面的创新则是编辑室空间功能进化的结果。编辑室空间形态随着 IP 化生产的深入而越发开放与多元化,IP 内容的作用基于多形态、跨平台的传播而更为突出,"IP(内容)为王"的印象不断强化。随着编辑室空间形态与结构的优化,IP 化生产能够更高效地调动、整合媒体生产资源,将编辑室空间与互联网平台、数字技术等一样变成各种生产编辑主体所依赖的基础平台,而且使受众更直接地与内容生产者沟通,由此驱动编辑室空间功能的进化。

IP 化生产对编辑室空间功能进化的驱动能够在内容与渠道的关系改变中得到体现。传统媒体时代的内容与渠道区分明显,分属生产与传播两个不同环节,其所在空间也有清晰的边界。但是 IP 化生产整合了各种渠道资源,将其与内容生产环节打通,在编辑室空间形态与结构层面体现为形态开放性、结构多元化等特征,增强了内容生产与传播渠道的融合度,而在编辑室空间功能层面则体现为将渠道资源、优势"前置"到内容生产空间,在很大程度上实现了"内容为王"与"渠道为王"的整合,渠道在 IP 化生产中逐步成为普遍化、环境化和基础化的要素。以电影产业 IP 内容的创新运营为例,"电影产业与互联网产业融合背景下,不断推动传统电影产业链优化,进一步增强电影市场活力,为最大程度开发电影价值,互联网电影企业应致力于 O2O 电影闭环生态圈的打造以及电影全版权运营,以此为我国电影产业

---

① 访谈资料为本书通过深度访谈获得,访谈对象使用化名。

的发展带来更多机会"①。电影是高质量IP内容聚集的领域,有着丰富的产业链衍生运营的经验,基于互联网发展兴起的新兴媒体从传统意义上看属于传播渠道,但是通过IP化运营,这些新兴媒体在内容生产领域形成巨大影响力,影视内容IP通过与传统院线、新兴平台等多元渠道的整合激发出更大的市场影响力。

"互联网建构了新的商业经营模式和文化诉求模式的电影市场业态,即以消费者为中心的电影买方市场的基本成型,从而使国产IP电影市场进入一个生产个体与机构共存、生产与消费合一的全新时代。"②"生产个体与机构共存、生产与消费合一"恰恰体现了IP化模式驱动下生产、渠道、消费等多个环节的交融。渠道方(头部互联网平台)向产业链上游的不断延伸说明IP化运营过程中异质媒体资源与要素对内容生产空间的介入。IP生产使文学写作、拍摄、编辑等多种原本孤立的创作空间紧密相连,开发了能够适应融合生态要求的编辑室空间新功能。虽然与IP化运营相关的很多环节在物理空间上依然分离,但是在统一IP的紧密勾连下,一种突破传统编辑室空间边界的融合式内容生产功能形成了。正如淘米网副总经理CQ所说:"淘米网通过IP化运营贯通了从IP生产到传播的多个产业链条,而且注重IP内容与不同受众群体、不同渠道的匹配程度,根据不同受众的需求与各种渠道的特征来调整IP内容生产的策略。近年来淘米网重点打造了三大IP,即《摩尔庄园》《小花仙》《赛尔号》。三个IP分别面向低龄、女孩、男孩等不同群体,注重满足不同群体的差异化需求。同时,在IP生产过程中注重针对网络、游戏、院线等不同渠道的特点,对不同的IP内容进行调整,并力争保障不同形态IP内容的品质。"③在内容和传播渠道辩证关系的分析中,也可发现IP化生产为围绕原创、优质内容这一核心要素展开创新运营,改变了传统的编辑室与渠道的关系,不仅使编辑室与渠道的互动与融合不断深化,还使不同形态的编辑室之间产生越来越紧密的联系。编辑室空间的这种变化为对接更为多元的渠道资源、平台优势,以形成传媒产业链控制力、提升在深度融合中的引领力、引领未来的传媒生态重构,打下了基础。这种引领力体现了IP化生产对编辑室空间结构与功能的调整,编辑室空间资源按照形成更强竞争力的要求进入优化、调整、重构的进程。

---

① 王广振,王新娟.互联网电影企业:产业融合与电影产业链优化[J].东岳论丛,2015(2)55.
② 王玉琦,付昱.中国IP电影的多维解构及模式建构分析[J].江西社会科学,2020(4)229.
③ 访谈资料为本书通过深度访谈获得,访谈对象使用化名。

第四节　IP化生产驱动下的编辑室
空间主体关系调整

不同编辑室空间主体的关系在IP化生产过程中也产生了变化,而且不同主体关系的调整受各种要素的制约。基于IP化运营,编辑室在传媒生态层面形成新的生产功能,不过在当下传媒格局的转型过程中,还有各种因素制约引领力,比如版权保护机制不健全、盈利模式落后、市场机制作用受限。IP化生产的功能和上述诸多因素的限制存在此消彼长的关系,故必须科学把握各种限制性因素发挥作用的原理与机制,优化IP化生产模式。为了在融合发展进程中理顺编辑室空间内外相关主体的关系,需要围绕IP资源保护机制、市场机制、编辑室IP化生产功能与传媒生态关系等创新性空间行为方式。这三方面体现了内容生产主体、市场主体、管理主体等多方力量关系在编辑室空间结构与形态发展中的变化,并一同构成编辑室空间生产的重要内容。

第一,多元内容生产主体在编辑室空间生产过程中的关系有所调整。在以IP为核心提升编辑室优质内容生产能力的过程中,必然要调整不同生产主体关系。"IP运营模式以核心内容为基点,延伸至电影、电视、游戏和动漫等泛内容产业,为内容产业版权交易展现更为广阔的空间。"[①]由此,各类生产主体开始围绕内容、版权等开展合作或竞争。作为良性无形资产,高质量IP内容在融合发展中体现出品牌、成本等方面的优势,这些优势成为吸聚编辑室内外各类生产主体、调解主体关系的基础。面向深度融合发展趋势,需要反向审视编辑室IP化生产者与传媒生态中多元主体的关系。从编辑室创新IP化生产功能的作用机制来看,IP化生产能够贯穿融合过程,连通多元主体,比如少数或者单一生产主体的话语权会在IP化生产过程中不断加大,破坏不同传媒集团、企业在IP生态中的平衡,少数主体的垄断经营和大多数主体的生态稳定构成矛盾。"信息的数字化控制无疑加剧了信息获取与使用的不平等,而这种不平等限制了数字网络时代市场弱势一方参与相关市场发展的机会与质量,产业的发展受到很大的损害。"[②]如果IP化生产在融合发展中使传媒生态出现上述现象,即使这种问题占比较小,也将影响不同主体的健康关系,不利于IP化生产功能的正常发挥。

①　聂震宁.出版学应该成为一级学科的五个理由[J].现代出版,2020(3)5.
②　杨涛,张钦坤.版权扩张的负面效应解析[J].出版发行研究,2015(3)73.

第二,IP化生产激发市场主体的潜能,提升市场主体在编辑室空间关系中的权重。IP化生产在资源整合中展现出巨大效能。不过在媒体内容价值实现、传媒市场转型发展的过程中,编辑室空间潜能受到"捆绑",在很多场景下无法有效发挥IP化生产的功能。"数字网络环境下内容的后继开发能力很弱,版权资源缺乏市场化运营手段和变现能力,尚未建立有效的全产业链版权经营开发体系,难以利用新媒体的商业模式实现内容的衍生价值。"①IP内容后续开发与持续衍生能力的缺乏将无法支撑不同生产主体关系的维系与深入。IP化生产在融合中需要逐步形成稳定的运营商业模式,这需要一定的周期,不同主体要在这个周期中完成建立与磨合。剧星传媒执行总裁YXH在采访中提出:"随着IP模式的兴起,各种和IP项目有关或者有意的媒体、公司开始聚集,或者力求拿下IP项目的主导权,或者要求参与到IP开发之中。他们有的有策划能力,有的有渠道,有的有资金,八仙过海、各显神通。由此,大家便形成激烈的竞争关系,在竞争的基础上才能探讨合作开发IP的空间。"②不同主体围绕IP内容展开竞争,其关系在动态协商与调整中逐步达到平衡,进而推动IP内容的生产与开发。同时,"有些领域的开发经营业务范围交叉,缺乏有效协调,内耗问题严重;急需建立有效的全产业链的版权开发体系,需要进一步提升对版权的开发、使用,在版权交易上实现突破,最终达到精细化运营的目的"③。在从IP内容生产到持续运营转化的过程中,无论是编辑室空间之外的市场主体,还是作为市场主体的编辑室本身,均面临一定的不确定性,各种驱动要素的作用在编辑室空间中交织,在多个侧面对多元主体关系产生影响。如果不能有效理顺编辑室空间关系,使主体之间处于"内耗状态",就会极大损耗IP化生产的功能。

在近几年的IP化生产中,对不同空间主体关系影响较大的因素有资本、技术、政策等。以资本为例,获得资本支持的生产主体通过"资本+IP"的模式能够提升在编辑室空间关系中的话语权。合理使用资本力量有利于更高效地拓展传媒产业链,基于"资本+IP"模式提升生产与运营效率,构建资本与生产、运营主体良好的互动关系。但资本的力量在传媒市场上同样会产生负面影响,这要求运营者在实践中必须科学管控,处理好资本和IP化生产的关系,将"资本+IP"的价值建立在科学引导媒体内容融合方向、助

①　筱舟,王波,雷鑫.传统媒体版权管理与保护面临的四大问题[J].中国记者,2014(11)54.
②　访谈资料为本书通过深度访谈获得,访谈对象使用化名。
③　筱舟,王波,雷鑫.传统媒体版权管理与保护面临的四大问题[J].中国记者,2014(11)54.

力社会效益实现等基础上。"政府设立专项基金,降低投资者的风险,在版权证券化融资模式逐渐发展成熟之后,政府再逐步淡出该领域。这样就扶植了一个新的影视剧融资模式的发展,对影视剧产业的发展最终有很大帮助,而且这也算政府在履行其应该履行的职责。"①这体现了资本、生产者与行业管控主体针对融合发展中的问题对相互关系做出的及时把控、引导与调整。

第三,在 IP 化生产实践中,生产者注重基于个性化、创新型的模式对各种编辑室空间主体关系的优化,助力编辑室 IP 创新模式的打造。如充分运用互联网思维,在 IP 化生产中探讨多元空间主体关系更为灵活、更为高效的沟通与协调方式。多种形态互联网新媒体的迅速崛起、融合发展进程的不断深入,对 IP 化生产模式的创新提出了更高要求,既有的 IP 化生产方式是否能够适应变化中的融合发展,是否具有持续的有效性,均需在实践中验证。在多种形态的 IP 内容中,具有互联网基因、掌握互联网平台资源的 IP 内容具有更强的发展势能,"网络 IP 是基于互联网思维的知识产权,是依托大数据思维和跨媒介叙事的内容生产,是具有一定知识产权价值的内容、形式和理念的集合体,是网络内容生产者、平台传播者和网络使用者合谋的结果"②。所以,我们需要不断借鉴、探索、强化多种互联网思维的应用,"润滑"各种编辑室空间主体的关系,助力 IP 化生产模式推陈出新,在动态变化的融合发展进程中保持、提升 IP 化生产的引领力。

第四,IP 化生产也驱动编辑室空间生产主体与行业管理主体关系的调整与优化。其突出表现是 IP 化生产驱动生产主体通过跨媒介创新运营追求市场价值,在冲击传统编辑室空间主体关系结构的同时也带来诸多乱象与问题,需要推动政策创新、管控引导策略的升级。近年来在市场机制的倒逼之下,我国的版权保护环境已经得到很大改善,版权保护机制不断健全,还需要从顶层设计层面加强整体性的制度建设,若没有健全的法律法规,便难以系统性地发展 IP 内容资源保护机制,参与 IP 内容生产的市场主体便无法积极投身于 IP 产业链的衍生工作。主管部门需充分理解 IP 化生产在当下内容融合中的战略意义,通过法律法规建设,完善内容版权保护流程和管理机制,形成良好的示范效应,科学引导传媒市场的发展。

在目前的 IP 化生产过程中,内容生产主体与行业管理主体的关系主要

受资本要素的影响。资本方通常将高回报的压力传导给内容生产者,但内容生产者一旦无法对IP资源进行有效的版权把控和保护,无法保证IP内容的质量,便会逐步被排除在IP化生产之外,而IP化生产机制也难以发挥积极作用。此时便需要行业管理主体对多方博弈中的关系做出调整,引导并规制资本,保护内容生产者的权益。"IP产业链的完善需要加强IP版权保护机制。"①IP内容版权保护长期以来都困扰着我国传媒界,这一问题波及领域广、管控难度大,只通过管制的强化、引导方式的创新、教育力度的加大,不会得到根本解决。这便是无论国家主管部门、传媒单位等如何努力都无法根除侵权问题的重要原因。"版权保护体系的构建是一个动态的过程。法律、行政、技术、媒体自律形成的合力建构版权保护体系。舍弃一种力量,版权保护就可能遇到障碍,导致动态过程停滞不前。"②管理主体在推动IP内容版权保护机制建设过程中需要统筹多方关系与需求,整体来看,可以从两个方面理顺:第一为IP版权的保护,也就是作为传统版权理念中核心内容的"版权保护"。这是为充分保护内容生产者的原创权益,为IP化生产的科学发展创造条件。第二为动态运营中的版权保护。传播生态的融合为IP版权保护带来各种新问题,使及时更新安全保护机制成为一项急迫的任务,否则不能适应动态运营过程中IP保护的需要。

第五节　案例分析:IP化生产驱动下的
出版编辑室空间生产

本节以出版行业为例,对IP化生产驱动下的编辑室空间生产进行分析。为了便于表述与分析,在此将出版社、报刊社等出版行业的机构生产者的编辑室统称为出版编辑室。之所以选出版编辑室,是因为与影视、网络媒体的编辑室相比,出版行业的编辑室能够鲜明地体现传统媒体编辑室的空间特征,比如空间结构固化特征明显,不同的空间结构功能单一,(与互联网新媒体相比)内容采编流程中智能化技术应用相对滞后。面对IP化内容生产的驱动与要求,出版编辑室空间生产在一定程度上是"被动"的,在行业发展趋势与生存压力的推动下无奈转型,所以在出版编辑室空间生产的过程中能够比较清晰地发现融合进程中各种要素的作用和影响。出版编辑室在

---

① 　光贤.2019极点IP[J].互联网周刊,2019(20)12.
② 　彭桂兵.新媒体版权保护体系的整体构建[J].编辑学刊,2015(2)32.

一定程度上是传统媒体编辑室的"活化石""样本",面对媒体内容融合发展、IP 化运营得到传媒市场认可的背景,出版编辑室的空间优化与重构成为行业生存与发展的必然。

一、IP 化生产驱动下出版编辑室空间生产的基础

在 IP 化生产的驱动之下,出版、编辑活动中的行为模式产生了新的特点,影响了编辑室空间相关主体的调整,优化了内容生产行为。IP 化生产模式的应用为出版编辑室主动调整空间行为提供了有利条件。第一,出版行业主动求变。与广播、电视、报纸等相比,出版编辑室在融合发展初期遭受的冲击相对较小,传统的出版模式和数字化盈利方式依然有一定的生存与发展空间,所以出版编辑室面对转型升级发展的要求体现出一定惰性。但是随着行业生态变革的不断深入,出版行业感受到生存压力和求变的急迫性,"'中国数字出版联盟'成立大会召开,面对数字化转型的必然趋势,以人民出版机构为首的 60 余家出版单位成立联盟,抱团取暖"①。出版编辑室在行业主动求变的努力体现出更强的凝聚力,为高质量 IP 内容从传统的保护向经营的转化创造了条件,更多优质内容将从静态传媒资源进入按照市场理念深度开发和运营的流程。第二,数字化、智能化技术的应用为出版 IP 化生产、出版编辑室空间的优化提供了便利条件。大数据、AI、5G 等先进技术的创新应用驱动传媒运营模式的不断发展,例如智能化传播能够贯通出版产业链上下游的多个板块,逐步构成一体化的产业格局,出版编辑室与其他媒体实现了对接,便于在 IP 化运营中优化出版编辑室的组织形态和生产流程。第三,传媒市场的日趋完善为出版 IP 内容资源的衍生运营创造了良好的外部环境。传媒市场机制改革是我国媒体融合发展的重要内容。各项机制在深化改革不断细化的过程中逐步完善,各种相关政策法规不断出台,从诸多方面规避了 IP 运营潜在的风险,出版编辑室 IP 化生产的基础条件已经比较完备。"一个优质的 IP,在新媒体产品市场上是可以轻易地在同类产品上做到出类拔萃。"②由此,出版编辑室可以将优势资源集中于 IP 内容的生产与维护,而优质内容会得到传媒市场的肯定与认可。

出版编辑室在调整空间行为、优化空间形态与功能的过程中,除了要充

① 高笛.抱团,为了共同的"话语权":60 余家出版单位成立"中国数字出版联盟"[J].出版人,2015(2).

② 杨山.从"爸爸去哪儿现象"浅论多媒体时代的 IP 运营之路[J].当代电视,2015(1).

分利用上述有利条件,还需要通过调整空间行为来积极规避各种不利因素和限制。IP化生产在为出版编辑室带来发展机遇的同时,也为诸多限制性因素提供了新的发挥作用的空间。及时认识这些因素及问题,是调整、优化空间行为的基础。第一,IP化生产仍要牢固建立在版权保护的基础上。目前我国传媒领域仍然存在比较严重的侵权现象,"数字出版使得信息共享日益广泛与深入,与此同时其潜在的负面效应也随即产生。版权所有者权益未得到有效的保护,阻碍了产业的良性发展,因此如何在出版业数字化转型环境中实施有效的版权保护成为一个迫在眉睫的现实问题"①。为了健全版权保护机制,主管部门、行业协会、各类媒体均做出诸多尝试,但在影视、文学、出版、网络视听等诸多领域还有侵权现象。这不仅会极大挫伤生产者的积极性,还增加了出版编辑室IP衍生运营的风险。第二,IP化生产相关的法律法规有待健全。"进入数字出版时代,原有版权法制保护体系已无法满足数字时代的版权保护需求,必须做出适时调整,从而为我国数字版权的保护提供良好的法制基础,最终促进数字出版产业的健康持续发展。"②融合发展过程中的传媒环境日新月异,增加了知识产权管控、法律法规完善的难度,侵权者便有机可乘。第三,当下很多出版编辑室与互联网新媒体平台的互动及应用还需深入。受传统媒体编辑思维的影响,许多编辑室未充分重视新媒体渠道及运营模式的探索,只把它们当作营销渠道或者与读者简单交流的平台,而互联网新媒体是高质量IP内容衍生传播的主要平台。出版编辑室在这一方面的劣势成为制约其IP化生产的一个不可忽视的因素。

整体来说,IP化生产已经在出版行业得到较为成熟的应用,国内很多文化传媒集团基于IP化模式打造出了丰富的产品线,出版向影视、互联网的衍生运营中都已出现大量成功案例,出版内容生产者向上游、下游扩展产业链条,寻求实现价值最大化的创新方式。在出版领域,很多编辑室基于内容IP尝试产业衍生运营,不过如果与影视或者游戏等基于资本优势形成集中IP化效应的领域相比,出版类IP在传媒产业中的比重还需要进一步加大。在具有代表性的IP化生产案例中,以网络小说、音乐、电视或网络综艺、游戏等为基础,可以衍生出多元化的媒体内容,但其中由出版编辑室为主导的IP内容仍然较少,如图书出版,而且在产业链中处于下游位置。这

①　徐立萍.版权保护在出版业数字化转型期面临的挑战及对策研究[J].出版发行研究,2012(7).
②　刘庆.数字时代背景下版权保护的法制审视[J].出版发行研究,2015(2).

一现状也反映了融合背景下出版行业 IP 化生产过程中存在的问题。不过通过辨析传媒市场转型格局之下出版编辑室在 IP 产业链中的定位,可见市场对优质 IP 内容的需求不断加大,出版编辑室也具备了依托 IP 资源改变自身在传媒产业链中地位的可能。虽然重新定位从策略到现实还需要艰苦的转变过程,不过 IP 化生产也为打破传统出版编辑室空间生产的诸多限制提供了新的条件。

二、面向场景的融合:出版编辑室 IP 化生产的可行路径

对于 IP 化融合背景下的出版编辑室来说,其内部空间形态与结构依然比较稳定。根据 IP 化生产要求建立的新兴编辑室空间与其他媒体编辑室空间合作等方式,在一定程度上满足了 IP 化生产的空间要求。从编辑室与受众、社会互动的角度考察,出版编辑室的"外向"空间生产在空间形态、功能等方面有较大突破,已经渗入不同的生产、生活场景当中,从而使编辑室空间与受众生活、信息消费空间在很大程度上实现了同构。由此,面向场景的融合成为出版编辑室基于 IP 化理念实现"外向"空间生产的现实路径。"当互联网逻辑取代工业逻辑成为出版业的底层架构之时,'传统出版''新兴出版''数字出版'这些过渡时期的'相对概念'终将散去,出版成为自由的以各种形式呈现、传递内容的产业。"[1]IP 化生产既可以体现高质量内容的价值,又可以基于媒体形态衍生的开发突破渠道等因素对出版业务的限制,使出版编辑室以 IP 内容价值的深度开发为引领,实现传媒多元化经营。IP 化生产是出版编辑室在转型中突围、有效应对与引领业态变化的重要机遇。IP 化生产从运营理念到可行性方式转化要经过一个探索与实验的过程,才能够在出版编辑室空间生产层面得到深刻的体现。本书结合出版编辑室 IP 化生产的探索,对出版编辑室"外向"空间生产的意义产生过程予以分析。

出版编辑室在 IP 化生产驱动下面临一对急需解决的矛盾:一方面是激发优质 IP 内容价值的经营压力,一方面是诸多因素制约导致无法打开局面的困难。传统运营思维和数字化转型战略并不完全适应 IP 化生产与经营的要求,出版机构要在深入理解出版融合发展规律的基础上探索适应传媒市场的最新要求,最大限度实现优质 IP 内容价值的经营方式,而面向场景的融合便是一条可行思路。

面向场景做出的融合探索可以为实现跨越式发展创造机会。场景在未来的传媒生态中不仅可以成为连通编辑室空间与受众生活空间的节点、纽带，而且是出版编辑室在数字化转型中需要重点把握的流量入口，"产生出百花齐放的新媒体形态，但是多元化的信息传输渠道也给人们带来了两大难题，一个是聚合能力，一个转化能力"①。在IP化运营中，媒体与受众有效互动、高效发展的逻辑已经发生了转变，传统的"流量逻辑"必须升级，因为"场景逻辑"已经成为当下传播的基础逻辑（见图2-3）。上述"聚合"与"转化"在传媒生态转型过程中是出版编辑室亟须解决的问题。从业者需基于场景逻辑在IP化运营过程中实现数字化转型、跨越式发展。

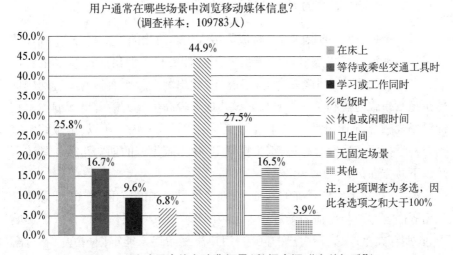

用户通常在哪些场景中浏览移动媒体信息？
（调查样本：109783人）

图2-3　移动用户信息消费场景（数据来源："企鹅智酷"）

基于场景的融合已经成为当下探索新型出版商业模式、运营模式的依据。在初期的数字化转型中，出版编辑室也有许多探索，不过并未获得可以与新兴媒体抗衡的预期收益。新的场景逻辑能够体现受众的信息需求与生活习惯，便于基于新兴技术手段理解媒体与受众的沟通方式，充分发挥移动、分享、社群等模式的作用。基于受众的内容消费体验推动IP向多元产品转化，推动出版内容产品以及服务形态不断依据受众多元化的信息消费习惯实现扩展和衍生发展。"知识产权价值构成中，直接价值主要包括产品服务收益和知识产权收益；间接价值主要表现为知识产权能带来市场领导权、市场知名度、企业生产力以及反复交易、衍生交易和长期交易的长远优

---

① 喻国明，刘旸."互联网+"模式下媒介的融合迭代与效能转换[J].新闻大学，2015（5）5.

势和利益。"①出版编辑室通过对接各种应用场景,可以有效追求 IP 内容衍生价值,使静态高质量 IP 内容与衍生产品在市场上动态产生持续价值,使前期的各种投入和自身积淀的无形资产具有更强的生命力。面对融合发展给出版创新带来的巨大考验,出版编辑室需要充分介入各类应用场景、扩大高质量 IP 内容的影响力,"为了应对变革,传统媒体开始拓展多元终端,打造文化产业集群;新媒体经营的核心也正在发生变化,'用户创造内容'成了新媒体创新的有力支撑"②。出版编辑室基于场景融合可以吸引受众更为积极地参与 IP 内容的消费以及后续的再创造活动。场景融合由此成为出版编辑室主动引领传媒市场的可行方式。

三、基于场景融合的 IP 化出版生产实践

可以预见,面向场景的融合将成为传媒生态演化的重要趋势,传统媒体迎来了实现跨越式发展和战略转型的历史性契机。但出版编辑室也要注意:这是一个机遇与风险并存的过程。IP 化出版生产所面临的显著问题依然是经营模式与盈利模式不清晰。试错成本较高也成为诸多出版编辑室在面对场景融合与 IP 化生产要求时举棋不定的重要原因。所以,出版编辑室需要科学把握场景融合趋势,努力探索 IP 化出版生产的创新路径。具体可从以下几方面努力。

第一,在立足用户思维的基础上,强化场景思维的应用,把 IP 理念贯穿到出版内容生产与传播的全过程。出版编辑室在传统媒体生产模式的影响下,长期存在重产品、轻用户的问题,用户思维始终未能牢固树立。不过融合发展的竞争压力开始倒逼出版编辑室关注、重视用户的需求,并且为维护与用户的关系付出更多努力。同时,高质量的 IP 化生产模式需要激发研究场景、适应场景、应用场景的能力,出版编辑室长期以来固化的重产品、轻用户的思维亟须向用户思维转化,这对从业者来说是一个较大的考验。出版编辑室不仅要在产品层面实现内容开发和形态衍生的创新,还要思考如何在场景空间中扩展战略布局。

第二,基于各种空间场景的特性,强化出版社群运营,重建受众连接,打造出版"场景力"。"媒体融合提出的背景是用户的流失所造成的入口价值丧失,因此,真正的融合就必须构建用户社群,重新建立起自身的入口价

---

① 张静静.文化创意产业的知识产权价值管理和战略决策探究[J].出版发行研究,2015(2).
② 陆臻.从媒介环境学角度考察亚马逊"Kindle"模式及其启示[J].现代传播(中国传媒大学学报),2015(8)129.

值。"①新"入口"将不再是决定传统出版与新兴渠道"优劣"的标准,出版编辑室只有充分发挥 IP 内容的优势,才能在场景入口的争夺中掌握主动权,这要求不断提高 IP 出版内容产品和多元受众需求的契合程度。"个性化的场景生态是以人为逻辑、以体验为核心、以连接为中心、以社群为最大公约数的商业环境。今天判断一个企业能否进行产品迭代,能否快速形成一种消费主张,很多时候看它对场景本身的定义能力和影响能力,即场景力。"②出版编辑室要重构受众连接,需强化不同场景中各种 IP 内容要素与生产者、参与者连接的紧密度,提升 IP 出版内容在不同空间场景的辐射力。这种基于 IP 出版内容在不同空间中的影响力、辐射力,就是融合发展过程中的场景力。强大的场景力意味着 IP 出版内容与受众连接有着更高的契合度,从而能够经受更为严峻的市场考验。

四、IP 化生产驱动下出版编辑室空间生产的场景逻辑

作为出版编辑室转型发展创新思路的 IP 化生产,亟须实现从宏观战略向具体战术的转化。场景融合是未来传媒业态发展的重要特征与落脚点,是编辑室外向型空间生产得以"落地"的重要支点,也需要形成比较稳定的运营模式。对于出版编辑室来说,面向场景的融合是深化 IP 化生产策略的可行性思路,以 IP 为核心打造价值衍生矩阵亦是推进场景融合的重要方式。IP 化生产和场景融合是出版编辑室需要科学统筹、相互促进的辩证统一体。本书从以 IP 为核心推进场景融合的角度分析其空间生产逻辑关系。

场景是出版编辑室空间与其他社会空间的连通入口,"PC 互联时代争夺的是流量,移动互联时代争夺的是场景"③,传统桌面互联网"流量逻辑"陷入受众被分流的困境,融合发展的深入逐步颠覆了传统互联网的"流量逻辑"。"流量逻辑"作用的发挥要以受众在网络平台的汇聚为基础。不过面对媒体生态的转型,强大的传播平台与渠道也必须遵循新的"场景逻辑"。场景成为新的空间入口,代表着各种细分受众群体的信息需求,是未来传播市场争夺的战略资源。移动阅读、视频、广播等都是在场景逻辑之下快速成长的。形态多样、适应性强的 IP 内容符合受众在不同场景中的信息需求。IP 化生产背景下的场景争夺彰显出战略价值。信息流、服务流、关系流是

①　郭全中.媒体融合、现状、问题及策略[J].新闻记者,2015(3)30.
②　吴声.场景革命:重构人与商业的连接[M].北京:机械工业出版社,2015.
③　梁旭艳.场景传播:移动互联网时代的传播新变革[J].出版发行研究,2015(7)53.

保持空间活力、构建空间意义的基础,也是场景融合的必要条件。场景融合需要在一定信息流、服务流、关系流的基础上开展,能够使各种要素根据出版 IP 内容生产与传播的空间环境特征、受众内容消费习惯等形成有机组合(见图 2-4)。社会空间与场景中不同类型的数据也能够基于 IP 化生产实现汇聚。

图 2-4　构成场景的基本要素图①

空间化应用和信息链接是场景扩展的基础。基于 IP 化生产,出版内容扩展能落实到更为多元的媒体或社会空间中。空间是场景化传播的重要构成要素,场景也需要以各种社会生活空间的"媒介化"为基础。社会生活空间转化为媒体场景的关键是各种要素在 IP 化生产中产生"关系",形成有效连接。构建新的关系、连接不同要素是扩展场景空间的关键。连接的达成取决于出版内容以及服务的价值,没有高质量的出版内容就无法满足受众的信息需求,所以必须将高质量出版 IP 内容及其衍生价值注入空间场景。服务受众生活是出版编辑室"外向"空间生产的最终指向和目标,是其空间意义构建的落脚点。IP 化生产使出版编辑室对其他类型空间的介入及影响远超出信息范畴,并且可以通过拓展编辑室与受众的连接方式实现出版 IP 内容及服务类型的多元化。媒体空间与受众生活空间的进一步融合催生了越来越立体的场景空间,这将是出版编辑室未来参与传媒市场竞争的基础场景。基于场景传播可以弱化甚至摆脱传播渠道等因素对出版编辑室的限制,发挥 IP 内容资源的优势。出版编辑室由此能以 IP 内容为核心,不断推动场景融合。

五、面向场景的出版编辑室空间意义构建

意义构建是面向场景的出版编辑室空间生产的目标指向。通过 IP 化方式的运营,不同编辑室空间实现深度互动,编辑室空间与受众信息消费空间实现互通。这是 IP 化出版内容生产价值的重要体现。但在实践过程中,受传媒市场等多种因素的影响,业界也存在"唯 IP 化"的误区。"大数据""互联网+""互联网思维"等近年来在业界接连出现的"风口",给传媒从业者造成一种"假象",使他们在遇到发展困境时首先思考如何通过新思维、新技术寻求捷径,而不是深挖受众需求,以及在高质量 IP 内容的创作中投入

---

① 彭兰.场景:移动时代媒体的新要素[J].新闻记者,2015(3)22.

更多精力。这种误区在融合进程中具有很强的代表性，导致一些技术、思维类的"概念""热词"流行，成为传媒市场上很多领域存在"虚热"问题的重要因素。IP化生产理念在得到业界的广泛认可之后成为营销、推广过程中的有效"标签"，被当作解决各种经营困境、实现跨越式发展甚至是吸引投资、获取流量的"法宝"。IP化生产必须以高质量IP出版内容的生产为基础，必须以扎实的市场运营策略为保障，以免陷入"唯IP化"的窠臼。

这种误区的核心问题在于忽视编辑室空间生产意义，仅仅追求通过IP化策略实现标签化的空间、场景的扩展，进而获得更大的市场回报。出版编辑室的IP化生产需要经过一个不断积累和进化的过程，在这个过程中，实现从战略规划到运营策略、从发展理念到可操作性方式的转化，"不能够用标签化的态度来对待IP化生产，也不能以此来对待场景融合，而是需要切实拿出面对问题、解决问题的态度，以基于场景融合的IP化生产为指引和目标，努力在传媒市场上探索有效运营策略与方式"①。场景融合理念为编辑室空间意义生产及其落地提供了可供选择的方向，但是出版从业者需要在探索中不断论证具体生产方式是否具备可行性，并做出及时调整。场景融合与产业链延伸的传统经营不同，更强调出版编辑室能否顺应传媒生态演化规律，在实践中形成可以适应融合发展要求的IP化生产策略，"下沉"到读者的信息消费空间，从而驱动高质量IP内容在媒体融合发展、服务受众时"裂变"出更为多元的价值，而这也正是出版编辑室创新、转型发展的目的所在。

六、出版编辑室空间主体生产行为的调整与优化

融合发展为出版编辑室应对传媒生态演化、探索创新策略带来了机遇和挑战。IP化生产是这一背景下出版编辑室空间行为调整、优化的有效路径。基于上述对IP化出版内容生产的分析，需要思考如何在激发高质量IP出版内容潜在价值的过程中改变出版编辑室在业态发展中的空间地位。本小节围绕这一目标，从以下几方面探讨出版编辑室空间的行为调整与优化路径。

首先，协调主管部门加强引导和科学管理，推动相关政策法规的完善，强化传媒市场的监督力度，为IP化出版内容生产营造有利环境。同发达国家相比，我国在知识产权保护的法律法规建设、传媒市场机制的完善等方面还存在一定差距，需要借助融合发展的契机尽快优化。这不仅需要主管部门引导与科学管理，还需要出版行业主体主动推动，积极整合行业力量，促

---

①　刘峰.面向场景的融合：出版机构IP化经营的策略探讨[J].编辑之友,2016(8)22.

进相关规章的规范和创新。其次,基于高质量 IP 出版内容,积极开发无形资本的价值。出版编辑室掌握着优质的无形资本,即大量高质量的 IP 出版内容,需要在融合发展进程中思考深入挖掘 IP 出版内容的价值,并探索有效的实现方式。"在 IP 的使用上,善于挖掘 IP 的价值才是最重要的。IP 所能提供的价值并不只是现在所显露的程度而已。IP 作为一种文化输出途径,可以作为一种标识甚至是生活方式,利用对 IP 的认同感,打造沉浸式体验才是 IP 最好的使用方法之一。"①出版编辑室要在 IP 衍生中全面把握受众的内容接受与消费习惯,运用各种市场化策略,逐步实现 IP 出版内容无形资本价值的衍生和叠加。最后,强化优质 IP 原创,提升高质量 IP 出版内容的生命力与持续衍生能力。出版编辑室不仅要盘活存量高质量 IP 出版资源,还要根据融合发展的要求,探索可持续的 IP 化生产策略,增强高质量 IP 出版内容的生命力与持续衍生能力,激发更多 IP 化生产的增长点。

综上,出版编辑室各种空间行为的简单"加法"并不符合 IP 化生产的要求。只有形成不同出版内容生产行为的优化、升级,实现各种资源与要素的"乘法"效应,才能有效释放 IP 化生产的效能。"IP 化生产是出版编辑室在媒体融合背景下实现创新发展的有效路径,即使还有很多限制性因素和问题的存在,不过出版编辑室 IP 化生产的可行性条件已经具备,如果错过这一重要机遇,出版业在融合发展和传媒生态的转型中将会面临更大的生存压力。"②出版编辑室有必要基于自身的内容优势积极探索 IP 化生产,在出版编辑室空间内外各种主体关系调整、重构的过程中积极优化自身的内容生产行为,使 IP 生产成为常态化运营模式,形成丰富的出版 IP 矩阵,提升在传媒市场上的引领力。

第六节　本 章 小 结

在 IP 化生产的驱动之下,媒体内容生产链条诸多环节被打通与重构,原本孤立的不同类型编辑室空间的边界被打通,传统的编辑室空间由此在诸多环节被解构,进而在空间生产中呈现诸多新特点。IP 化内容生产不仅

---

① 毕颜冰.文创产业的 IP"大爆炸"[J].出版人,2014(9).
② 刘峰.出版机构 IP 化经营:媒体融合背景下的创新策略探析[J].出版发行研究,2015(9)23.

强化了不同形态、原本处于孤立状态的编辑室的空间关联,还改变了多元空间主体的关系。得益于IP化生产机制能够打通各种传统媒体形态、"贯穿"各种传统单一化盈利途径的特点,诸多原本缺少交集的空间生产主体开始建立联系。这是超越传统媒体运营模式,按照融合发展要求提炼创新生产方式,使编辑室在未来的传媒市场竞争之中构建贯通上下游引领力与影响力的重要基础(见图2-5)。依循IP化生产的逻辑,本书深入把握编辑室空间结构及功能变化,理顺编辑室空间内外多元主体的关系。本章从几方面对IP化生产驱动下编辑室空间生产关系维度的几个问题进行了简要探讨,并关注与编辑室形态、功能等其他维度之间的联系,由此丰富了IP化驱动下编辑室空间生产的研究。

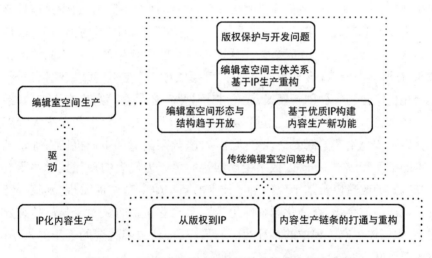

图2-5 IP化内容生产驱动下的编辑室空间生产图

第三章 社会化内容生产驱动下的
编辑室空间生产

"现阶段中国的社会生产力已经产生出应用电子信息技术、大数据等现代科技的新生产方式,我们应当善于发现新的生产关系因素,自觉适应社会生产力发展的客观要求。"①在技术、政策、资本等多重因素的推动下,媒体内容融合发展的进程不断深入,作为核心环节的内容生产也面临同样的挑战与机遇。在经济社会转型过程中,"颠覆式创新"在不同领域频繁涌现。社会化生产作为一种创新模式,无论在工业生产还是在信息生产中,都开始发挥作用,这在媒体内容融合过程亦有鲜明体现。社会化生产在很大程度上突破了传统生产的局限,"由于人工智能、数字制造和工业机器人等基础技术的成熟和成本下降,以数字生产和智能生产为代表的现代技术对既有生产范式的改造以及基于现代生产技术的新型生产范式的出现,其核心特征是生产的数字化、智能化和个性化"②。社会化生产方式对于打破传统媒体、新兴媒体生产流程中的各种区隔与界限,推动内容融合的逐步深入,有着重要意义。

从编辑室空间生产的视角出发,如果基于IP化内容生产能够实现不同形态编辑室空间在生产环节的互通,那么通过社会化内容生产方式的应用,还能够使更多社会生产力量进入内容生产环节,这将大幅扩展编辑室的空间范围,进一步冲击传统、固定、专业、机构化的编辑室空间,推动各种具有内容生产能力的主体聚合形成节点化、分散化的网络编辑室空间,弱化甚至打破编辑室的物理空间形态与结构,同时也大大提高了编辑室的内容生产效率,增强其功能。本章基于对社会化内容生产方式的把握,分析社会化内容生产驱动下编辑室空间生产的相关问题。

---

① 何干强.论马克思《资本论》中的唯物史观:经济研究和实践应当确立的科学指导思想[J].改革与战略,2020(5)1.
② 黄群慧,贺俊."第三次工业革命"与中国经济发展战略调整:技术经济范式转变的视角[J].中国工业经济,2013(1)7.

第一节　社会化内容生产方式的发展

社会化内容生产突破了传统的、仅依靠专业化机构媒体从事媒体内容生产的模式,转而吸引不同类型的社会化生产者共同参与媒体内容生产。这些生产者既包括市场化生产者,又包括独立、个体化的生产者。这些生产者能够通过先进的技术平台、灵活的组织模式,聚合不同类型的内容生产力量,共同完成优质媒体内容的生产。社会化内容生产打破了媒体类型对生产活动的限制,可以聚合不同的参与主体,实现全媒体形态的生产,由此大大丰富了编辑室的空间类型与形态,使编辑室的空间结构更加灵活。原梨视频内容总监 WW 认为:"社会化模式是对传统的内容生产模式的颠覆,过去的媒体内容生产基本上只能依靠专业化、机构化、团队化的媒体单位,但是通过应用社会化模式,可以让所有胜任这一工作的人参与媒体生产。这种模式所能形成的内容生产能力远远大于传统的机构媒体,极大地扩大了内容生产规模,使更多对象可以被采访、被看到,有利于丰富媒体内容生态。"①同时,社会化内容生产便于满足更多受众的个性化信息需求,在生产成本控制、渠道优化、实时沟通及后续沟通方面都体现出对市场的快速、灵活反应,通过生态化、网络化的运营模式分散了传统生产过程中存在的诸多风险,由此使编辑室空间的功能更为多元,能够满足不同场景下的内容生产要求。社会化内容生产驱动下的编辑室空间生产之所以能够体现这些优势,是因为其不同于传统媒体内容生产模式的特征。本小节从以下 3 点对其特征予以简要分析。

第一,媒体内容生产主体的多元性与系统性均得到增强。传统的媒体内容生产基本局限于单一编辑室空间,内容生产的不同环节均由单一形态的生产主体完成。即使多媒体化的生产,也更多通过媒体间、部门间的合作完成,以项目管理的形式推进内容产品生产,且此类合作基本限定在专业化的机构媒体。但是在融合内容生产流程系统化重构过程中(如"5G 的快速布局倒逼供给侧的内容生产革命,以及媒体生产流程的系统性重组和组织结构的重构"②),内容生产参与主体逐步多元化,沟通机制日益复杂,生产与传播的复合化程度也不断提高。上海市普陀区融媒体中心记者

---

① 访谈资料为本书通过深度访谈获得,访谈对象使用化名。
② 廖祥忠.从媒体融合到融合媒体:电视人的抉择与进路[J].现代传播(中国传媒大学学报),2020(1)1.

DWX 称:"我们有时候会用到受众自己拍摄的视频,因为现在大家都可以用手机拍摄,而且有很多事件的目击者、当事人能够在我们记者到达现场之前拍下最精彩、最关键的画面,所以我们经常与他们沟通,请他们将拍摄的素材发送给我们。很多受众使用 5G 手机,拍摄的素材除了稳定性、构图等差一些之外,像素质量、细节、传输速度等都没有问题。"①由此可见,受众这一主体的角色发生改变,从传统的内容接受者转化为社会化的内容生产者;同时,为了能够在社会化内容生产过程中把握内容生产的主题、形式与质量,主导生产者必须对多元化的参与主体、生产活动形成有效的引导,更加系统地控制效果,保证社会化生产在内容融合进程中发挥积极作用。

第二,通过规模效应做强、做大是提升媒体内容覆盖面与影响力的基本途径。集团化、集群化发展在传统的媒体运营中发挥着重要作用,但是基于传统的媒体运营模式达到这种规模化的内容生产效应需要多方面的基础条件,且需要长时间的积累。仅靠单一生产主体自身或者规模有限的内容生产,无法在传媒市场上发挥预期作用。然而这种状况在社会化生产视角下有所改变。社会化生产"可以以较低成本大规模地生产出个性化的定制产品,全球化的资源在分散而又合作的扁平化生产网络中得以有效利用,市场规模在经济全球化、产业融合化和市场均质化等因素的作用下迅速扩大,单个企业内部的规模经济效应逐步弱化,进而转化为全球化生产网络的外部规模经济与范围经济"②,如此便能够使内容生产主体降低自身的规模化程度,以更少的自有成本调动更多资源参与生产,使更多样化、个性化的具有内容生产能力的社会化主体参与内容生产实践。而在这一过程中,也实现了多元社会化空间与编辑室空间的连接。

第三,专业化媒体内容生产的门槛降低。随着单一生产主体规模经济效应的减弱,更多主体能够参与专业化媒体内容生产,"分散化、个性化和就地化的生产方式将使得'分散生产,就地销售'的生产组织模式成为可能,新兴技术的研发和应用将在各个层面提高生产与创新能力,综合成本将大幅降低,中小企业的优势将逐步显现,因而行业竞争性将不断增强,替代性竞争和潜在进入竞争加大,产业集中度不断降低,规模起点不断下降"③。降低参与编辑室生产门槛的同时能够保证生产专业化的程度和水平,是社会

①　访谈资料为本书通过深度访谈获得,访谈对象使用化名。
②　戚聿东,刘健.第三次工业革命趋势下产业组织转型[J].财经问题研究,2014(1)30.
③　戚聿东,刘健.第三次工业革命趋势下产业组织转型[J].财经问题研究,2014(1)31.

化生产不同于其他生产方式的重要特点。德州市广播电视台文艺部主任ZXC在采访中称:"我们做的多个文艺节目、娱乐节目都需要各类嘉宾、观众的参与。之前邀请嘉宾的时间、经济成本都比较高,需要把嘉宾请到台里或者特定地点进行拍摄、采访;现在我们转变了做法,可以通过嘉宾自己记录、拍摄或者视频连线等多种方式完成所需素材的采集。虽然很多嘉宾自己拍的东西像素比较低,但是我们发现他们在不面对摄像机镜头,而是面对自己或者朋友的手机镜头时,表现、表达更加自如、更加生动,这样的素材往往节目效果更好。"①在这一节目生产过程中,素材拍摄的门槛大幅降低,从传统的电视台专业拍摄转变为受众在生活场景中的自我记录或非专业拍摄,由此也将更多社会化生产者纳入媒体内容生产过程,扩展了内容素材来源,丰富了内容类型。

第二节　社会化内容生产驱动下的编辑室空间生产要素重组

随着社会化内容生产方式作用的不断提升,编辑室空间也在这一模式的推动下产生变化。虽然融合发展过程中还存在很多限制社会化生产作用发挥的问题,但也已经积累了一定的基础条件,便于社会化生产方式在深度融合发展中的采用和推广。社会化内容生产实践的深入会逐步催生诸多创新性思维方式和运营模式,进而驱动媒体内容生产相关多元要素,也可以说是编辑室空间生产要素的重组。而这些正是把握社会化内容生产驱动下编辑室空间形态、结构层面变化的重要切入点。编辑室空间生产要素的重组体现在诸多方面,本节从以下3个方面简要探讨。

第一,社会化内容生产驱动媒体技术要素的更新与迭代。媒体技术的发展为社会化内容生产方式的创新与效率的提升打下基础,同时社会化生产方式的应用与推广进一步驱动先进技术的应用。两者相互促进。社会化内容生产驱动下的技术升级为编辑室空间生产创造了条件,云计算、大数据、移动互联网等革命性技术的应用已经改变了媒体融合进程,而且仍在持续发挥作用。比如5G技术的发展提供了更强的分布式、大容量实时沟通与互动平台,无论是专业化的机构媒体编辑室还是用户参与式、个体化的编辑空间,都可以成为社会化生产网状链上的节点。再如各种新型技术的应用

---

①　访谈资料为本书通过深度访谈获得,访谈对象使用化名。

驱动更多用户参与社会化的媒体内容生产实践,"使真正意义上的'用户参与'成为可能,而且用户的这种'参与'是颠覆性的"①,用户层面的"颠覆性参与"体现在用户身份角色在多方面的转化,在技术条件的支撑下逆转成为生产环节中的决定因素之一。

第二,社会化内容生产驱动传媒资本要素发挥新的作用,通过更为灵活的资本运营,支持社会化生产力量共同参与高质量内容创作。而这也正是诸多基于 UGC 模式成长起来的内容平台得以发展的重要路径,由此为编辑室空间生产提供了强大的助力。"资本在重新建构传媒生态格局、推进媒体融合转型升级过程中扮演着重要角色。"②传媒业的成长空间以及融合发展进程中表现出的诸多机遇使其成为资本关注的焦点。资本关注的是深度融合进程中传媒市场的增长空间与价值,进而对代表未来传媒生态趋势与发展要求的生产方式有着敏锐的洞察;社会化生产模式为驱动创新性的内容生态、打造平台生态效应提供了基础,进而可以驱动资本要素克服当下存在的诸多限制社会化生产的因素,提升社会化生产效率。在近年来社会化内容生产模式应用的过程中,特别是各大基于这一模式迅速发展的媒体平台的成长历程中,能够比较清晰地看到,社会化生产方式使资本要素得以高效利用,并在加速优化传统内容生产方式的过程中发挥了积极作用。

第三,社会化生产驱动编辑室空间生产要素重组的过程也能够在媒体内容生产运营理念与方式中得到体现。近年来兴起并得到广泛应用的互联网思维便体现了充分挖掘社会化生产要素、激发社会化生产主体积极性的诉求。在各种互联网运营方式、成功案例的冲击之下,传媒业界加强了对互联网思维的学习和研究,无论是传统媒体还是新兴媒体,无论是内容生产者还是消费者,人们对互联网思维、"颠覆式"的运营方式等都已经形成了理性的认识,对创新型生产方式充满期待。在此背景下,各类媒体均在借助互联网、移动互联网整合优质社会化内容生产者中投入更大的精力,驱动各种编辑室空间基于互联网思维的运用连在一起。互联网社群组织与运营机制日益成熟,为基于社会化内容生产的编辑室空间生产打下了组织基础。青岛出版集团时尚生活中心副总编辑 TL 介绍:"我这几年主要负责棋牌类图书的策划和编辑,在这一过程中感觉到社群的力量。为了运营社群,我们还和中国围棋协会、山东省棋牌运动管理中心合作举办各种赛事和活动,这样不

---

① 周勇.大数据驱动下的视频内容生产模式探索[J].新闻与写作,2015(5)16.
② 王炎龙,邱子昊.供给侧结构性改革视阈下媒体融合的格局重构[J].湖南科技大学学报(社会科学版),2019(5)126.

断吸引读者加入我们的社群,并且维持社群的活力。社群运营不仅仅是为了图书销售的需要。这几年我在社群沟通与交流中发现,很多粉丝能够给我提供策划创意和内容,这些仅靠我们自己的作者和编辑是难以实现的。"①社群运营能够激发社会力量在内容策划与生产中积极贡献自己的力量,同时也将这些主体纳入编辑室生产实践。这一过程无形间扩展了编辑室的空间范围。组织形式及管理运营机制是生产活动的基础和保障,依托于互联网的社群组织与运营机制经过多年的发展已日趋成熟,一大批新型创业公司基于这一机制得到了快速成长,比如小米公司没有传统意义上的厂房、生产者、库存等,却能造就极具代表性的互联网硬件与内容产品。社群化便是保障其成功的组织基础。在媒体内容生产过程中,社会化生产方式驱动各种编辑室要素按照社群机制组织,逐步在各种要素的整合中构建统一的网络编辑室空间。

第三节　社会化内容生产驱动下的
编辑室空间

一、编辑室空间形态与结构的迭代

随着编辑室空间要素的重组,单一生产主体规模经济效应与专业化生产门槛降低,但这并不一定意味着社会化内容生产的专业化与规模化程度会减弱。因为在社会化的编辑室空间中,凭借互联网传播机制聚集海量社群参与者和优质媒体资源,通过低成本、高效率的资源聚合所实现的整体规模效应是传统生产方式所无法比拟的。随着社会化内容生产实践的深入,编辑室空间主体的战略意识、运营能力、技术应用水平等多种素质都得到相应提升,"异质化"的编辑室空间通过社会化机制得以联系。如果 IP 化内容生产逐步打破了各种媒体的编辑室空间的壁垒,那么社会化内容生产则实现了多元、异质化编辑室空间的聚合,其空间形态具有更强的网络化特征,空间结构具有更强的灵活性,并基于这种创新性的形态与功能实现了传统编辑室空间所不具备的内容生产功能,实现一种内容生产资源"聚沙成塔"的规模效应。

首先,社会化内容生产驱动下的编辑室超越了现实空间形态对其结构、

①　访谈资料为本书通过深度访谈获得,访谈对象使用化名。

功能的限制。社会化生产能够使不同主体在各自的编辑室现实空间内完成工作,其结构呈现一种"无形化"的状态,但是不影响其空间生产功能的高效发挥,这在很大程度上是因为基于互联网的资源整合能力是社会化内容生产驱动下编辑室空间生产的基础。由此,编辑室的空间形态、结构突破了传统单一生产主体的状态,网络传播、协调机制使更多编辑室空间共同参与、完成内容生产,甚至在这一过程中实现了生产与传播、消费的合而为一。原梨视频内容总监 WW 在采访中称:"社会化生产模式的能量值得媒体人重视。梨视频这几年得到快速成长,其中的奥秘就在这里。可以说,我们通过播客体系的打造和维护,形成了一种全球化的编辑室。我们的编辑室分布在世界各地,有播客在的地方就是一个编辑室。我们的编辑室是无形的,它的结构是网络化的,但是它的功能是十分强大的,是很多传统媒体的专业编辑室都比不了的。"①传统的决定编辑室空间形态与结构的线性生产流程、环节均被打破,内容生产这一核心目标与功能得到彰显,社会化的空间形态与结构实现了网络化的优质资源、具有生产能力的编辑空间围绕生产目标的有效引导与整合。当然,编辑室空间形态与结构在社会化生产过程中要面临多方面的问题,很多非专业化的生产空间被嵌入网络化的编辑室空间,进一步提高不同空间的协调难度。从业者需要动态把握编辑室空间形态与结构的持续变化,保证其生产功能的稳定发挥。

其次,内容创意、策划能够在社会化生产驱动下的编辑室空间形态与结构变化中发挥核心作用。在社会化内容生产过程中,编辑室空间形态与结构的调整变化是以内容生产的需要展开的,而高质量内容生产又是以创意、策划为基础的,所以内容创意与策划方式在很大程度上能够影响社会化生产背景下各类编辑室空间的组织、聚合方式,进而驱动编辑室空间形态与结构的变化。一方面需要主动对各种编辑资源积极整合,另一方面需要充分发挥自传播机制的作用。富有创意的内容策划会在互联网社群中得到广泛传播,并在传播过程中吸引更多的生产参与者,形成裂变式的空间聚合效应。比如当下诸多有创意与影响力的 IP 内容在跨媒体生产过程中,凭借其品牌影响力,能够迅速积聚大量粉丝,形成活跃社群,具有成为网络化编辑室空间、参与内容生产过程的可能性。所以媒体内容方案的创意在很大程度上决定了社会化生产能够达到的水平和规模,进而决定了编辑室空间的形态与结构的调整变化。

最后,社会化生产驱动下的编辑室空间形态与结构需要审视"去中间

---

① 访谈资料为本书通过深度访谈获得,访谈对象使用化名。

化"与"中间化"的辩证协调。在社会化内容生产的网络化、聚合性效应的背景下,编辑室空间形态与结构的重要特征与要求便是"去中间化"。在互联网深度嵌入社会生活空间的基础上更加便捷地发现所需生产要素,通过"去中间化"逐步形成"平台化"效应。同时,社会化内容生产驱动下的编辑室空间形态与结构也要求具备很强的"中间化"能力。这种"中间化"并非传统产业链中不同编辑室空间资源的层层区隔,而是要努力在不同的参与主体之间发挥协调功能,促成网络化编辑室空间不同主体从聚集到聚变的转变,并最大限度地降低生产与传播过程中的不确定性。中央电视台"科技苑"栏目主编 GGY 在采访中称:"我们现在的栏目内容不全是由我们自己的编导在自己栏目的编辑机房里面制作的。为了保证节目选题的多样性、节目内容的丰富性,我们需要利用社会化生产机制,因为这样的内容生产任务仅靠栏目自己的编导团队有时难以胜任,工作量太大,所以需要吸纳更多的团队参与。这些年我们渐渐形成了比较成熟的选题、内容质量跟踪、播出效果评估等机制,在吸纳高校、公司等主体参与节目制作的同时,保证了节目质量的整体水准和节目风格的统一。"①这种模式一方面能够给社会化生产主体足够的创作自主性——这是激发社会化生产主体积极性与潜能的前提,也是保证选题多样性和内容丰富性的重要基础,能够保证不同生产主体所在编辑室空间形态与结构的个性化,体现"去中间化"的特点,另一方面也需要对社会化生产主体形成有效的引导与把控,避免因过分强调社会化生产主体的个性化特征而影响整体内容的质量与风格,需要通过"中间化"的平衡来保障整体社会化编辑室空间功能的有效发挥。

二、编辑室空间功能与意义的发展

基于编辑室空间形态与结构的变化,在社会化内容生产方式的驱动下,编辑室空间功能得以扩展。上小节已经对编辑室空间形态、结构与功能的内在联系做出把握,本小节结合具体的社会化内容生产方式,对编辑室空间功能的创新进行简要分析。

首先,在社会化生产驱动下,内容策划力、编辑力、生产力均得到提升。社会化内容生产机制立足于互联网信息传播机制,能够助力内容生产者充分挖掘创新型互联网信息传播、沟通与聚合方式,如通过聚合粉丝、社群运营参与内容生产。"对于文化工业来说,粉丝成为一个额外的市场……文化商品常常起到相互矛盾的作用,一方面它们服务于文化工业的经济利益,另

---

① 访谈资料为本书通过深度访谈获得,访谈对象使用化名。

一方面又为粉丝的文化利益而服务。"①在这种社会化生产中,粉丝与内容形成共同的利益指向,进而基于社会化生产聚合更优质的编辑资源,提升编辑室空间生产能力。

其次,基于社会化生产,培育、探索出了比较成熟的媒体内容众筹生产机制。社会化生产是"对受众编辑力的一种赋值,受众对信息进行再改造,促使其再次传播,从而使用隐性的编辑力实现这一层传播内容与受众的互动"②。众筹生产机制通过互联网平台已经在诸多行业得到应用,从资本的筹集运营、生产环节的分割众包到创业产品的众筹生产与销售,都体现出极高的效率。而这一机制同样能够应用于媒体内容生产。通过众筹,分布于不同社会场景中的多元化编辑空间可以围绕统一的生产任务组合起来。以新闻生产的众筹为例,"众筹新闻集资目的是为感兴趣的受众报道相应新闻,出资人基于信息需要和好奇心主动承担新闻报道的经济成本,这种'自愿式'消费者的存在让记者斟酌选题时可以摆脱收视率、收听率和发行量顾虑,从而保证新闻报道的纯粹性、专业性"③。新闻生产的编辑室空间不再局限于新闻媒体单位物理化的"办公室"内,所有能够参与新闻生产的资源都聚合到编辑室空间。上海教育报刊总社学生媒体发展中心融媒体部副主任 GLD 称:"我们报刊社通过小记者班培训积累了大量学生记者。在一些教育新闻的报道中,我们会发动小记者们一起参与,在自己所在学校开展采访,之后将大量稿件汇集到我们这里。我们择优采用。这等于是让大家'众筹'完成新闻采写编。"④随着技术、政策等配套因素的完善,社会化众筹机制能够在媒体内容生产中发挥更大潜能,如"区块链技术的应用打造出'众筹型'新闻生产模式,同时能有力保护新闻版权,通过溯源和内容审核打击假新闻"⑤。

再次,在社会化内容生产过程中,可以基于数据分析提升编辑室空间生产方式效率。基于社会化内容生产的编辑室空间生产方式所调动的参与者与传统媒体时代相比,已经有了指数级增长。传统的受众辨别方式效率低下。为了从海量参与者中快速、准确地发现更优秀的对象,可以充分利用大数据分析,通过对基础数据资源的深度挖掘来寻找优质合作者,辅助制定内

① 约翰·费斯克."粉丝"的文化经济学[M]//陶东风.粉丝文化读本.北京:大学出版社,2009:17.
② 李建伟,董彦君,李天姣.社会化媒体编辑力初探:以新浪微博为例[J].中国编辑,2012(3)32.
③ 曾庆香,王超慧.众筹新闻:变革新闻生产的权力结构[J].国际新闻界,2014(11)88.
④ 访谈资料为本书通过深度访谈获得,访谈对象使用化名.
⑤ 匡文波,黄琦翔,郭奕.区块链与新闻业:应用与困境[J].中国报业,2020(5)19.

容策划方案等。"大数据的构建、计算和管理,更精准地满足用户需求,提高效率、降低成本,最终实现大规模社会化生产,催生专业化分工,促进效率的提升。"①可以预见,在未来的社会化内容生产过程中,掌握数据资源与分析能力者将具有更强的竞争力。

最后,社会化内容生产具有推动媒体组织形式创新的功能。组织是生产的基础与保障,传统媒体在转型过程中遇到巨大阻力的重要原因之一便是编辑室空间内部的组织形式不能适应新兴媒体生态的要求,所以为了使社会化生产机制更好地发挥作用,必须推动编辑室空间形态、运营方式的创新。"社会性媒体对传统内容生产的影响主要体现在:从组织化的内容生产向社会化生产转型……'职业共同体'的发育还远不成形,不能发挥结构性作用。"②推进组织创新,使其能够在社会化生产过程中发挥结构性的促进作用,是社会化内容生产的编辑室空间生产必须解决的问题。

总之,社会化内容生产作为一种与传媒业发展趋势与规律相契合的创新型生产机制,开始显现强大的影响力,并且出现诸多具有示范性的成功案例。当下,业界已经具备基于社会化内容生产创新编辑室空间生产功能的诸多条件,对社会化生产的特征与要求也已经有了比较科学的把握。未来需要不断探索创新型的社会化生产方式,以此为切入点,打破传统编辑室在内容生产思维、方式上的界限。而这也恰恰体现了社会化生产驱动下编辑室空间生产的意义与价值。

第四节　编辑室空间主体关系的变化与重组

与空间形态与结构相比,各种空间主体关系的动态变化更能体现编辑室空间社会化生产的影响。当然,编辑室空间主体关系的变化是在具有明显网络化、灵活性、异质化特征的空间形态与结构中展开的。"与机器生产过程中的集中的社会化生产不同,互联网技术下的生产过程是分散的社会化生产。互联网虚拟空间扩大了劳动空间,形成了分散的社会化生产。"③社会化内容生产逐步打破不同类型媒体的界限,消解传媒业与其他行业的区隔,使不同类型编辑室空间主体建立关联,围绕内容生产实践不断整合

---

① 卢志豪,梁婷婷.BIM+互联网技术促进广西施工企业转型升级[J].江西建材,2019(9)205.
② 张志安.新闻生产的变革:从组织化向社会化[J].新闻记者,2011(3)47.
③ 李策划.互联网时代数字劳动的政治经济学分析[J].改革与战略,2020(3)34.

关系。

社会化内容生产驱动下的编辑室空间主体关系体现在诸多方面。不同类型的主体交织在编辑室空间,多元生产者、平台、受众的关系对编辑室空间生产有直接影响。上海教育报刊总社学生媒体发展中心总编辑 ZYP 在采访中介绍:"我们报刊社是'中国诗词大会'的重要参与者,观众可能只看到央视播出的节目,但是不知道在节目制作过程中还需要很多人的参与。比如为了给央视输送优秀的参赛选手,我们这几年都要在上海市很多学校组织诗词比赛。大家在电视上只能看到康震、蒙曼等几个有名气的点评嘉宾,但是大家不知道为了保证节目质量,特别是严格把控诗词内容的准确性,我们还联系了不少学者,让他们担任幕后的把关人。所以'中国诗词大会'这样的节目是多方主体共同参与制作的。"[①]可见,不同类型的社会化主体也参与了"中国诗词大会"的节目创作过程,成为中央电视台的重要辅助力量。基于社会化生产,内容生产主体由单一化生产转向多元集合化生产(制作者、平台、合作者、受众等共同参与)。不仅生产主体数量增多,而且角色特征更加复杂和多元。以视频节目生产为例,无论是传统的电视媒体还是视频网站发展初期的 UGC,都是以单一主体为主的生产方式。但是目前电视节目生产的主体越来越多,"诸多媒体依托互联网形成的庞大的社会网络,积极打造全新的社会化媒体产业链,如节目 IP 手游、大电影、衍生APP、电商合作都突破了传统媒体领域,开始跨界经营"[②]。多元生产主体关系的调整与精细化分工,大幅提高了内容生产效率与质量;视频网站也是如此,PGC 专业化生产逐步取代了 UGC 模式。"视频网站内容生产从 UGC到 PGC 的走势,是基于机制、资本量、生产者、内容和受众等多个面向的积累和支撑,按照互联网传播和市场运作规则产生的业态演进。"[③]针对视频网站发展进程中 UGC 模式逐渐体现出的内容质量差、低俗化内容频发等各种问题,调整专业化生产者与个体化生产者的关系,提升社会化内容生产的专业化程度,赋予视频网站编辑室空间以新的内容生产功能,不失为有效的解决途径。

社会化生产也使编辑室空间中生产者与受众的关系发生变化。原处于传播"终点"的用户在社会化内容生产过程中地位"逆转",常常纳入编辑室空间范围并成为内容生产环节的参与者。传统的观众处于媒体内容传播的

① 访谈资料为本书通过深度访谈获得,访谈对象使用化名。

② 李继东、李艳伟.社会化传播:2014 电视综艺节目的创新[J].传媒,2015(4)35.

③ 徐帆.从 UGC 到 PGC:中国视频网站内容生产的走势分析[J].中国广告,2012(2)57.

终点,角色特征被固定在信息消费者。但是目前"受众"逐步转化为"用户",他们在信息传播过程中的地位和作用也得以逆转。受众能够在多元化的传播渠道中获得所需要的内容并发表评论,成为媒体内容及其传播平台的用户,在编辑室空间多元主体中的话语权大幅提升,在很多场景中能够对媒体内容的主题、形态、传播方式产生直接影响,从传播"终点"走向内容生产的最前端。

　　传媒内容产业链中不同主体在社会化生产中也产生了新的互动方式。随着内容生产这一核心环节的变化,传媒产业链也处于结构调整之中,内容产业链逐步从链条式结构向网状结构转化。传统的传媒内容产业链具有鲜明的链条式特征,不同主体在生产中处于比较固定的位置,发挥各自的作用;而在社会化生产驱动下的生产主体、生产方式都具备更强的网络化特征,为实现内容生产路径的创新创造了更大的可能性。"信息以'关系'为纽带而传输,要素围绕着'关系'而布局,注重关系、发现关系、经营关系,通过关系之桥梁寻求和强化同用户、市场的普遍连接,是社会化媒体时代社会组织尤其是媒介机构生存发展的必由之路。"①社会化的信息传递、组合方式带来了空间主体关系整合的新理念。在互联网带来的碎片化、透明化、个性化等特征的作用下,不同空间主体在产业链中的位置、作用、内容生产机制正在发生巨大变化,进而改变甚至颠覆了传媒生态重构过程中多元主体的关系权力结构。生产不再是生产者专属的工作与活动,生产者也不再是专业媒体机构与从业者的标签,社会化生产驱动下产生的新的编辑室空间主体关系结构已经成为决定内容融合方式与进程的重要因素。

第五节　案例分析:财经图书社会化
出版的创新模式探析

　　本节以财经图书出版为例,对社会化内容生产驱动下财经图书出版的编辑室空间、编辑室空间新形态等问题做出思考。随着我国经济、社会转型的推进,越来越多的受众关注财经知识与信息,财经内容的国民阅读需求持续上升,相应的市场空间也成为各方关注的焦点。受众的接收渠道、阅读习惯都发生了巨大变化,传统的财经图书生产模式不仅不能满足受众的需求,而且不能满足出版社转型发展的要求。生产模式创新势在必行,编辑室空

　　①　张芳芳."关系"统合"内容":社会化媒体时代媒介生产之变[J].传媒,2017(17)90.

间也随之产生变化。"在'互联网+'的技术支持下,出版社编辑工作能够使社会化大生产真正实现,对出版社编辑职业能力和工作内容的转型与升级起到积极推动作用。"①本节基于出版领域社会化生产的趋势,结合财经图书出版的具体内容,通过对财经图书社会化出版模式创新的研究,分析社会化内容生产背景下编辑室空间生产的相关问题。

一、财经图书社会化出版的必要性

同诸多行业、领域一样,财经图书出版也正在经历转型。及时发现并掌握受众阅读与接收的新习惯,跟上智能技术在出版创新中应用的新趋势,努力探索并发现新的行业盈利模式,日益成为出版领域面临的急迫任务。传媒格局的调整推动出版事业向出版产业进化,市场倒逼体制改革。传统的出版管理、运营模式只有转变与创新,才能积极应对出版过程中的各种新现象、新诉求。

传媒及出版产业竞争态势的变化对图书内容生产模式产生了多方面的影响:"在多方因素推动之下产生的传媒市场运营的新逻辑、新规律能够迅速渗透到出版产业的各个环节。"②对于图书编辑出版的主体,这种影响可以从不同层面得到体现。一方面,为了顺应出版市场新逻辑、新规律的要求,图书编辑出版者需要迅速把握读者对图书内容、形式的需求,打造更多高质量的图书产品,以获得预期的市场效益与社会效益。除了以上体现在图书编辑出版者行为层面的影响,还有体现在理念、价值层面的影响。除了内容与形式的创新,还涉及整个出版单位定位、品牌、运营策略的调整与升级。这两方面的影响分别从宏观与微观、长期与短期的层面表现出产业格局变动对图书出版的影响,其目标是使图书出版活动突破传统体制、理念与方式的制约,激发更大的活力,即图书出版模式的创新。

财经图书出版同样面临模式创新的迫切压力。随着人们收入水平的提高、创业热情的上涨,读者对金融、管理等各种财经知识的需求不断上升。财经图书编辑出版者需要满足不同层面读者的多元需求。这是其适应传媒市场竞争的必然选择,也是其服务社会、传播知识的媒体职责的内在要求。同时,传播生态的融合、重构改变了受众对财经信息的阅读和消费习惯,传统的财经图书出版、发行模式开始呈现不足与劣势,已经无法适应传媒市场的发展现状。为了充分发挥财经图书的积极作用,财经图书出版模式的创

---

① 宗静."互联网+"时代出版社编辑工作的转型升级[J].传媒论坛,2020(6)96.
② 刘峰,易贤恒.自媒体时代国学文化传播创新模式探析[J].出版广角,2018(21)46.

新势在必行。

二、财经图书社会化出版模式创新的动因与条件分析

随着社会化媒体的迅速成长,无论是在文字、音频还是视频领域,都出现了一批具有较强影响力的新意见领袖。吴晓波、宋鸿兵等开办的自媒体"频道"在社会化媒体平台为受众提供了一种全新的财经信息解读方式,同时体现了个人品牌价值与受众需求。吴晓波频道成为近年来这一领域现象级的代表,皖新传媒斥资 1.57 亿收购蓝狮子(吴晓波创立的传媒公司)45%的股份,其战略意图便是借助吴晓波的品牌影响力延伸出版发行产业链条。虽然还存在诸多监管层面的问题,但不可否认,基于自媒体平台的财经内容生产传播机制已经形成。自媒体对于财经信息传播者来说是一种新的渠道,能够搭建起可以持续传播财经知识与观点的平台,受众也获得了更多选择。随着自媒体平台影响力的增长,财经内容生产传播机制逐步发展起来:其一,自媒体能够承载丰富的媒体内容元素,文字、图片、视频等多种表达方式丰富了财经传播的内容。其二,更多主体可以更加便利地参与财经内容的生产、传播,财经内容从传统的专业化生产阶段转向专业化与社会化生产并存的阶段。而且从内容数量与样式来看,基于自媒体传播机制原发、生产、聚合的财经内容越来越多,并且日益多元化,虽然大部分并未达到专业出版的标准,但是已经能够满足网络传播的要求,并且能够为专业出版提供丰富的基础内容。

财经信息在社会化生产背景下的传播机制发生改变。"社会化传播生态中的个人品牌是立体化的,仅靠单一渠道难以维持,必须依托一定量级的粉丝形成具有极高黏性与活跃度的网络社群,通过粉丝之间的自传播获得裂变式的传播效果。"①财经信息传播必须遵循"品牌影响—粉丝—自传播—品牌成长"的新逻辑,财经图书的出版、发行也必须强化这一方面的探索。所以仅靠传统的财经图书出版、发行模式已经难以适应传媒市场变革背景下受众信息内容与消费方式的要求,拥有数十万、超百万优质粉丝的社群品牌大大提高了财经信息在多元渠道中传播的针对性、互动程度以及有效性,财经信息传播机制的变化要求出版模式的相应调整与创新。

社会化生产模式已经在图书出版产业链的升级中发挥出明显的推动作用。"媒介融合彻底颠覆了几大产业的市场结构,曾经彼此不相关联、相安

---

① 刘峰,易贤恒.自媒体时代国学文化传播创新模式探析[J].出版广角,2018(21)46.

无事的几大产业,因拥有共同的技术基础、通用的传输平台,为消费者提供类似的数字内容,相互之间已经出现广泛的、激烈的竞争。"①新媒体平台的发展为财经图书创新出版提供了大量新内容,实现了受众注意力的聚集与扩展,推动了运营理念与方式的创新。图书出版产业链基于这一系列的变化,具备了重构的可能。社会化生产背景下的产业链重构并非仅仅意味着出版社角色、地位的变化,更重要的是出版运营形态的革新。财经图书出版生产、发行等各个环节只有遵循新的逻辑,才能避免被传媒市场淘汰的命运。社会化生产改变了传统的内容生产与传播逻辑,"传媒内容生产机制、传播机制、产业链都已经出现了诸多新的特点,传统媒体与新兴媒体融合发展进程的推进放大了这些特点的影响,使其在某种程度上成为所有基于互联网平台的传播、营销活动必须深入思考和运用的规律与法则"②。本节从内容热点化、读者参与性、数据驱动、"一云多媒"等方面思考财经图书社会化出版模式创新的条件。

首先,财经信息内容的标签性增强。在生产与传播中需要关注热点话题,发现有效的传播切入点。人们能够借助互联网平台紧跟时事、财经热点,热点背后集聚着大量财经知识和信息需求,财经图书出版对这些热点及背后需求的反应灵敏程度以及把握能力,将影响其在未来出版市场竞争中的表现。这种由热点驱动内容选题的特点是由数字化传播背景所决定的。财经图书出版必须服务时代转型期的各种新兴需求。"数字出版选题策划的内容,主要指信息和知识等资源内容的获取和整合。资源内容的'获取'、'整合'概念与'选择'、'重要性'概念密切相关。"③重视标签、品牌在财经内容获取与整合中的作用,通过分析热点与受众动态需求推动选题策划的创新,都是社会化传播机制在财经图书出版领域的体现。

其次,读者的参与性和批判性不断增强。社会化传播机制培育了财经读者的新的信息消费习惯。当下很多读者越来越关注图书之外的财经"快餐",这要求财经图书出版必须在内容呈现方式上做出改进,并且尽可能地加快更新速度。而且读者在阅读时萌发越来越强的参与意识和批判意愿,驱使"财经图书—读者"的传统交互模式向"社会化媒体—图书—读者—评论者—社会化媒体"的立体化交互模式转变。

再次,数据资源成为驱动财经图书出版活动变化的重要依据,出版策划

---

① 肖赞军.媒介融合中的规制框架:两难抉择及应对思路[J].新闻与传播研究,2013(10)75.

② 刘峰,易贤恒.自媒体时代国学文化传播创新模式探析[J].出版广角,2018(21)46.

③ 王巧林.对数字出版选题策划的哲学思考[J].中国编辑,2014(3)28.

的位置进一步前移。围绕社会化媒体内容的海量评论,受众的阅读、互动行为都被保存为数据形态,可用于深入、准确分析读者对不同财经图书及相关信息的态度,对财经图书市场需求做出科学预判,助力内容选题、出版时机、图书形态的优化,进而为财经图书出版模式的创新提供科学参考。此外,借助数据挖掘与分析,能够大幅提高出版策划的效率,进一步前移策划活动在整个出版产业链中的位置,从而使策划发挥更大作用。

最后,技术平台一体化与媒体形态多元化的双重作用使财经图书出版面临形态扩展的压力。从出版市场竞争的角度来看,仅依靠财经图书一种形态,难以使出版社应对日益激烈的竞争,多元媒介形态的扩展与运营势在必行。数字技术的进化可以使不同形态的媒体在统一的基础技术平台上运营,比如云计算的应用已经使"一云多媒"成为现实。单一数字化文本形态的转换并不是财经图书数字出版的最优解决方案,仅凭形态的数字化与发行渠道、方式的网络化迁移,还不足以应对传媒生态变革对财经图书出版的全方位要求。借鉴社会化媒体的传播经验,依托自身内容优势,尽快实现形态扩展,才是财经图书出版需要尽快解决的难题。

三、财经图书社会化出版模式的创新策略

面对财经图书出版模式创新的迫切需求,出版业需要从多方面加强探索、积极推进。

第一,财经图书社会化出版要加强互联网思维的创新性探索与应用。"互联网思维在潜移默化中影响着出版业,互联网思维下的出版正朝着以用户为中心、以大数据为技术保障、以媒介矩阵为环境保障、以内容和服务为核心竞争力、以共享为原则的模块化平台建设,动态及时出版的方向发展。"[1]互联网思维的创新应用有利于实现财经图书出版的数字化、网络化转型。将具有灵活性、创造性的互联网运营策略应用于财经图书社会化出版过程,也能够为孵化创新型的出版模式创造条件。

第二,进一步推动大数据技术在财经图书出版过程中的应用。"图书编辑不仅要具备收集数据、处理数据、分析数据的能力,更要拥有驾驭数据的能力,能从中提取潜在价值,并将其转变为一种创意、一种产品、一种服务,最终策划出符合市场需求的图书。"[2]通过以上分析也可以看出,数据分析与挖掘技术是最终实现按需出版的基础。虽然财经图书出版机构当下自身掌握的读

---

① 崔恒勇.互联网思维下全媒体出版的内涵[J].现代出版,2014(6)48.
② 吴咏蓓,王华祖.大数据背景下图书策划的机遇与应对[J].现代出版,2014(6)53.

者数据还未达到大数据的体量,但是强化数据思维,注重数据分析在运营中的使用,创造大数据技术应用的机会,是掌握未来出版竞争先机的关键。

第三,在出版产业链重构的背景下积极做出定位调整。在内容融合发展进程中,出版产业需要开启、完成产业链的重构与优化,财经图书出版机构传统的定位已经不能适应转型发展的要求。如果未能在激烈的传媒市场竞争中提升自身在产业格局中的战略定位,财经图书出版机构极有可能成为产业链重构过程中的"被融合者"。

第四,聚合优质内容资源,推进内容的个性化、多元化生产。内容生产依然是财经图书出版机构的优势资源。以内容生产为基础,借助网络平台,不断聚合优质资源,降低准入门槛,改变引导与审核机制,通过自媒体传播方式,使更多主体参与财经内容的生产过程。这些参与主体具有生产者、传播者、营销者多元一体的角色特征。这种角色特征的同构要求出版者重新把握市场需求的变化,为模式创新提供契机。

四、财经图书出版编辑室空间的转变

在以上多种因素的推动之下,财经图书出版的编辑室空间也已经出现了诸多新特征,并且其效果已经在出版市场上得到鲜明体现。及时认识并把握其变化趋势,掌握其背后内涵的传播规律,成为实现财经图书出版模式创新的前提。财经图书出版编辑室空间的转变表现在以下几个方面。

(一)从专业化空间向个性化空间的转变

传统的财经图书编辑室空间有着严格的专业化运营规范,无论是出版发行的流程,还是财经知识与信息的把控,都带有明显的专业化特征。而且出版主体或者掌握出版主动权的多是专业化的出版机构,作为个体的作者更大程度上需要遵循专业化的出版机制、流程的各方面要求。在社会化出版过程中,具有品牌效应的个体掌握了更多话语权,使财经图书出版机制向具有更大渠道影响力的自媒体倾斜,他们的个性、需求及优势在这个转变过程中得到重视。以吴晓波为代表的大量"意见领袖"立足个性化的编辑空间,完成内容生产,同样能够在图书市场上得到广泛认可。这类内容生产成为社会化生产背景下编辑室空间个性化转变的典型代表。

(二)从行业性空间向社会化空间的转变

专业化特征在一定程度上意味着传统财经图书出版机制具有典型的行业性,这既是传统媒体编辑室共同的空间特征,又是保证产品专业化水准的重要基础。但在社会化媒体传播的作用之下,越来越多的跨界行为出现,过去没有机会与出版产生交集的诸多行业、机构、个人具备了跨界运营的基

础,财经图书出版也有了更多的内容提供者、运营参与者,财经图书出版也由单一的行业行为转变为社会化行为。这成为打破传统编辑室空间的重要力量。符合传媒市场要求的社会化生产资源都能够构成临时性、项目化、网络化的编辑室空间,而充分挖掘并利用社会化资源、构建网络化编辑室空间,也成为提升财经图书出版水平的重要方式。

（三）从链条式空间向立体化空间的转变

创新运营的尝试与探索在财经图书出版领域已经持续了很长时间,尤其在数字出版环境下,传统编辑室空间也一直存在向产业链上下游扩展的尝试。不过在传统财经图书出版模式当中,创新运营的尝试多体现在链条式的延展,力求在产业链上下游获得更大的影响力。当下财经图书出版机制具备了立体化特征:一方面,多元数字平台构筑起立体化的传播体系;另一方面,基于这一传播体系实现了多重角色参与主体的聚合,生产者、参与者、内容形态、传播形态都突破了单一的出版产业链条,而编辑室正是这些主体得以聚集的空间节点。

（四）从单向式空间向对话式空间的转变

从单向式空间向对话式空间的转化具有典型的社会化传播特色。作为传统媒体的图书具有明显的单向传播特征,且其双向传播的改造难度比广播、电视媒体要大得多,所以传统的财经图书编辑室在单向传播模式的限制之下,形成孤立的空间特征,无法与受众实时沟通。但是借助社会化媒体平台,财经图书编辑室空间具备了突破单向传播模式的可能性,在策划、生产、发行等各个环节都能基于自媒体空间,充分获取受众的意愿,使编辑室空间以在线形式得到延续。

五、基于社会化出版的编辑室空间生产动向分析

近年来,诸多具有创新性、颠覆性的出版理念与模式涌现,并为推动出版生态的升级、迭代发挥了积极作用,"终端+内容模式"（以 Kindle 为代表）、"平台+内容模式"（以谷歌为代表）、B2C 模式（以当当为代表）均具有很高的辨识度。在这些新型出版模式中,编辑室空间均呈现出上述个性化、立体化等特征,创新出版模式的不断进化也将进一步推动编辑室空间生产的发展。本小节基于社会化融合背景下的出版模式创新,对出版编辑室空间生产的主要动向予以分析。

（一）社会化出版背景下出版编辑室空间生产需要在内容与渠道之间寻求平衡点

在探讨出版编辑室空间形态之前,要把握社会化传播机制影响下内容与渠道之间的动态平衡问题。"数字出版产业有群体性创意传达、传播技术促进多向传播、'超文本'链接模式等创意特性,把握数字出版产业创意特性,对厘清'内容为王'与'渠道为王'之间的辩证关系等具有诸多现实意义。"①编辑室所具有的传统内容优势在面对社会化传播所体现出的渠道优势时,在一定程度上会被消解;不过社会化传播又具有强大的内容聚合能力,可以对编辑室内容生产形成反哺效应。所以编辑室空间生产需要做好上述两者之间的平衡,充分激发两者的效能。

(二)基于社会化媒体品牌延伸,提升编辑室空间的影响力

基于财经图书社会化出版模式的创新探索,从内容策划层面出发思考编辑室空间生产的可能性,围绕已经形成品牌或者具有成长空间与潜力的财经类或相关类别的社会化媒体品牌、意见领袖,在掌握受众粉丝、社群传播机制的基础上,从选题、编辑、形式等方面体现社会化传播机制的特点,提高财经图书策划的目的性和针对性,聚合更大的财经图书读者群体,打造品牌"共振"效应,提高财经图书的市场占有率和美誉度。这既是品牌的延伸,又是编辑室空间综合再造的创新发展模式。

(三)基于按需出版模式的编辑室空间生产

按需出版是未来财经图书出版发展的一大方向,出版编辑室可以基于大数据技术掌握各种群体、个体受众对财经知识与信息个性化的需求,这就具备了按需出版的基础条件;同时,财经出版将突破现有纸质图书形态,拓展为立体化、全媒体、多形态的内容,社会化主体能够参与不同模块的个性化编辑。目前图书发行环节已经能够做到按需推荐,而随着数字出版技术的进一步发展,针对细分群体甚至个人的财经图书按需出版也必将成为现实。这给编辑室空间提出了很高的要求,将在很大程度上推动编辑室空间的重建。

(四)基于图书众筹出版模式的编辑室空间生产

"'众筹'模式是一种通过互联网为小微项目融资,并以实物为预期回报的新媒体融资形式。新闻出版业正与'众筹'相结合,图书众筹、杂志众筹、新闻众筹相继出现。新闻出版众筹具有较多优势,但也面临着一些问题,长远看具有良好的发展前景。"②社会化媒体内容带有较为明显的众筹性质,粉丝参与生产、网络社群原创等都给传统媒体以较大启发。众筹同样是财经图书出版值得借鉴的方式,比如解读互联网思维的代表性图书《互联

① 王巧林.数字出版产业的创意特性[J].现代出版,2014(3)44.
② 谢征.新闻出版"众筹"的优势与问题[J].现代出版,2014(3)22.

网思维独孤九剑》的写作便是由数十位参与者基于网络论坛众筹完成的。在《互联网思维独孤九剑》的生产过程中,数十位作者分别在各自的编辑空间工作,通过社会化网络沟通、协调、整合,最终完成一部畅销书的写作。在这一众筹写作过程中,编辑室空间是碎片化的空间,但也是紧密相连、具有完整编辑结构与功能的高效空间。

第六节　本章小结

IP 化生产打破了不同媒体的编辑室的空间区隔,能够围绕统一的 IP 内容将不同媒体的编辑室空间整合起来;而社会化生产横向扩展,基于互联网化、社会化的连接机制,将更为多样、复杂的编辑资源聚合,形成一个通过现代连接方式聚合的网络化、无形化的编辑室。这一编辑室虽然不具备传统编辑室的物理空间特征,但是形成了传统编辑室无法实现的新型社会化媒体内容生产功能。由此大大扩展了传统编辑室空间的范围,改变了传统编辑室空间的内涵,使各种具有生产能力的主体聚合成网络化、分散化的网络编辑室空间。这种网络编辑室空间的空间形态、结构均不同于传统、实体化的编辑室的空间形态、结构,而且在很多场景下具备了传统编辑室空间所不具备的功能,能够形成更强大、更高效的社会化媒体内容生产能力。

IP 化生产实现了多元化内容生产主体的连接。这些主体多为不同媒体形态的主体,如广电、出版、网络等主体基于传媒产业链条实现了编辑室空间的贯通,带有较强的专业化生产的特点。而在社会化生产过程中,无论是专业化的编辑室还是用户自发的编辑空间,都可以成为社会化生产网状链上的节点,社会化的"新型编辑室"更加注重编辑室的空间功能,其空间形态与结构则机动、灵活、多变,能够围绕内容生产要求的改变及时做出调整。在灵活的调整过程中体现出社会化编辑室空间从专业化空间向个性化空间、从行业性空间向社会化空间、从链条式空间向立体化空间、从单向式空间向对话式空间转变的动态特征。值得强调的是,传统编辑室空间的结构特征在一定程度上对内容生产活动形成一种制约效应,生产主体需要依循编辑室的空间限制完成内容制作,因而在很多环节中难以做到更为及时、有效地贴近受众,而更为灵活、个性化的社会化编辑室空间大大弱化了在这一方面对生产主体的限制,能够大幅提升内容生产的目的性和针对性。

此外,基于社会化的编辑室生产不仅使各种内容生产行为实现了在"分散而统一"的编辑室空间中的共同生产,而且改变了编辑室空间的话语格局。比如大量优质自媒体的内容生产活动得到了肯定,成为网络化编辑室空间的新兴主体;受众也能够基于社会化平台参与媒体活动,由接受者转化为社会化编辑室空间的主体。基于社会化生产,编辑室中空间主体的关系出现了新的变化。基于社会化生产,通过编辑室空间勾连的不同主体的传统权力结构也得到了改变(见图3-1)。概括来看,社会化平台、自媒体、新兴媒体等主体在社会化编辑室空间中的话语权得到提升,传统媒体的话语权被弱化;而且权力关系的变化带来了诸多新问题、新挑战(如社会化平台给网络安全、媒体内容生态等方面的管理提出了新挑战),这些均为基于社会化生产的编辑室空间生产中不可忽视的问题。

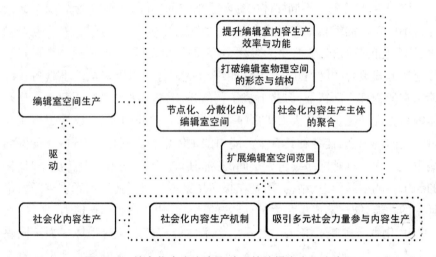

图3-1　社会化内容生产驱动下的编辑室空间生产图

第四章　移动化内容生产驱动下的
编辑室空间生产

　　移动互联网的发展驱动移动化内容生产模式日渐成熟。这种趋势近年来在短视频、音频内容与平台发展均得到体现。单一化、固态化的传统编辑室空间在移动化内容生产过程中被进一步解构。本章重点探讨移动化内容生产对编辑室空间结构、特征变化的影响与作用，并提出对编辑室空间主体的内容生产规范问题做出的批判与反思。

第一节　移动互联网发展对媒体
内容生产的影响

　　"移动互联网"的概念已经出现很长时间了，而且相关实践、探索也一直进行。如中国移动早在 2000 年 3 月便开始在 6 个城市推行 WAP 全球通网络的商用试验，用户可以通过手机接入互联网，依托流量的移动互联网已经进入人们的生活。"2013 年仅移动互联网网民规模就达 6.52 亿，信息消费规模超过 2 万亿元。"①中国互联网协会在 2014 年 1 月 8 日发布报告称："2013 年我国移动互联网市场规模突破 300 亿元人民币。"②工信部报告指出："移动互联网的发展速度已超越摩尔定律，迭代周期从 18 个月急速缩短为 6 个月，移动互联网正把整个信息通信技术产业的发展拖入'快车道'。"③2017 年 6 月，"我国手机网民规模达 7.24 亿，较 2016 年底增加 2 830 万人，手机上网比例持续提升，各类手机应用的用户规模不断上升，场景更

①　中国互联网进入新一轮快速发展期［EB/OL］.［2014 - 01 - 09］. http://media. people. com.cn/n/2014/0109/c40733 - 24067802.html.

②　移动互联网市场规模突破 300 亿元关注受益［EB/OL］.［2014 - 01 - 08］. http:// money.163.com/14/0109/07/9I4P0Q5L00253B0H.html.

③　王胜开，孔宁，沈烁.移动互联网发展及其对 IPV6 的影响［J］.电信科学,2013(9)33.

加丰富"①。到 2022 年 6 月,"三家基础电信企业的固定互联网宽带接入用户总数达 5.63 亿户,比上年末净增 2705 万户;5G 手机用户数迅速扩大,网民使用手机上网的比例达 99.6%;互联网应用持续发展,短视频增长最为明显,我国短视频的用户规模增长最为明显,达 9.62 亿,较 2021 年 12 月增长 2 805 万,占网民整体的 91.5%"。② 以上统计数据显示出移动互联网强劲的发展态势。当然,移动互联网从最初的起步到现在的飞速推广,背后有客观原因,而它对社会生活的深度介入也产生了巨大而深远的影响。本章首先对其产生与发展的决定和推动因素、对媒体内容生产方式带来的影响以及发展前景进行分析。

一、移动互联网快速发展的推动因素及其影响

(一)移动互联网快速发展的驱动因素

移动互联网的产生经历了长时间的积累与实践。从移动互联的概念出现到试验成功、推广,再到大规模的商业运营,经历了一个长期过程,其间伴随着大量研发人员、市场人员的努力。而在近几年,移动互联网之所以能够进入快速发展的时期并成功实现大规模商用,也是众多推动因素综合作用的结果。某些因素发挥关键性作用,有的还与移动互联网互成因果,在促进移动互联网发展的同时,自身也得到了提升与进步;而随着移动互联网的兴起,又有许多因素向这一领域聚集,形成发展合力。在此,对与我国近期移动互联网发展密切相关的几个因素予以简要解析。首先,在数字技术的更新换代与推广应用中,云计算被认为是继互联网之后最具革命性的技术创新,已经成为数字时代许多行业发展的基础力量。此外,大数据、物联网等一系列新技术都能够为移动互联网创造新的发展模式与空间,成为推动其发展的关键力量。其次,IPV6(Internet Protocol Version 6)的发展将为移动互联网提供新的发展空间。IPV6 是指下一代互联网协议,其战略作用在于替代现行的、网络地址趋于饱和的 IPV4 协议。IPV4 协议趋于饱和,已经成为限制互联网行业发展的重要瓶颈。如果不能解决这一问题,移动互联网的发展便无从谈起。IPV6 遂成为解决这一问题的有效方案,"移动互联网上有许多新型而精彩的服务,IPV6 将是实现这些服务的关键,不久的将来,当每个人都要携带一个或多个移动终端时,IPV6 将为所有

① CNNIC:2017 年第 40 次中国互联网络发展状况统计报告解读[EB/OL].[2017 - 08 - 08]. http://www.199it.com/archives/619827.html.

② CNNIC:第 50 次《中国互联网络发展状况统计报告》[EB/OL].[2022 - 09 - 19]. http://cnnic.cn/n4/2022/0916/c38 - 10594.html.

的移动终端提供唯一的 IP 地址"①,同时确保服务的质量、安全与多元性,而这些正是移动互联网所需要的。再次,5G 技术的应用和推广将为移动互联网的发展提供助力。5G 的发展将打破长期以来存在的"流量"瓶颈,"流量如流水一般"可以成为现实,产业应用的潜能可以被充分激发。随着移动应用生态的日益完善,移动 3D、远程医疗、实时导航、手机大型游戏、多屏视频互动等都将成为现实,移动互联网将不再只是平台、渠道,而是成为生活形态。最后,智能终端的发展是推动移动互联网发展的现实基础,智能终端的快速发展自然能够带动移动互联网进入一个新的发展时期。

（二）移动互联网发展对社会发展的影响

"在数字融合过程中,移动互联网与传统互联网的逻辑、所需要的技能及受众的网络使用习惯是不同的。"②移动互联网已经进入大规模的商用阶段,呈现诸多不同于传统互联网时代的传播特征——接入方式更为便捷、使用方法日益多元、功能应用不断丰富,由此它对社会的影响也不断深入。认识它所带来的诸多改变及影响也是研究移动互联网的重要前提。本书从社会进步、经济发展、传媒行业、个人生活等 4 个方面进行解读。

1. 移动互联网成为推动社会发展的基础力量

移动互联网能使新媒体、自媒体所带来的"参政""监督"功能得到深化,使更多人以更为灵活的方式进行社会监督,促进政府工作进一步公开透明。另外,移动互联网具有低成本化与接入使用的便捷性,便于广大群众使用,缩小地区差距,推动社会发展。所以说,"移动互联网不是一项具体的技术,也不是某项具体的应用,移动互联网将会推动人类社会发生巨大变化,甚至形成一个新的社会发展模式"③。

2. 移动互联网对经济发展的影响

移动互联网本身也具有巨大的市场规模,同时能够带动不同的行业,并在经济结构转型中发挥重要作用。有人认为,"移动互联网将更多的实体、个人和设备连接在一起,互联网不再只是新经济、虚拟经济,也是主体经济不可分割的一部分,这是一个大趋势"④。

① IPV6 成就移动互联网[EB/OL].[2010 - 06 - 02].http://www.mscbsc.com/viewnews - 45304.html.

② Correa Teresa. Digital inclusion through mobile phones?: a comparison between mobile-only and computer users in internet access, skills and use[J].Information Communication & Society, 2020, 7: 1074 - 1091.

③ 移动互联网将引发社会发展模式的转变[EB/OL].[2009 - 07 - 17].http://net.chinabyte. com/142/8992142.html.

④ 张意轩.2014,迎接中国互联网第三个 10 年[N].人民日报(海外版),2014 - 01 - 02(5).

3. 移动互联网对传媒行业的影响

移动互联网改变了世界传媒产业的格局,给传媒竞争的参与者带来了新的发展压力,同时也带来了巨大的契机。因为在某种程度上讲,不同类型的媒体被拉到同一起跑线,能否在移动互联网时代取得成功,并不取决于能否在传统互联网时代积累优势,而取决于能否在移动端做出具有开拓性的创新。

4. 移动互联网对个人生活方式的影响

一方面,不同的平台逐步集中和融合;另一方面,创新的模式不断出现,现实世界将逐步"移动化""智能化""网络化"。我们可以把这个过程理解为现实世界向移动互联网平台的迁移,也可以理解为移动互联网对现实世界的改造。不过无论从什么样的维度去思考,现实世界中的人们将彻底被移动互联网包围,工作的方式、学习的方式以及生活的方式都将呈现出新的特点。

以上对移动互联网影响的分析比较宏观,概括地论述了移动互联网对人类社会带来的改变和发展的趋势。其实移动互联网的影响远远不止这些,其动态的发展还会推动社会产生目前所无法预知的变化。

(三) 移动互联网的传播特征

从发展过程及影响可以看出,与传统互联网相比,移动互联网具备诸多不同特点,同时也在传播过程中体现出自身的特征。移动互联网能够对社会、经济、生活产生巨大的影响,与其特点密不可分。正确认识移动互联网的特点是有效发挥其作用,使其更好服务于人类社会的重要前提。移动互联网的发展正在改变传媒领域的面貌,使不同类型的传播媒介都体现出新的特点。经过比较、分析和概括,也可以发现移动互联网不同于传统互联网以及其他媒体的传播特征,这对于进一步研究移动互联网社交、视频等都具有基础性意义。

从媒介类型来看,移动互联网实现了全媒体化的传播。通过移动互联网发展的历史可以看到,虽然移动互联网最初受带宽、屏幕等限制,但在媒体内容方面一直坚持"多媒体"的思路,文字、图形、图像、语音、视频渐渐在统一平台上得到整合,这在 3G 时代得到了更为明显的体现,4G 技术的大规模商用让用户体验了"升级换代"带来的便利,目前 5G 正在加紧部署阶段。随着带宽限制的解除以及人们对多元媒体内容需求的增加,全媒体在移动端还将得到进一步发展。不同类型的传播内容在移动端除了能够满足人们的信息需求,还体现出较强的功能性与应用性,实现不同类型传播方式与媒体内容同人类生产、生活需求的结合,提高不同信息的传播与使用效率。

从传播活动类型来看,移动互联网能够更好地将大众传播、组织传播以及人际传播等形式融为一体。广播电视等传统媒体的单向化、广覆盖的传播特征决定了它们是大众传播的重要方式,桌面互联网媒体在具备交互性的基础上能够实现大众传播、组织传播与人际传播的结合。例如微博,最初主要在桌面互联网平台推广、运用,其庞大的用户量和传播效率使它能够承担大众传播的功能。它又是建立在网络人际交往基础上的,是人际交流、信息分享的有效工具。越来越多的组织、机构通过互联网加强沟通并改善工作方式。在移动互联网时代,不同类型传播活动的融合将进一步加剧并且相互促进,如微信是在人际社交的基础上发展起来的,其公众号、群聊等功能也成为大众传播、组织交流的有效工具,再加上它首先占领了"移动端"的便捷优势,所以成为当下最热门的社交应用软件。微信能够鲜明地体现出移动互联网将多种传播类型完美融为一体的特征(这一趋势还将继续发展)。

从传播渠道来看,移动互联网不仅具有多元化的传播方式与渠道,还通过统一平台实现了多种渠道的整合。过去不同的传播渠道是相互独立、并行发展的,人们如果要通过不同的渠道获取信息,则需要依赖各种终端。移动互联网则实现了各种传播渠道的整合:一方面,它为受众提供了更多的选择途径,受众可以通过移动网页、论坛,以及微博、微信等社交工具获取信息,渠道选择日趋多元;另一方面,这些不同的渠道存在于统一的移动平台,用户可以通过单一的终端设备,随时随地接入不同渠道,叠加不同渠道的传播优势。

从传播对象来看,移动互联网实现了覆盖的广泛性和信息抵达的有效性。相对于传统媒体以及传统互联网,移动互联网拥有更为庞大的受众群和用户量增长空间,能够实现更广泛的覆盖范围。并且因为具有使用便捷的优势,受众在线时长的增长速度也是其他媒体所难以比拟的。用户的年龄构成、职业构成、学历构成等也更为多样,越来越多的受众转向移动端,保证了移动互联网覆盖范围的广泛性。

从受众关系来看,移动互联网的用户因为处于大众传播、组织传播、人际传播的交织中,在传播过程中扮演多元角色,并且具备了更高的黏性,所以也具备了将高覆盖性转化为信息抵达有效性的条件。

从传播效果来看,移动互联网实现了信息传播的互动性、精准性和高效性。移动互联网可以实现传媒、通信的统一,比如微信好友与手机通信录、QQ好友的绑定,能够把现实世界中的人际交互及其影响迁移到移动平台,同时实现了不同传播主体地位的平等(它们具备了"传受合一"的双重身份,突破时间、地域等各种限制的实时交互已经成为常态)。个性化特征赋予了移动互联网用户新的"数字身份",并且依托大数据、精准定位等技术,把传统的追求广覆盖范围的信息"群发"转变为追求有效抵达的精准化传播。另外,因为移动互联网整合了不同的传播渠道,具备了更高的用户黏性,实现了高度的互动性与精准性,所以能够大幅提高传播效率。

（四）移动互联网的主要代表形态

移动互联网与社会生活的联系可具体表现为各异的应用形态。不同应用形态对应不同的社会需求、生活方式,进而也发展成市场上极具潜力的"增长点",体现出技术、应用与市场的良性互动。目前,许多业务形态渐渐成为主流,有的是从传统互联网平台上迁移过来的,有的是基于革命性技术创造出来的。无论怎样,它们都是人们享受"移动互联网红利"的具体形态,都是研究移动互联网需要认识的基础对象。因为移动互联网的各种应用形态还处于高速发展和变化中,"摩尔定律"在近年来的传媒技术和形态更新的适用范围越来越窄,很难细致描述和总结,所以在此便以几个主流的、具备很大影响力并在未来具有明确发展前景的应用形态为分析对象,认识移动互联网应用形态的发展。

首先是社交网络。社交网络的发展是互联网改变人类生活、交流方式的重要表现,社交迁移到移动端之后,不仅能给用户带来更大的便利,还将对信息传播模式、商业经营模式产生革命性的影响。基于移动社交,人们已经形成了通过不同的社交应用分享自己生活、爱好、行为的习惯,并且他们的地理位置、日常生活圈等各种真实信息也会转化为数据,移动社交平台每个"数字身份"背后对应的是真实的人,由此为人类探索新的信息传播、商业经营方式创造了新的条件。其次是移动游戏。在技术不断升级换代的支持下,移动终端的计算性能逐步增强,已经具备了运行大型游戏的能力。移动互联网也成为游戏产业所要争夺的又一个广阔市场,吸引了资本、技术、人才的聚集。不过移动端的游戏产业正处于起步的阶段,市场也有待规范。最后是移动物联网。"随着物联网时代的开启,当人与物、物与物之间建立起广泛的信息沟通网络后,人们的生活将随时随刻享受着信息带来的便捷"①,移动物联网将成为未来经济增长的一个热点,并且其促进技术创新、社会进步的巨大作用也将逐步体现。这也必将使未来互联网应用、传媒发展的格局发生新的改变。

二、移动互联网驱动移动化内容生产方式的创新应用

"内容生产变革是媒介融合的集中体现,现阶段媒体机构内容生产要处理好'变'与'不变'的边界,坚持移动优先、注重用户体验。"②移动互联网的应用形态具有多样性特征,上一小节通过移动社交、移动游戏（手游）、移

①　盛雪锋,郭博文,韩筱韵.移动物联网成业界"新宠"[J].上海信息化,2012(6)80.

②　刘海贵,庹继光.融媒时代新闻生产的"三度"[J].新闻记者,2019(9)40.

动物联网进行了简要论述。从以上三者的产生、发展、前景及存在问题等方面,可以发现移动互联网的发展已成为推动媒体内容融合发展的重要力量,也给内容生产方式创新提供了新的空间。

第一,以受众实际应用和需求为出发点,内容生产方式呈现出多样化的特点。多样化的应用场景带来对媒体内容不同的需求。社会需求是多方面的,存在的问题也千差万别,所以催生出的不同形态的内容需求同样具有明显的多样化特点。

第二,移动互联网应用形态的发展前景广阔,为内容生产方式带来更大的成长空间。移动终端平台近年来得到了普及,各国纷纷把推动移动互联网发展纳入国家层面的战略规划,人们对新型的移动互联网应用充满期待,越来越多有创意的人才将这一领域视为实现自身人生价值的突破口……这一切都成为内容生产方式创新的推动因素,其广阔的发展前景已在业内外得到共识。正如东方卫视首席记者 ZHY 在采访中介绍:"移动互联网的应用前景广阔,有两个方面的直观感受。第一是 SMG 积极布局各种移动化传播平台和应用,移动端已经成为集团发力的重要方向,第二是在采访过程中接触大量媒体人、创业者,均已经转战移动端,认为移动互联网是未来媒体发展的必然方向。"①

第三,不同的移动互联网应用形态交织,呈现出你中有我、我中有你的发展状态,有助于内容生产方式的创新。与传统报刊、电视等传统媒体形态相互分离、传统社交网络与视频网站独立运营的特点不同,在移动互联网平台上,这些原本相互分离的应用将更为紧密地融合,如视频将成为社交不可分割的元素,社交将成为推动视频传播的基础力量。这必将推动内容生产方式发生改变。相互交织的特征不仅体现在传媒领域,其他应用也是一样,比如娱乐内容与车联网的结合、健康产业与电子商务的结合。这又为媒体内容的融合创造了新平台。

第四,移动互联网应用领域将伴随着激烈的竞争,成为内容生产方式创新的重要驱动力。移动互联网的广阔发展空间吸引了诸多竞争者,既有传统互联网平台上的佼佼者,又有依托创新技术进入的创新者;既有意图转型的传统媒体,又有试图继续保持影响力的传统互联网公司;既有电子商务平台,又有力求通过游戏占领客户端的娱乐产业从业者……传统产业、新兴产业纷纷抢滩移动互联网平台,激烈的竞争与合作将贯穿移动互联网发展的始终。在媒体内容生产领域,只有生产优质内容或者具有

---

① 访谈资料为本书通过深度访谈获得,访谈对象使用化名。

高效、创新内容生产模式的竞争者才能脱颖而出。所以应吸引更多从业者在这一方面深入探索。

第五，移动互联网应用仍然存在诸多需要解决的问题，需要在内容生产方式创新的过程中不断解决。目前移动互联网的快速发展带给人们一种"乐观"的基调，诚然，它代表着未来的发展方向与趋势，这是任何人无法改变的。但是不能因此而忽视客观存在的问题，比如网络文化安全问题、内容盈利模式单一问题。现存的问题在一定程度上被移动互联网乐观的发展前景所掩盖。管理者、从业者都要清醒地认识这一点，在追求移动互联网应用形态创新与抢占市场份额的同时，也要时刻把基础平台建设、市场机制打造、移动内容版权保护等问题摆在与效益同等重要的位置，才能从根本上保证移动化背景下内容生产方式的预期成效。

移动互联网的发展在一定程度上改变了媒体内容生产的逻辑，传统的编辑室空间在这个过程中受到了很大冲击，4G、5G、物联网等各种新兴的移动发展形态均在解构着单一化、固态化的传统编辑室空间。而且，作为一种与受众生产生活、信息消费紧密结合的传播形态，移动化较之 IP 化、社会化对编辑室空间的影响更为"显性"。IP 化内容生产主要在专业化层面推动编辑室空间生产，社会化内容生产更加注重依托社会化路径将各种内容生产资源节点聚合成网络化编辑室空间，而移动化内容生产不仅推动编辑室空间在内容生产层面进行调整、重构，而且注重这一过程中受众的参与和互动。本章后续部分将结合相关案例，探讨移动化内容生产驱动下编辑室空间的新特点、新问题。

第二节　移动互联生态打破媒体内容生产空间壁垒

移动互联网的发展使互联网信息传播生态迅速从"桌面"时代转向"移动"时代，信息接收终端从以电脑为主，转变为以智能手机、平板为主，受众的信息接收方式与消费方式被重构。在内容生产环节，一方面，基于各种移动化设备，采编、制作等多个环节的移动化程度均得到提升，内容生产方式更为灵活高效；另一方面，受众信息接收习惯甚至整个传媒生态的"移动化"转型开始倒逼媒体内容生产诸多环节提前思考应对移动化传播的方式，进而使"移动化"转型呈现出一定的"前置化"特征。而随着移动化内容生产方式的应用与发展，移动互联生态的演化逻辑由外到内嵌入编辑室空间，体现出驱动编辑室空间形态与结构变化的强大力量。移动互联生态的发展不仅推动编辑室空间在内容生产层面的调整、重构,而且注重这一过程中受众的参与和互动。在多种资源的移动化整合之下,传播生态圈正在进行移动化的重构。本节主要把握移动化传播驱动下编辑室空间与受众信息接收与消费空间的交融,从重构传播生态的层面分析媒体移动化内容生产方式的应用及其对编辑室空间生产的影响。

一、移动互联生态下媒体内容生产方式转型的机遇与困境

传统媒体运营曾一度面临生存困境。比如随着各种移动化新媒体平台的兴起,传统广电媒体开始面临受众流失、市场份额缩减等困境,传统的内容生产模式也出现诸多不适;进入移动互联网时代之后,广播电视媒体内容通过音频、视频传播的形式实现了长足发展。从电视到视频、从广播到音频的过程鲜明地体现了以移动化为核心的传媒生态变革,也体现了编辑室空间的变化与重构。所以本节以移动互联网深入发展背景下的广播电视媒体为例,基于面向未来媒体生态进化的层面,重新把握其行业定位与角色特征,重点结合移动短视频、移动音频的兴起,探讨移动互联生态之下媒体内容生产方式转型的机遇和困境。

第一,移动互联网推动传媒环境的进化,广播电视赖以生存和发展的传统逻辑已经被颠覆。"新技术的发展,全媒体进程的加速,将广电由'传统的内容生产'拓展为'集成运营和提供增值服务',将'受众'转变为了'用户'。"[①]传统的广播电视节目内容具有明显的独立性,营销方式、盈利手段基本固定。但是在移动互联网平台上,任何媒体内容都需要以产品的形态存在,需要遵循产品设计和推广规律。上海广播电视台五星体育频道的领导说:"传统媒体如何适应移动互联网是困扰从业者的一个难题,五星体育在移动端的布局也经历了一个艰难的探索过程。我们的节目还是有比较庞大的受众群体的,但仅仅依靠一个传统的频道是不行的。为了能够在移动端重新吸引受众,我们对各种移动传播平台、移动渠道的特点与要求进行了深入研究,在此基础上不断尝试、不断调整,逐步形成比较有效的移动产品矩阵和相适应的移动化传播策略。"[②]受众的收视、收听习惯从固定的时段、频道、波段转移到了数字平台、社交平台,从专门化的电视收看、广播收听行为转变为碎片式、伴随式的接收。所以说,移动终端的小小屏幕上大有洞天,传统广播

---

① 刘亮.广播产业经营与发展的几点思考[J].现代传播(中国传媒大学学报),2014(4)152.
② 访谈资料为本书通过深度访谈获得。

电视媒体的内容生产与运营逻辑已经难以适应移动生态的发展,如果不能尽快转型,那只能被传媒进化的潮流所淘汰。

第二,移动互联网改变了受众的生活场景,外部因素将对传媒生态的发展产生更大的影响。近年来,移动终端、现代交通方式的快速膨胀为传统广播电视媒体的转型提供了巨大市场,比如各种短视频平台的爆发式增长为电视节目内容的碎片化、裂变式传播提供了机遇,私家车、出租车规模的扩大尤其为移动音频的应用带来了生存空间。短视频、汽车空间等内容消费场景的兴起体现了移动互联网发展对受众生活场景的介入与改变,反映了移动互联网背景下各种外部因素对传媒生态影响的日趋深入。各行各业在"互联网+"战略的推行中均出现了各种专注于某一细分领域的垂直化APP(应用软件),这些应用软件主导着人们基于移动端的各种生活、生产行为,而且一些在行业中确定领先地位的应用软件在很大程度上已经可以与用户行为相等同。

第三,移动化的深度融合发展趋势不可逆转。媒体在发展历程中经历了多次技术变革,从纸质到电子到数字,所带来的是媒体形态与传播方式的创新。不过从互联网兴起之后,传媒界的革新便逐步表现为生态的进化,而在移动互联网技术得到广泛应用之后,传媒生态迭代的效率更是大幅提高。传媒生态进化与迭代的核心表现便是传统媒体与新兴媒体的融合发展。单纯依靠传统媒体的内容优势或者新兴媒体的渠道优势都难以赢得未来的传媒竞争,只有在实践中逐步摸索、寻找适合自身特点与发展趋势的路径才能够具备脱颖而出的可能性。融合发展是所有媒体类型都需要面对的时代背景。广播电视的传统优势在移动互联生态的发展中存在被弱化的可能,已经明朗的路径也面临随时颠覆的风险。科学应对挑战与机遇并存的局面,已成为广播电视媒体在移动互联时代继续生存的关键。

二、移动互联生态的"入口":媒体内容的战略意义

随着移动互联网的发展与推广,很多行业之间的传统界限受到冲击,推动媒体内容生产方式的移动化转型,要求摆脱传统理念,特别是克服单一行业或某一具体领域的传统理念,顺应移动化趋势,探索融合路径。"若要获得未来市场的竞争优势,培育以用户价值为核心的'商业生态'非常重要……最迫切的是构建入口、内容、文化、运营等四个相互依存、相互作用、相互影响的良性发展的微生态系统。"[①]在未来的传媒及商业体系中,"入

① 程忠良.大数据时代出版业"商业生态"构建路径探析[J].出版发行研究,2014(8)14-17.

口"有着重要的战略价值和意义,所以目前各行业在寻求移动化创新发展路径时,都在积极争夺新生态的"入口"。能否充分发挥自身优势,在移动传播时代完成生态入口的"卡位",对各类媒体来说至关重要。

互联网的兴起与发展已经引发了传统媒体的生存危机。转型、升级成为媒体界探讨的热点,系统性的解决方案还未形成,移动互联网的时代便已到来。然而移动互联网并非互联网简单地移动化,而是有着独特的传播规律与运营逻辑。科学把握移动互联网的趋势与规律,找到合适的入口,是创新发展的基础条件。诸多媒体面对移动互联网迅速发展带来的挑战,开始积极布局,力求在面向未来的传媒生态调整中抢占入口,把握战略先机。比如短视频在形成平台、生态效应之后已经成为诸多行业创新转型的突破口,"短视频平台早已不再是一个纯互联网平台,而是深度连接了一个个产业和职业,发挥数字化优势赋能传统产业。在这一过程中,短视频平台不断提升用户价值、产业价值、社会价值,成为数字经济和实体经济不断融合的'数字社区'"[1]。而优质的短视频内容则是不同主体通过短视频平台与受众产生互动、介入多元信息消费场景的基础入口。移动音频领域同样如此,喜马拉雅 FM 上线一年便积累了 1 000 万条音频,而外国类似形态的网络电台 Sound Cloud(云声)用了 5 年才达成这一目标。借助智能语音交互技术和形态多样的智能语音终端,移动音频已经在多元社会生产、生活场景中日益发挥重要作用。

短视频、音频在移动生态下的战略意义可以从风险投资的角度审视和验证。短视频、音频在传媒市场上得到高速成长,也得到了资本市场的认可,抖音、快手、喜马拉雅 FM 等均在短期内获得多次融资,资本助力短视频、音频不断在移动互联生态中开疆拓土。视频、音频在传播生态转型、产业格局调整的背景下仍然有很强的生命力,特别是移动互联网的发展及其与音视频的结合,创造了新的收视与收听场景,创造出具有个性化特点的新内容,重新定义了视频与音频的"黄金时段",激发了受众新的参与行为,大幅扩展了视频与音频内容的传播范围和覆盖规模,开拓了一片传媒蓝海。移动短视频与音频平台之所以能够获得风险投资的青睐,是因为其具有"陪伴"媒介属性的视频、音频内容对受众有极强黏性,可以在移动终端市场上得到快速发展,形成"风口",并作为基础,开启传统互联网到移动互联网再到物联网的战略升级,具备足够的发展想象空间,能够获得足够的回报和收益。

---

[1]　短视频从登场到"称王"的十年变迁[EB/OL].[2022 - 10 - 18]. https://m.gmw.cn/baijia/2022 - 10/18/36094031.html.

　　综上可见,把视频、音频作为开展移动化传播布局的突破口有战略性价值,体现了移动互联时代传媒产业转型升级的内在要求。因为优秀的、能够得到受众认可的移动产品的设计与维护是移动互联网平台上突出视频、音频媒体特点的前提条件。成功的移动化产品不仅需要立足于对这一问题的战略性把握,而且需要使这个移动终端成长为长期"陪伴"受众的媒体平台,这样才能够基于视频、音频传播实现传媒市场份额的扩展。"媒介融合时代,创意是传媒的核心竞争力。无论是传播者的独特个性,传播内容的匠心独运,还是传播媒介的整合运作,受众的精准把握,甚至到解读数据化的传播效果,都需要创意的推动。"①在这一背景之下,电视、广播只有基于移动互联网传播规律转型为创新型的移动视频、音频媒体,才能获得长足发展。正如原梨视频内容总监 WW 在采访中所说:"梨视频在创业之初便把移动端作为重要的战略方向。既然是打造一个新的产品,那就从一开始将其打造成具有移动基因的创新型媒体。移动短视频在未来媒体生态中的战略价值不可估量,会是很多媒体场景的入口。梨视频一方面要坚持、突出我们在内容质量方面的品质、品位,另一方面也要顺应移动化传播的趋势和方向,这样才能在未来的媒体竞争中不断得到成长。"②移动互联生态仍在重构,内容在这一过程中具有重要的战略价值,是不同生态场景的"入口",是不同主体的连接点,是探寻移动化媒体运营理念与路径的重要出发点。

三、移动化内容生产对编辑室空间边界的冲击

　　移动智能终端的类型会随着先进数字技术的迭代日益丰富。随着"万物互联"程度的不断提升,越来越多的数字化、智能化设备将具备移动终端的功能,转化为连接各种社会空间、传播信息与深层互动的移动化工具。可以说在未来的传播生态中,只有充分发挥移动化、智能化互联网以及物联网的作用,驱动多样化的移动智能终端高效互动、协同进化,移动视频与音频内容才能够在新的传播生态圈中持续发展。大量基于移动短视频、音频平台成长起来的优秀自媒体,能够在短视频与音频平台形成一定影响力,其成功运营的重要经验便是探索能够适应移动化传播要求的内容生产方式,如央视为了与短视频平台用户互动而推出"主播说联播"节目,受到好评,何同学通过高质量的短视频内容迅速吸引大量粉丝,大量播音员入驻喜马拉雅FM 开播节目。通过新的内容生产方式,传播者力求在移动传播转型中抢占

①　刘琛.创意:媒介融合时代的核心竞争力[J].传媒,2014(22)23.
②　访谈资料为本书通过深度访谈获得,访谈对象使用化名。

竞争先机。新华社上海分社记者 FW 在采访中称："新华社在移动化传播方面投入了大量精力，从技术、资金、人才等各个方面提供保障。可以说经过近几年的抢先布局与创新实验，新华社的编辑室形态与结构、编辑人员的采编理念等都已经具备了明显的移动化特征，为适应移动化传播的要求打下了基础。"①移动化内容生产方式的发展冲击着传统的采编理念，大量内容生产实践需要跳出传统编辑室空间的框架，移动化内容生产对编辑室空间边界的冲击将进一步加深。

"移动互联网时代场景的本质是以人为中心的连接方式，连接人与物、用户与产品、需求与供给。用户需求通过场景连接被激活、创造、界定和满足。企业和媒体应基于特定场景的需要，利用用户的时间、地点、环境氛围等场景信息，提供特定服务的过程即'场景化'的过程。"②这倒逼内容生产者在工作流程等环节思考如何顺应这一趋势，突破传统的内容生产模式，比如积极与各种数字化硬件商家展开深入合作，突出自身优质视频、音频内容在移动互联生态中的价值，并将其与亟须内容资源的多元数字化智能终端的渠道优势结合，进而基于各种移动场景展开战略布局。内容生产实践及内容产品由此可以通过各种智能化硬件的渠道实现在各种社会生活场景中的广泛传播，比如抖音与京东智联云京鱼座智慧屏合作、喜马拉雅 FM 和知名音响生产厂商漫步者合作，直接打通视频、音频内容与智能终端，不仅扩展了内容传播终端渠道，还有利于内容生产聚合平台与智能终端品牌的互补、创新运营。不过"与硬件厂商的合作能够实现'入口'的扩展，但却难以达到'内容、文化、运营'层面的主动，仅仅是构建了形式上的场景化生态"③。为了克服这些问题，目前主流的移动视频与音频平台均注重从更深层面为推动优质内容在移动互联生态中的传播创造条件，比如抖音与喜马拉雅 FM 均积极加大自主智能芯片的研发力度。平台通过与不同终端在芯片层面展开合作，能够将智能终端产品变成移动互联生态中的智能节点，为海量视频、音频内容的高效生产与传播、受众的内容接收与播放、数据收集与反馈功能等创造更为智能化的条件。

在上述移动互联生态不断进化的趋势下，特别是随着内容与各种智能化渠道的关系不断重构、互动维度的日益深入，移动生态的演化必然倒逼内容生产理念与方式的升级。抖音等平台积极布局芯片，不断扩大合作厂商

①　访谈资料为本书通过深度访谈获得，访谈对象使用化名。

②　张莉.移动有声阅读场景分类与场景应用路径探析[J].出版科学,2020(2)104.

③　刘峰.音频传播生态圈的构建：移动互联时代的机遇与挑战：以喜马拉雅 FM 为例[J].中国广播,2016(3)59.

的规模,丰富内容传播生态,通过开发智慧屏、音箱、灯具等多种智能化的家居产品,成功使内容生态通过移动化传播扩展至受众的家居生活场景。面对移动互联生态的倒逼,内容生产者在创新实践中体现出了跳出单一、传统媒体或者新兴媒体固有思维的特征,开始基于新的移动化发展逻辑思考内容生产模式与运营创新方案。"在即将到来的泛媒化时代,万事万物都将数据化和终端化,并借由物联网、云计算等新技术实现彼此互联。理想状态下,移动音频将以人体传感器形式继续存在,变数在于在传感器遍地的智能生态圈中,移动音频能否弯道超车,保有一席之地? 这考验着资本的耐心,也考验着运营者的智慧。"①移动互联网的发展还会不断扩张生态边界,并介入更多元的社会生活空间,而可以预见,诸多传媒市场主体将会围绕移动视频、移动音频等内容展开竞争,移动互联生态的发展也将反向对内容生产实践方式的创新提出更高要求,这将在打破不同编辑室空间的边界和编辑室空间内部壁垒的过程中发挥重要作用。

第三节　移动化内容生产方式的创新

上一节从宏观层面把握移动互联生态发展及其在打破编辑室空间壁垒中的作用,本节则从微观层面探讨媒体内容生产方式在移动互联生态之下的创新,进而思考具体内容生产实践创新对编辑室空间形态的影响。各种形态的媒体面对传媒环境的变化均在积极、持续地更新内容生产方式,而移动互联网的发展改变了传媒运营思路,也使媒体在转型与创新发展中面临诸多新问题。颠覆式创新、跨界重生、互联网+等一系列新观念、新思维在业界得到越来越广泛的探讨。各种带有鲜明移动化特点的创新型内容生产方式在实践中得到检验,成为驱动编辑室空间生产的直接力量。

一、移动化内容生产理念的更迭与层次

正确把握以上机遇与挑战并存局面的关键在于深刻理解移动互联网在传媒生态变革中的作用,以此为切入点实现基于新兴平台的运营模式的创新,在转型中不断掌握移动互联网背景下传媒发展规律的新特征、新要求。内容生产是传统媒体的天然优势。随着我国版权保护环境的进一步优化,

---

① 王长潇,刘瑞一.从播客到移动音频媒体:赋权的回归与场景的凸显[J].新闻大学,2019(6)80.

优质原创内容的价值和影响力将会持续提升。在媒体融合发展初期，因为各种新兴渠道在竞争中处于优势地位，传统媒体的内容只有依附、贴合各种新媒体渠道，才能获得更广泛的传播。但是随着媒体融合程度的深入，新兴渠道开始逐步从个体性的垄断资源转化为大众性的共享平台，此时优质原创内容的策划与编辑能力便成为赢得受众的关键。广东广播电视台综艺频道主持人、编导 WD 认为："在移动互联网时代做节目策划时需要考虑很多新问题，应对不少新要求。不仅要像过去一样思考节目的创新性与生动性，选择合适的节目表现和叙事方式，还需要从一开始就琢磨怎么安排节目内容，怎样采访，怎样剪辑，怎样拆条才能更加适合后续移动端二次传播的需要。这种思考将贯穿节目策划、录制、剪辑、传播的各个过程。"①可见在移动互联网生态的竞争压力之下，即使在传统媒体内容生产实践中，也需要具备移动化内容生产与传播的意识，媒体内容策划与生产均被打上鲜明的移动化标签。

　　数字技术的发展程度越高，对人文精神的诉求便越强烈；同样，媒体融合的程度越高，对优质内容的需求便越强烈。渠道、技术、数据的强势使传统媒体时代"内容为王"定律在移动互联网发展初期得到了很大程度的消解，其重要原因在于各种基础性的驱动因素纷纷发力，推动融合发展，其作用在融合"动荡期"处于"显性"状态；等到融合格局趋于稳定时，内容便会处于同其他因素博弈的优势地位。而广播电视当下正处于传统广电、网络视频、网络电台、移动短视频平台、移动音频终端等多种专门化或者碎片化形态交织、角力的阶段，按照传统广播电视标准生产的媒体内容在很多方面并不适应融合形态的需要。只有尽快理清移动互联网内容生产的规律，才能为充分发挥内容优势打下基础。而且移动互联网内容生产的规律变化及其要求是动态的，在深度融合阶段需要适应各种驱动因素的要求。东方网记者 WYM 称："东方网在面向移动端的探索中，也注重根据移动互联网的发展不断调整策略。比如在较早的阶段，采编等环节还是沿用传统的模式，只是新增移动端口，但是内容的呈现方式都是传统的，这种策略的效果也比较差，受众不想在手机上看传统网页，称体验不好。后来我们注重从多个方面按照移动端的要求调整策略，在稿件写作过程、图文编辑的过程中，就要考虑到移动端竖屏阅读的需要，页面呈现方式、互动方式等都不能用传统的模式来处理。移动端其实内容很杂、很乱，需要我们主流媒体更多、更好地

_____

① 访谈资料为本书通过深度访谈获得，访谈对象使用化名。

把声音传播出去,所以我们必须好好适应移动生产与传播的需要。"①可见,媒体内容生产者需要持续关注移动互联生态的动态发展,思考如何提高内容生产方式的有效性,为优质内容的生产与传播提供有力支撑。移动互联网不仅是媒体内容赖以传播的渠道、平台,而且逐步成为内容编辑与生产的一部分,在媒体内容形态、结构设置、互动方式等多个环节都推动着内容生产的发展。移动互联网背景下媒体内容生产规律的转变同时要求从业者提炼新的生产思维与方式。

　　传统媒体在移动互联网时代遇到新的机遇和困境。同时,在传统媒体与新兴媒体融合发展背景下,又产生了内容生产规律的变化。概括来说,这些都是传媒生态迭代、运营机制发展的外在表现。具体到广播电视媒体,在未来的传媒生态当中,或许传统单向传输的广播电视形态会消失,各种网络视频、网络电台也不会再被称为"电视"和"广播",但是在万物互联、智能化程度不断提高的基础上,视频与音频作为传媒形态,会得到更加迅猛的发展。文字、图片、音频、视频等不同的媒体形态都会得到平等的传播机会,受众可以通过各种智能设备无障碍地接受任何所需的媒体信息。充分发挥内容的"陪伴属性",将是视频与音频在移动互联网平台上掌握主动权的关键。这些都可以在移动互联网、视频音频生态、视频音频编辑思维的三元辩证关系中得到体现。

　　首先是移动互联网的发展与内容生态的进化。通过以上分析可见,只有从生态层面思考技术驱动下的传媒业变革,才能更加有效地把握内容融合的规律与要求。而视频与音频内容在未来传媒生态中的影响将远超广播电视在传统媒体时代的影响,基于移动互联网的音视频生态将成为未来传媒生态的主导者之一,这赋予编辑室更大的话语权和影响力。抖音、喜马拉雅 FM 等视音频平台构建自身内容及产业生态圈的布局。为了能够应对移动互联场景化的要求,抖音、喜马拉雅已经在芯片层面与诸多硬件厂商深度合作,在智慧屏、音箱、家电、玩具当中植入芯片,来实现视音频的移动智能化播放,构建多样化立体化的视音频生态圈。这种硬件生产与媒体内容编辑室空间的深度结合在传统媒体时代是难以预想的。

　　其次是移动互联网的发展与内容生产理念的创新。传统广播电视与网络视音频都在探索移动化内容生产方式,但是"移动互联网+电视""移动互联网+广播"在内容生产、编辑层面还有一定的特殊性。"'互联网+'模式适用于许多传统制造业,因人们的物质需求总要由物质生产来满足,互联网有

利于畅通物流,使制造业焕发新生命;但这一思维不能简单套用,这是因为精神产品不一定要物化,可以只是信息流而非物流。"①在移动互联网平台上实现信息流的高效生产与传播是"互联网+内容"成功的基础,其核心便是面向融合发展要求的内容生产思维创新。

最后是移动内容生态的进化与内容生产理念的创新。移动互联网可以与内容生态进化、内容生产理念形成相互促进的关系,而后两者基于移动互联网也能够形成良性互动,而且内容生态进化会在很大程度上决定内容生产理念创新的方向。移动内容生态进化具有层次性:最初的"传统电视+互联网"把互联网作为传统电视的辅助平台。之后的"互联网+电视"则体现为网络平台上视频媒体形态的变化。再后的"移动互联网+电视",不仅短视频形态继续创新,各种短视频平台迅速崛起,而且社交机制、粉丝机制、O2O 模式、C2C 模式等都对内容生产与运营产生了直接影响。可以预见,未来的短视频生态将以"短视频+"为起点,基于移动互联网与智能化设备在各种场景中得到应用。抖音、快手等平台的短视频内容产业生态圈便具备了这样的基本特点。在短视频生态从"+互联网"到"互联网+""移动互联网+"再到"视频+"进化的不同层面,对视频内容思维也有着不同的要求,从业者需要根据视频生态进化的程度不断调整、探索相应的生产方式,推动内容生产理念的不断发展。

从移动互联网发展、内容生态进化、内容生产理念创新的三元辩证关系中可以发现,内容生产理念的转变不单纯指基于移动互联网的内容生产相比传统媒体内容生产做出的新探索、新实践。因为移动媒体生态的复杂性,各种类型的移动内容在发展阶段、传播形态、运营模式上都有较大差距,不同类型的内容生产理念也有较为明显的界限,如主打传统电视节目移动化传播的"电视"APP 与专门化生产移动互联网视频内容的"短视频"APP 的生产方式便有很大差别。所以,为了使内容生产理念的创新具有更强的实践性,首先需要基于移动互联网内容的发展逻辑,对生产理念的进化层次做出分析,进而既能够保证内容生产理念的探索具有很强的概括性,从而对融合背景下的媒体创新运营提供有益的指导,又能够顺应移动内容生态不同阶段的传播规律,满足各种媒体类型的个性化内容生产需求。

根据移动内容生态进化不同阶段的要求,结合各种平台的个性化特征,内容生产的方式与技巧在具体的操作层面也存在较大差距。不过经过概括,在理念层面就可以比较清晰地把握不同阶段内容生产的共性化特征,便

---

① 陈海燕.互联网时代的编辑新思维[J].中国编辑,2015(3)4.

于基于移动互联网内容生产理念的层次性再分别探讨各个层次具体的内容生产方式。移动互联网内容生产理念创新大致可分为 3 个进化层次。首先，在传统媒体向移动互联网传播平台的迁移过程中，内容生产方式有创新：一方面，传统媒体在内容生产阶段便充分考虑移动传播的要求，另一方面，传统媒体内容在移动平台上有二度编辑。主打传统广播在线直播的蜻蜓 FM 在发展过程中遇到的最大瓶颈就在于电台内容未经编辑，直接通过 APP 直播，移动用户不能接受"广告+片头+音乐+内容"的传统线性生产模式，很多人在广告时段就结束了收听。这表明，即使是最简单的传统广播移动化迁移，也需要生产理念的创新。其次，完全移动互联网化的内容生产理念创新要求内容生产、后续的传播都完全遵照移动互联网的传播规律，摆脱传统媒体运营思维的影响。喜马拉雅 FM 的内容生产方式创新探索就体现了这一点。它完全依据用户的收听数据分析结果来确定内容编辑原则、素材组织方式，确保能够让听众在点播之后的 10 秒内抓住内容亮点，避免"换台"。最后，场景化的内容生产理念有创新。基于智能物联网技术的应用，各种移动设备都能够成为内容终端。抖音平台力求通过芯片植入使一切可能的屏幕获得个性化视频播放的功能。这要求内容生产要适应受众在不同场景的个性化收听需求，同时大大扩展了编辑室空间的延伸与辐射范围。

二、移动化内容生产方式的发展

以上基本梳理清楚了移动化背景下内容生产理念创新的要求，明确了重构与再造的切入环节，以及在内容生态不同的发展阶段要调整相应的生产方式等要点。移动内容生态的发展体现了移动互联生态下媒体格局重构的要求，而再造则需要将内容生产理念创新具体化、路径化。本小节结合内容生态发展的驱动要素，把握移动化内容生产方式的发展动向。

第一，数据驱动的内容个性化、要素融合化基础上的内容生产。抖音、快手等短视频平台创新的核心经验之一便是基于移动传播获取了海量用户数据，而基于海量用户数据的分析提炼出的内容生产方式有时会违背传统媒体编辑原则，却能够获得用户的认可。"媒介融合加速资源、信息丰富性与多样化。与受众实时互动、共享内容、平等对话、增进互解，是交互性思维以人为本前提的体现；而媒介融合却伴随着受众的日益分化，以受众为导向的思维转型，不仅包括需求分析、内容定位的精准性，还包括营销方式选择与效果评估的精准性。"①基于数据分析的内容生产活动能够针对不同类型

---

①　王守兵.媒介融合背景下的编辑思维转型及其策略选择[J].中国编辑,2015(3)17.

移动平台的受众需求进行个性化生产,同时能够在营销方式、效果评估多个环节形成高效互动,实现多种要素的融合化生产。

第二,引导受众参与的众筹、众编式内容生产。移动互联网发展驱动诸多要素重构,基于新的技术条件与模式赋予个体化受众新的行为可能性,能够拓展编辑室与受众的互动交流方式,这与基于社会化融合的编辑室空间生产有相通之处,同样是编辑室空间类型化不断丰富的表现。移动互联网平台上传受双方的互动已经不局限于传播、反馈、营销等环节。在内容生产环节也已经可以实现受众的深度参与,当然这不是指传统的"热线电话""在线实时交流"等形式,而是在选题、策划、节目形态等方面都体现的受众主动权。"要把互联网看作一个活化物,需要引入群体智识,以及众筹或众包和其他多种数字化的模式,以此实现知识生产方式的全面更新,从而成为新型的互联网智慧。"①梨视频通过播客模式集聚了大量"草根记者",通过移动化沟通、协调、拍摄与制作,大量参与者众筹、众编,协调合作,生产高质量视频内容——这逐步成为其独特的竞争优势:"众编模式不仅可以满足大众的这一心理需求,更为重要的是众编是一种有偿性编辑加工,这也必定能吸引到一大批专业的编辑人员和民间的编辑高手。"②一个多元智慧聚合、在线协同编辑的创新内容生产空间形成了。

第三,面向生态连接点的移动化内容生产。上一小节在多处论述内容生态,人们已经难以用简单的模式对未来的移动互联网内容做出概括,只有从复杂生态中把握其发展规律。在融合发展的背景之下,内容与其他环节的形态差别与界限进一步弱化,内容即渠道、内容即营销、内容即传播的时代已经到来,内容生产方式在这一过程中也需基于不同场景要求而产生个性化调整。编辑室空间生产的目标除了生产优质内容,更重要的是使自身成为内容生态中的连接点,以求在传播过程中调动更多用户参与,并引发自传播效应。

第四,移动化矩阵式内容生产。"移动互联网从技术层面为融合发展打通了一条全新的路径,传统媒体与数字媒体可以在新的媒体格局、新的传播平台上实现文化创意产品的多元转化,新型的传媒产业链条将被不断拉长,产品的内容形态将更加新颖,发展空间也将更为广阔。"③判断内容产业链条拉长与内容形态多样化是否具有生命力的核心标准是其内容产品是否足

---

① 江作苏,张勇军.论"有呼吸"的互联网编辑思维[J].中国编辑,2015(3)41.

② 马保卫,王彦祥.论数字时代的"众编"模式[J].中国编辑,2015(2)9.

③ 鲁培康.融合:图书产业内容创新的战略思维[J].中国编辑,2015(3)62.

够优秀与丰富。通过优秀内容矩阵的打造以适应多元移动场景的需求是较高层级的内容生产理念。将衍生化发展的要求直接体现在原创内容的生产环节,从而形成相互支撑的矩阵体系。

综上,在移动内容生态日益丰富与发展的过程中,内容生产方式表现出诸多不同于传统媒体的特点与优势。但是面对传媒格局转型带来的机遇和挑战,从业者需从多方面积极探讨创新运营方式,力求在重构与再造过程中掌握未来传媒竞争的先机。生产理念创新是移动互联网内容生态进化所带来的必然要求,内容生态进化的层次性特征也给生产理念的创新提出了相应要求,需要兼顾创新性与阶段性。移动化内容生产方式创新的动向需要在实践中持续深化。解决某一层次中存在的问题需要到更高一层中寻找答案,移动互联网、内容生态、内容生产理念的三元互动也会不断强化,在重构与再造中推动编辑室空间的发展与进化。

第四节　移动化内容生产驱动下的编辑室空间

上两节分别从宏观层面把握移动互联生态对编辑室空间壁垒的打破,从微观层面分析移动化内容生产方式的创新。移动化内容生产驱动编辑室空间生产也可以在这两个层面得到体现:一方面,通过宏观层面分析移动化内容生产对编辑室空间生产的影响,便于从移动互联生态进化的逻辑审视编辑室空间形态、结构、功能等方面的问题;另一方面,在具体的编辑室空间形态中,在微观的移动化内容生产方式中,能够发现编辑室主体行为的发展变化、互动与调整等。本节在前几节对移动内容生态、移动化内容生产方式创新探讨的基础上,审视移动化内容生产驱动下的编辑室空间生产。

一、编辑室空间的"节点化"调整

移动内容生态的发展逻辑在诸多层面超越了传统媒体生产逻辑,为了满足移动化内容生产的需要,各类媒体均积极改变、优化生产流程。各种移动社交平台形成了自身的规模、生态效应,其运营规制同样对各种类型的媒体内容生产产生影响。无论是机构媒体还是自媒体,在抖音平台生产、发布短视频内容时,都无法摆脱平台算法流量池逻辑的影响。上述移动化内容生产方式的探索促进编辑室空间内外各种要素的流动,消解了传统编辑室空间形态与结构的存在基础,不同主体所在编辑室空间的边界得到消解,编辑室空间内部不同部分的壁垒被逐步打破,移动内容生态演化对编辑室空间"由外向内"的冲击尤为明显。上海广播电视台《新闻坊》记者 MYL 在采访中描述了这样一种现象:"随着移动互联网的发展,我觉得采访模式被'翻转'了。之前无论新闻线索是怎么来的,我们都需要走出编辑室,出去采访;但是现在不同了,很多素材好像长了脚,能从各地、从不同对象手里发过来,我们不仅能收到各种线索,还能收到很多素材。当然,主要的内容还是需要我们自己去采访,但的确能够强烈地感受到一种变化,那就是移动互联网在把很多东西推给我们,推进编辑室。"①这种现象便是移动化内容生产"由外向内"对编辑室空间冲击的体现,引发从业者重新思考自身与采访对象的关系,重新审视编辑室空间与整个移动互联生态的关系。

　　基于移动化传播规律的内容生产主体能够通过各种便捷终端展开协同工作,这在很大程度上打破了物理空间对内容生产行为的限制,不同的生产主体或者单个的编辑空间均能以"节点"形态存在于整个移动内容生态之中。正如上海人民广播电台记者 PYW 所说:"在我们广播电台在采访中主要处理声音素材,所以要比电视更加灵活,受到的限制也少。我们只要带着录音笔和电脑,就能随时随地进行编辑,我们的同事经常分布在采访的路上、现场,很多工作不用大家聚集在办公室就能够完成。"②不同节点通过基于移动互联网的社交机制产生关联,协同生产,传统的编辑室空间形态与结构在诸多场景中不再适应移动化生产的需要,或者可以说在一定程度上移动化内容生产不需要传统、物理化的编辑室空间形态与结构,编辑室空间的形态与结构呈现明显的"节点化"特征。而且基于节点化的互动,通过社交机制的发挥,能够获得各种内容生产行为数据的沉淀,能够为编辑室空间运营策略的创新提供有效的参考。"社交媒体的特性实现了网络结构中的社会组织/行动,而且经常与个人的权力相联系,它们可能会减少摩擦和实现无阻碍传播。"③抖音、快手等短视频平台突出自身的"移动互联"特色,在上线不久便及时将社交传播机制嵌入产品,搭建起生产者之间、生产者与受众之间、受众之间交流的有效平台,受众能够随时在收视过程中回复、评论。移动社交机制与内容生产的创新结合还赋予短视频平台强大的内容聚合能

---

① 访谈资料为本书通过深度访谈获得,访谈对象使用化名。
② 访谈资料为本书通过深度访谈获得,访谈对象使用化名。
③ "国内外新闻与传播前沿问题跟踪研究"课题组.挑战与转型:传统媒体、受众与产业[J].新闻与传播研究,2014(7)118.

力,大量高质量个体生产者在短视频平台开通账号,持续生产个性化的内容。在移动化内容生产实践中,已经具备了突破现实物理空间限制、基于移动协同与社交机制保障内容生产流程顺利进行的可能性:一方面,传统的编辑室空间形态与结构消解,并转变为移动协同机制中的一个个节点;另一方面,原本独立或有现实物理区隔的编辑室空间也能够以节点的形式,基于移动互联网,聚合成具有完整内容生产功能的移动化编辑室空间。

二、"分散化"编辑室空间功能的"聚合"

移动化生产方式驱动下的编辑室空间具备了新的内容生产功能,这不仅是编辑室空间功能扩展的重要内容,而且为优质内容在传媒市场上实现价值、创新盈利模式提供了基础。基于新的内容生产与传播方式打开盈利空间,同样成为编辑室空间生产意义的鲜明体现。长期以来,因为受制于传统编辑室固定、孤立空间形态与结构的限制,不同编辑室在内容生产方面的功能或特长是分散存在的,不同编辑室空间的功能难以对接,内容生产主体不便与其他主体深度合作、协同生产。传统媒体编辑室空间形态封闭、结构单一,所以其内容模式与盈利模式同样具有单一化的特点,传统媒体在面对移动生态、受众分化的趋势时,难以通过广告等单一模式支撑自身的生存与发展。随着移动化生产驱动下的编辑室空间形态与结构的发展,更大更新的内容生产与盈利模式的可能性开始具备,如抖音、快手、喜马拉雅 FM 等新兴移动化音视频平台通过聚合碎片化的编辑室主体,基于移动化的新型编辑室空间,不仅实现了内容生产模式的创新,而且支撑盈利模式、运营模式推陈出新。

内容生产方式与盈利模式的拓展是编辑室空间功能创新的体现。内容生产方式的多元化发展为盈利模式的拓展打下基础,移动化内容生产驱动下的编辑室空间能够支撑媒体运营过程中传播方式、广告形态、盈利模式的创新,改变传统的线性、单一化运营方式,转而在内容生产能力大幅提升的背景下采用更为多元化的运营探索,进而从内容与盈利两个方面推动移动互联生态的发展。临沂市广播电视台记者 PK 在采访中称:"我们地市台在转型中面临的生存压力很大,一方面大家有手机、能看各种新媒体,一方面很多人都换了智能电视,机顶盒里面根本没有我们台,临沂人都看不到临沂台了,我们怎么拉广告? 不变不行了。所以我们尝试了各种移动化传播方式,从微信公众号到移动短视频,我们都做。一开始也没想到,做了几年之后,各个平台上的粉丝量都上来了,很多客户也愿意给我们投新广告了。"①这便

---

① 访谈资料为本书通过深度访谈获得,访谈对象使用化名。

是通过移动化内容生产方式创新驱动传统媒体转型发展、探索新型广告盈利模式的典型案例,新型内容生产方式为临沂市广播电视台提供了大量符合移动端传播的内容产品,由此能够重新聚集受众群体,在移动端实现对受众的再度覆盖,进而具备了为广告客户创造价值的可能性,实现了内容生产与盈利模式的双重突破,体现了编辑室空间功能的演化。

三、编辑室空间主体关系的移动化重构与管控、引导的强化

在移动化生产驱动的编辑室空间生产过程中,不同空间主体的关系也发生了明显变化,其核心便是不同空间主体作为节点通过基于移动互联网的各种移动化生产互动方式重新连接,构成一种移动化、节点式的编辑室空间主体关系网络。可以说在移动化生产驱动下的编辑室空间生产过程中,各种主体的关系实现了移动化重构。移动化生产驱动下编辑室空间主体关系的变化体现在诸多方面,比如内容生产者与受众关系的调整。因移动化生产而打破传统的线性接受模式,赋予受众更大的选择权和主动性,让受众可以根据自己方便的时间、喜欢的方式选择合适的内容。这一变化使生产者能够通过新的媒体内容和移动化互动模式实现受众碎片化时间与注意力的再聚合,重新定义生产者、内容与受众的关系。由此,内容与渠道的关系也实现了重构,各种平台、用户以及受众等都可以在移动内容生态中实现准确定位与持续发展。这些因素及其变化、重组的过程成为移动化生产驱动下编辑室空间生产的重要内容,不仅突破了传统编辑室空间的固有形态,还创造出更加适合移动化传播要求的空间功能。

在移动化生产的编辑室空间主体关系调整或重构的过程中,因为监管力度的滞后或缺失,在传媒市场利益的驱使下,很多主体采取违背基本传媒市场规范或传播伦理的生产方式,亟须加强引导与监管,而这也是编辑室空间生产的重要内容。比如抖音、快手均注重强化质量监管与把控力度,较早要求用户实名认证,视频内容需要通过审核流程才能在平台上线,并积极利用智能化的先进技术助力短视频内容检测,通过严格、规范的引导与管控来维护编辑室空间的规范性以及移动内容生态圈的健康。在移动化内容生产方式的创新过程中,出现了内容质量专业化水准整体下滑的问题,其症结也能够在编辑室空间主体关系重构的过程中得到体现,进而可以通过不同主体关系的调整解决这一问题。比如随着抖音、快手等平台在移动短视频生态中影响力的提升,大量传统媒体、"草根"主播、自媒体纷纷入驻,希望通过平台实现自身的价值。而面对短视频生产主体类型与数量的增长,平台需要思考如何保证内容生产的品质。抖音、快手等为此不断挖掘有潜力的"草

根"生产者,提供专业技能培训。通过提升生产者的内容质量,帮助他们实现自身价值,进而推动短视频生态的高质量发展。同时,抖音、快手等均关注并挖掘各领域名人、名家以及相关机构等专业资源,吸引更多专业媒体人士参与生产内容,提升短视频内容的品牌效应和影响力品质。现在抖音、快手等平台的大量高品质内容已经实现了对各种类型传统媒体的反向输出,平台的盈利承载能力得到提升与认可。

第五节　案例分析:移动化生产驱动下的上报集团编辑室重构

上海报业集团(下简称"上报集团")的成立是我国传媒界的重要事件。《文汇报》《新民晚报》《解放日报》作为传统的强势品牌合而为一,其规模、影响力、发展前景都成为各界关注的焦点。布局拓展新媒体业务是新集团的工作重点,短短几年,新成立的上报集团在从纸媒向移动端的转移中取得令业界瞩目的成绩,澎湃新闻、界面、上海观察等移动 APP 成为新的业界样板。上报集团于成立移动互联网高速发展的背景之下,与传媒业的移动化转型发展过程同构,其转型理念、实践也体现了基于移动化的传媒创新,是这一领域的典型案例。上报集团成立之后必然要对移动互联时代的要求做战略性把握,按照移动化生产的要求统筹新媒体生产、传播方式的布局,并由此带来了编辑室空间的大规模调整。新成立的上报集团恢复了《文汇报》《新民晚报》《解放日报》三大报业的独立建制,实行总编负责制,对旗下的一系列报刊进行调整与优化,以求进一步提高上海纸媒的整体实力,更好地参与移动化传媒市场的竞争。新集团的重要任务是加快先进数字技术的应用,布局扩展移动新媒体业务,提高移动新媒体的盈利能力,其目标是实现纸媒的战略转型,应对移动互联网更新换代日益频繁所带来的挑战。纸媒的战略转型带来了编辑室空间的巨大变化,上报集团在移动化生产驱动下面临的困境及相应探索,推动了编辑室空间的变化,值得研究者予以观察和思考。

新媒体的环境与要求不断发生变化,移动互联网的兴起给传媒界的经营思维、运作模式、业务类型都带来了深刻的影响。为了能够在移动互联时代的传媒竞争中占得先机,传统媒体的新媒体布局需要及时做出相应调整。目前,"各报业集团纷纷加快转型步伐,资本运作、区域合作、全媒体、数字化⋯⋯各种各样的转型举措推陈出新,此起彼伏。然而,这些转型的模式基本上都处于摸索的阶段,对整个报业来说,仍然缺乏成熟的、可复制的成功样本。移动互联时代的来临,为报业转型提供了一条可以借力的技术通道"①。面对移动互联网发展所带来的挑战和机遇,面对整合过程中存在的诸多问题,上报集团在移动互联时代如何布局,也成为各方关注的焦点。"2014 年伊始,组建不久的上海报业集团就活动频频,先是将旗下的《新闻晚报》停刊,其后又斥巨资打造'上海观察''澎湃新闻''界面'几个新媒体产品。这一系列动作,不仅是媒介内容生产方式、传播方式的变革,也反映了媒体商业模式、盈利模式乃至传媒经济模式的变革。"②本节基于移动互联时代媒体理念的发展,结合上报集团的部分创新运营实践,审视转型前后纸媒编辑室空间的变化。

（一）移动化生产对纸媒的影响

"传统的新闻业态必将在移动互联时代发生深刻的转变。从宏观上看,移动互联网将在生产信息提供者层面、媒体层面和用户层面对新闻业态产生深刻的变化,这种变化将对媒体的跨界融合带来影响,并可能在未来对新闻业态形成重构。"③在业态重构过程中,从业者需要在诸多层面基于移动互联网的要求思考融合生产的创新方式,比如目前受众的注意力资源已经成为所有媒体争夺的焦点,只有牢牢抓住受众的兴趣点,才能获得相应的发行量、收视率、点击率——借助移动互联网能够为解决这一问题提供有效的方法,实现与受众更为便捷的互动交流,对受众行为更科学地认识和把握,进而为内容生产提供有效的参考。"以前办报的成功与否,往往是通过发行量和广告来衡量的,但报纸稿件编辑完成后,究竟有多少人来看,对稿件有何评价,大家都无从了解。"④基于移动互联网与受众展开互动,能够掌握受众的兴趣、爱好、需求,以此为基础,能够最大限度地确保生产出的媒体内容得到受众的认可。

（二）纸媒在转型过程中的问题、路径及其效果分析

纸媒在发展历程中先后面临了电视、网络、不同形态的数字新媒体的激烈竞争,受众的信息接收习惯一次又一次地改变,大批读者变成观众、网民,分流现象日益严重,也有部分有着悠久历史的知名报刊因此倒闭。面对这

---

① 陶志强.大数据背景下的报纸转型样本:以芝加哥论坛报、佛山日报的大数据应用为例[J].新闻与写作,2013(9).

② 喻国明,胡杨涓.焦虑、失范与创新、探索:媒介转型视角下的问题域:2014 中国传媒业发展之焦点话题分析[J].编辑之友,2015(2)16.

③ 喻国明.大数据对于新闻业态重构的革命性改变[J].新闻与写作,2014(10)54.

④ 范志忠.论"报网互动"的发展态势与传播特征[J].新闻与传播研究,2008(1).

样的生存压力,思变、改革成为纸媒的必然路径,国内外纸媒纷纷做出不同的尝试,探索出许多卓有成效的创新路径,使传统纸媒在新媒体环境下得到了新的发展。纸媒应对新媒体的方式与路径可以概括为以下几个方面。首先,加速移动化转型,积极建设移动媒体平台,拓展新业务。移动化转型是传统纸媒实现创新发展的重要基础,国内大部分报刊都借助移动化转型的契机搭建了移动媒体平台,虽然不同报刊的移动平台因运营思路、资金实力、媒介形态等而存在很大的差异,但是基本上都能实现最基本的"报网互动",并在此基础上对原有业务类型进行了拓展,实现了多元化发展。其次,走全媒体之路,发展多种媒介形态。借助移动平台能够实现不同形态媒体内容的生产和传播,纸媒借此可以突破文字、图片媒介形态的限制,实现声音、图像、互动页面等全媒体形态的传播,使受众体验发生革命性的提升,为重新获取不同群体受众的肯定提供了可能。最后,积极构架整合传播系统。因为基于移动互联网兴起的许多新媒体都具有很强的开放性,所以传统媒体可以将它们作为延伸自身影响力、加强与受众联系的平台和纽带,这也是目前纸媒重视在移动社交平台打造品牌的原因。

通过不同方式的创新和探索,我国纸媒在移动化发展方面获得了长足进步,一批传统强势品牌焕发了新的生机和活力。不过通过与移动平台的对比,可以发现纸媒的移动化布局中仍然存在制约其进一步发展的许多问题。比如纸媒衍生出的各种移动 APP 与移动社交平台相比,有着不同的"传媒基因",后者依托先进的数字技术与高度市场化的运营方式,能够根据传媒市场的变化做出灵活的战略调整,而前者大多作为纸媒的辅助而存在,其发展受到"母媒"的诸多制约,许多转型、融合的动作出于行政意图或者集团命令,出发点是纸媒传统发展意图在移动互联时代的延续,而非革命性的创新。如此,"转型与融合战略隐含了一个前提,即通常所说的传统媒体可以顺利地转型为新媒体,或者说传统媒体的内容优势、品牌优势、资源优势可以顺利地延伸到新媒体中。然而,新媒体和传统媒体其实是有着质的区别的两大领域,传统媒体过去的优势恰恰可能成为制约其向新媒体拓展的障碍"①。

内容盈利模式始终困扰着纸媒的转型发展。移动化内容盈利需要一定时间的培育,在这个过程中要有大量资金、技术、人员的支持,并且探索的道路通常也不是一帆风顺的。虽然近年来有些报业集团的移动板块获得了较

---

① 支庭荣.新媒体不是传统媒体的延伸:融合背景下"转型媒体"的跨界壁垒与策略选择[J].国际新闻界,2011(12).

快发展与初步盈利,但是从整体来看,仍然有大量媒体并没有形成稳定的内容盈利模式,而且仍在调整和摸索。由于传统纸媒一对多的单向传播模式与新媒体多对多、互动性的双向传播模式存在明显差异,所以在维护客户—受众关系、开发媒介产品内容、内容或渠道战略的选择与协调上,都要具备比单纯的移动新媒体企业更大的智慧。仅以组织运营为例,纸媒多为垂直化形态,而新媒体多为扁平化形态,纸媒发展新媒体在组织管理与集团运营上需要对不同性质、多种形态的组织部门、架构进行统筹,如果处理不好就会直接影响其对市场的感知、判断与反应,这些都使纸媒的移动化板块难以形成清晰、稳定的内容盈利模式。

此外,目前纸媒打造的移动技术与内容平台存在不少问题。纸媒为了实现移动转型纷纷构建了新的 APP 终端,"全媒体""云计算"等先进的理念与技术都得以体现和应用,这也成为纸媒实施移动化生产战略的关键。概括来讲,纸媒的新媒体布局思路为依托传统的优质内容资源,拓展移动渠道及影响力,逐步实现转型,移动化内容平台在这一战略规划中的作用主要是渠道的拓展,但是"'转型媒体'的平台战略,是一种渐进式的思路,追求不同媒体终端在业务上的协同。这一战略有着很大的局限性,它难以成功地平移到与现有业务迥然不同的市场上"[1]。正因如此,同样的内容平台才在纸媒和移动化生产中发挥出不同的作用。上报集团成立后推出的一系列移动 APP 体现了上述理念,"澎湃将继续强化原创优势,加强在社交、大数据挖掘及可视化等方面的探索,实现原创图文与可视化并重、新闻与社区并重的全平台格局。界面要进一步聚焦商业报道领域的内容优势,加大运营推广力度,吸引更多中高端用户,加速与证券市场对接"[2]。澎湃、上观与界面等代表性 APP 产品成为上报集团在扩展移动化内容生产领域的成功实践,其依托优质采编资源、基于高质量内容实现快速转型的模式也成为全国诸多同行的学习对象。

（三）移动化生产驱动下上报集团编辑室空间生产存在的问题

上报集团领导指出:"传统媒体产能分布与受众需求之间的错配十分突出。在传统渠道上,受众规模已然急剧萎缩,但报业产能依旧过剩;而在海量受众的互联网上,主流媒体掌控的有效传播渠道显著不足。这就要求我们必须进一步推进报业结构调整,淘汰无效、低效产能,加快向互联网主战

---

① 支庭荣.新媒体不是传统媒体的延伸:融合背景下"转型媒体"的跨界壁垒与策略选择[J].国际新闻界,2011(12).

② 裘新.道正声远,永远的山丘[J].新闻记者,2016(4)7.

场、最前沿转移,加速构建舆论引导新格局。"①上报集团成立之后,其组合方式、实力、规模与发展前景都受到了国内外传媒界的关注,尤其是将布局移动媒体作为集团发展的重要目标更是让人们对其采取的措施充满了期待。"基于大数据的移动新闻客户端,不仅改变了新闻传播方式,而且改变了媒体的运营模式。"②上报集团成立后,推出了以澎湃为代表的多个移动新闻客户端APP,这一移动化布局并不是仅仅依靠规模与资金就能够取得成功的,上报集团为了迎接移动化时代的挑战,在新闻客户端的建设中,对传统的空间格局、组织架构均做出了很大调整:"建设新型主流媒体集团,改革创新是不二法门;上报集团在新闻单位人事管理、媒体内部架构流程、投资体制和激励机制等三方面深化改革、推进创新。"③上报集团通过各种机制的调整、移动化新闻生产流程的再造,改变了编辑室的空间形态与结构。

对于传统纸媒来说,上述编辑室空间形态与结构的改造具有一定的颠覆性。上报旗下两大集团一直注重加大在移动互联网的布局,但是在2013年集团合并、推出一系列移动客户端APP之前,并未找到准确的发展方向。比如文新集团早在2006年12月便通过文新传媒网平台推出了《文汇报》的多媒体版,《解放日报》于2006年初提出的4i(i-news、i-mook、i-paper、i-street)战略更是从手机报、数字杂志、电子报、公众视频等多个渠道对传统业务进行了延伸和创新,初步打造出传媒产业链的形态,并带动了自身体系的革新。不过这些移动媒体版块的布局并没有完全改变传统纸媒的编辑室空间结构,仅作为传统编辑空间的补充,而且其影响力多局限于地方范围,与《文汇报》《新民晚报》《解放日报》的"母媒"在全国的影响力相比,处于下风,更不用提在与其他专门化的移动媒体竞争中的地位。同时,这些"扩展"型的移动化内容生产实践中所体现出来的运营思路仍然受到"母媒"传统的影响,是原有报业体系的补充,而非革命性的创新,这在一定程度上与现代传媒的发展现状与规律是不相符的。

虽然以澎湃为代表的移动新闻客户端的布局为上报集团编辑室空间带来了"颠覆性"、跨越式的变化,但是基于移动化生产的视角,面对构建新型主流媒体的要求以及具有互联网基因的新兴媒体的竞争,上报编辑室空间结构在调整中依然面临诸多问题。比如文汇新民与解放两大报业集团虽然

① 裘新.道正声远,永远的山丘[J].新闻记者,2016(4)5.
② 王悦.基于大数据的新闻客户端运营模式分析[J].青年记者,2015(23)62.
③ 裘新.道正声远,永远的山丘[J].新闻记者,2016(4)9.

在资金、规模等方面都处于全国同业前列，但是集团旗下的业务存在多方面的交集，在不同的板块布局中也存在许多相似和重复建设的地方。这些相互交叉的业务并没有全部在市场上获得应有的成功，反而在某些方面造成"内耗"，受众资源被并不清晰的多元化布局稀释掉。这一状况在两大集团的移动化版块也有鲜明的体现，不同集团的新媒体之间、同一集团的不同移动化业务之间、移动 APP 与母体纸媒之间，都存在同质化建设与传媒产能浪费的问题，在"全媒体"的框架之下形成了不同业务、媒介类型的全面覆盖，但是并未像新浪微博、腾讯微信、优酷视频等新媒体一样形成能够影响传媒生态、引领传媒市场的核心业务与绝对竞争力，找到打造成熟盈利模式的突破口。为此，上报集团也不断对内部内容产品结构进行调整和优化。"2018 年，上报集团媒体机构开设的微信公众号减少 20 余个，PC 端网站减少 5 个，APP 端口中有 2 家停止运营。新媒体项目数量减少，有的是策略调整，有的是架构变化，有的是难以更新和维持。推动媒体融合发展，并不是保护落后。新媒体也要优胜劣汰，关停活跃度低的产品，扶持受用户欢迎的强势产品。"①在这一过程中，上报集团编辑室空间结构与功能得到优化，内容生产资源得以向更有效率的内容生产主体与行为聚集。编辑室空间结构与功能的优化是上报集团转型发展的重要内容，也是实现产能集中化、提升在未来传媒市场竞争力的基础路径。如果上报集团的移动业务不能通过创新、变革打造出持续健康发展的能力，那么将难以应对移动互联网不断深入发展带来的挑战。

（四）上报集团基于"移动化布局"的编辑室空间重构面对移动互联生态的挑战与困局

上报集团成立后布局移动媒体的各项举措，让业界充满期待。与过去相比，新集团发展移动媒体在背景上的一个显著不同便是处于正在兴起的移动互联时代，"观念的改变和生产方式的重组是纸媒革命的必经之路，如果说今天的报纸活在互联网里，那么未来的报纸要让互联网活在报纸上"②。移动互联网的发展无疑为纸媒及其新媒体布局实现革命性跨越提供了良好的契机。但是将移动化生产与自身实际有机结合需要探索。而且与其他新媒体企业相比，纸媒在移动化生产的"先天条件"落后，诸多新媒体企业经过多年发展已经建立起良好的互动机制，积累了海量用户数据，而纸

---

① 裘新.未来已来，相信未来：创造上海报业改革新传奇[J].传媒，2019(4)22.
② 商西."拍我，拍我"云报纸留人驻足[EB/OL].[2012－05－31].http://www.sootoo.com/content/289340.shtml.

媒及其移动 APP 却需要从头进行布局和积累。从这个角度看,移动互联网为纸媒带来的是严峻考验。集团的移动化生产过程有许多需要解决的问题,正确认识移动互联时代的新媒体困局便是上报集团的一项迫切任务。

(五)移动化生产驱动下的上报集团编辑室空间生产

上报集团的合并为编辑室空间结构与功能的重构、升级创造了条件,也提出了更高要求。在确定新媒体的发展目标、存在的问题及移动互联时代所带来的挑战之后,需要及时做出具有系统性、前瞻性、实践性的规划和探索。

(1)整体设置、宏观布局,按照未来传媒行业竞争的要求统筹集团的移动化生产战略,进而统筹编辑室空间的调整与优化。上报集团恢复了《文汇报》《新民晚报》《解放日报》的独立建制,以三大报系为主,对旗下资源进行整合,在移动化生产布局中体现了三大报系编辑资源的整合。

(2)构建统一的基础数据平台。上报集团旗下三大报系经历了数字化的改造和升级,但与新媒体企业相比,在不同生产环节的互通性、基础构架的开放性、模块升级的便捷性等方面仍然相对落后。"移动设备的便携性和私人化特征,将互联网服务拓展到社会生活场景中,有效打通了线上与线下的连接,产生了更多极具分析价值的数据资源。"①在移动互联时代发展新媒体,搭建统一的、具有开放性的编辑室平台至关重要。上报集团可以通过云计算技术构建集团一体化的技术系统,在此基础上运营不同的移动化内容生产业务,进而实现数据资源的收集、储存、分析和应用。在这一过程中,上报集团需基于自身客户端产品线的特点,重视数据分析技术的应用,还应注重旗下不同移动 APP 结构化数据的积累,重视数据库及数据分析技术的应用,为移动化内容生产方式的优化提供有力支撑。

(3)通过资本运营,推动移动化内容生产方式的应用,为编辑室空间升级助力。上报集团成立之初,在移动化布局方面的实力相对较弱,不过其雄厚的资本以及日益活跃与健全的传媒资本市场,为其通过资本手段克服自身的困难提供了机遇。国内外已有许多成功案例。"2012 年 11月,创办于 1887 年的美国赫斯特传媒集团,宣布对一家名为 Spooky Cool Labs 的社交游戏公司进行股权投资,将游戏作为其内容产业延伸的全新平台"②。我国的浙江日报集团也于 2012 年 4 月以 32 亿元完成了对边锋浩方

①　宋建武,黄淼.移动化:主流媒体深度融合的数据引擎[J].传媒,2018(3)11.
②　章宏法.大数据时代的报业变革猜想[J].中国记者,2013(6).

的收购,后者的数据获取与分析系统大大提升了浙江日报集团在移动互联时代的竞争力。"上报集团重组了上报资产和文新投资两大直投公司,希望建立报业集团专业化的投融资能力和项目运作能力,善'买'善'卖',自我造血,用好集团自己的钱。"[①]上报集团力求通过资本市场的收购、合作等各种形式,为集团开展移动化内容生产实践提供有效的帮助,而且在这一过程中不断学习、借鉴资本市场灵活的融资经验,助力媒体转型发展。"上报集团主导发起或重组了八二五和瑞力两个股权投资基金,以国资撬动社会资本、社会资源共同投入,同时积极探索跨界融合,用好全社会各行各业的钱,在'文化+'科技、金融、教育、地产等产业融合发展中造就自己,成就伙伴"[②]。

上报集团通过多方面的布局,调整了旗下的内容产品线,打造出新型编辑室,其空间结构具有典型的移动媒体特征,突破了传统纸媒时代的编辑室空间架构及组织方式,按照移动新闻客户端运营的要求赋予编辑室新的空间功能,实现了内容生产流程的再造。在这一过程中,移动化成为上报集团旗下各种产品编辑室空间内部与外部的底层逻辑。如果说移动客户端编辑室的组织结构、办公布局变化不同于纸媒时代编辑室空间的外在特征,那么基于移动化运营层面的升级则是上报集团编辑室空间的内在变化,是其在转型过程中体现出的符合未来媒体内容融合发展需求的新空间特点,而这恰恰是移动化生产驱动下编辑室空间生产意义的体现。

第六节　本章小结

本章关注移动化内容生产对传统编辑室空间的冲击。移动互联网解构着单一化、固态化的传统编辑室空间,编辑室的移动化解构也成为比 IP 化、社会化发展更为明显的空间特点;而且移动互联网构建的移动互联生态能够从宏观层面倒逼不同类型媒体思考新的运营理念,这种从媒体生态层面产生的移动化趋势影响编辑室空间,驱动多方面的新变化。本章在分析中主要结合移动短视频、音频内容与平台发展,重点探讨移动化内容生产对编辑室空间结构、特征变化的影响与作用,并提出需要对编辑室空间主体的内容生产规范问题做出的批判与反思。

---

① 裘新.道正声远,永远的山丘[J].新闻记者,2016(4)10.
② 裘新.道正声远,永远的山丘[J].新闻记者,2016(4)12.

移动化内容生产融合推动编辑室空间在内容生产层面进行调整、重构。在多种资源的移动化整合之下,传播生态圈正在进行移动场景化的重构。结合移动短视频等新兴媒体形态的发展,面临生存与转型困境的电视、广播以短视频、移动音频的形式实现了新发展,从电视到短视频、从广播到音频的转变过程鲜明地体现了以移动化为核心的传媒生态变革;编辑室空间在这一生态转型过程中实现了变化与重构。编辑室空间通过移动化的形态、结构调整之后可以具备更为灵活、高效的媒体内容生产能力。移动互联网的发展改变了媒体内容生产与运营的基本逻辑。内容生产主体在移动互联网时代的重要预设是:在移动内容生态中,一方面要延续传统媒体的内容生产品质,另一方面要实现移动互联网化的多元主体、多样形式的内容创新以及多重渠道的传播模式创新,由此实现内容生态的高质量发展(见图4-1)。在移动化生产驱动下的编辑室空间生产过程中,随着不同空间主体关系的调整,出现了诸多需要关注的问题。部分主体面对传媒市场的竞争压力而放松了对内容质量的把控和对原创内容的追求,导致移动平台存在海量质量低下的视频内容、图文内容,而且侵权现象频发。这些均是移动化编辑室空间功能"失控"的重要表现。这些现象将加剧移动生态中的媒体内容生产乱象,不利于编辑室空间的健康发展,需要及时管控和引导。

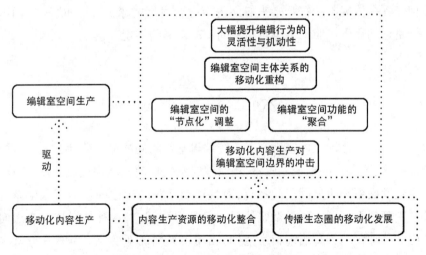

图4-1 移动化内容生产驱动下的编辑室空间生产图

第五章　数据化内容生产驱动下的编辑室空间生产

　　"大数据不只是一个概念,实际上是对一种社会状态的描述……谁拥有数据、掌握数据、主导数据并加以整合应用,谁就在社会中占据着重要地位。"①大数据带来了突破传统的理念与模式,其应用与影响在社会生活各领域中不断扩大和深入,传媒领域近年来积极应对大数据时代的挑战,努力理解、积极应用大数据技术,力求通过大数据技术的应用提升传媒竞争力。大数据技术的应用也对媒体内容生产产生直接而深远的影响:媒体内容生产"数据化"转向出现并持续深化,基于数据技术的内容生产与运营在媒体实践中的比例不断提升,数据化内容生产方式的创新和应用驱动编辑室空间生产出现新的特点。

第一节　媒体内容生产的"数据化"转向与创新方式

　　数据越集中的领域,大数据技术的优势越能体现。传媒是一个数据高度集中的行业,特别是互联网新媒体在发展中获得了海量数据,符合大数据技术应用的条件,成为大数据技术集中应用的领域。网飞(Netflix)出品的《纸牌屋》成为第一部"大数据"剧集,因为基于数据挖掘技术参与制作而备受关注,网飞通过对平台3 300万名全球订阅用户的线上收视行为数据的分析,为《纸牌屋》的选题、选角、情节设定等提供科学参考,成为剧集内容质量的坚实保障。大数据技术在《纸牌屋》的推广过程中也得到了创造性应用。"有了大数据,媒体经营管理者可以将一切量化,提升决策质量和业绩表现。把决策建立在数据上,而不是仅凭直觉和经验,将使管理者的决策

---

① 官建文,刘扬,刘振兴.大数据时代对于传媒业意味着什么? [J].新闻战线,2013(2)19.

更为科学。"①因为平台可以对用户的观看、点播、评论等各种数据分析和挖掘,把握受众的各种收视习惯与兴趣。基于对这些数据分析结果的全面掌握,《纸牌屋》最大限度贴近受众需求,进而能够提升内容生产与推广的科学性。为了抢占大数据时代的竞争先机,很多企业应用大数据技术,从谷歌、微软到腾讯、百度,大部分企业都在传媒领域有业务部署,由大数据技术应用所驱动的这些新兴动态将促使媒体内容生产格局的持续变化。传统的媒体内容生产理念、方式根据大数据时代的要求而实现创新,媒体内容生产的"数据化"转向愈发明显。

一、媒体内容生产的"数据化"转向

"随着大数据时代的到来,世界传媒生态将发生新的变化,大数据时代的媒体竞争将迎来一个重要的转向,即从单纯的内容之争、渠道之争转向数据之争,数据将在内容生产甚至整个媒体运营过程当中扮演越来越重要的角色。"②无论是传统媒体还是新兴媒体,在内容生产过程中均开始注重数据的作用,缺少数据资源的传统媒体注重借助各类社交媒体获取参考数据,新兴媒体平台注重积淀并利用自身的数据资源。数据资源以及数据分析技术的应用已经成为当下媒体内容生产中不可忽视的、在一定程度上具有决定性作用的关键要素。以视频内容生产为例,目前基于各类新兴媒体平台开展的视频业务形态有视频网站、网络电视等。随着媒体融合进程的不断深入,越来越多的新兴互联网公司、电信运营商加入视频市场,给受众提供更多内容选择以及立体化的消费体验,新兴的视频内容生产者、平台渠道提供者等均具备了积累用户数据的技术能力,为后续基于数据挖掘与分析支撑进一步的内容生产、优化受众沟通方式打下了基础。与传媒市场的各类新兴主体相比,传统媒体有多方面的优势与特点,比如传统电视台面对多元立体化渠道导致的受众分流现象,多年来坚守"内容为王"原则,努力提升节目的整体水准与质量,推出一批批名牌节目,在取得经济效益的同时保障社会效益,打造出优质内容在新兴媒体平台中的影响力与辐射力。为此,传统电视媒体注重通过多元方式获取基础数据(包括自有新媒体渠道的用户数据,与新兴媒体平台合作获得的数据等),并以此为开展数据化生产与运营的基础。

数据在媒体内容生产过程中的重要性日益凸显,基于数据分析能够大幅提升内容生产策略的有效性、科学性,不同于传统的仅仅依靠经验、创意

① 曾凡斌.大数据对媒体经营管理的影响及应对分析[J].出版发行研究,2013(2)25.
② 刘峰.浅析大数据时代我国电视媒体的创新发展路径[J].电视研究,2014(4)16.

等主观要素来支撑内容生产的路径，从多方面支撑媒体内容生产水平与效率的提升。而且，数据挖掘与分析技术的应用还便于从技术底层打通内容与渠道的关联，比如为了应对大数据的挑战，传统媒体全力整合多元传播渠道，尝试各种内容推广宣传策略，充分发挥新兴媒体平台的辅助、补充作用，并注重在这一过程中积累数据，由此通过底层数据使渠道在内容生产中的作用得到前置。数据化的内容生产是带有互动基因的新型内容生产模式。不同于传统媒体的单向模式，虽然目前部分媒体内容生产在数据获取、积淀和即时互动方面仍有不足，但是各种新兴媒体在内容生产与传播中均注重与受众的双向互动，以及将互动行为以数据的形式沉淀，进而转化成其创新发展的战略资源，比如网飞能够保存受众在平台上的浏览、观看行为数据，深入分析受众操作细节、评论数据。传统媒体却无法通过单一化传播模式收集这些一手数据，虽然 IPTV、数字电视等新模式赋予传统媒体更强的交互性，但是交互的模式仍然处于相对初级之阶段，难以支撑传统媒体多渠道、全方位掌握观众的内容使用行为数据的需要。随着智能传播技术的发展与应用，语义分析将逐步走向现实，能够更加科学地分析、预测受众信息消费习惯与意愿，在数据获取、分析方面存在劣势的传统媒体将面临更大挑战，媒体生产竞争格局的"数据化"转向趋势将进一步凸显。

二、大数据时代内容生产方式的创新与发展

"大数据是一个背景，以其革命性的技术模式改变着传媒竞争的格局，带来更大的生存与发展压力；但大数据也是一种工具，能够使内容融合生产得到快速发展的推动力，带来跨越式发展的机遇。"[①]处于转型期的传统媒体与新兴媒体相比，在数据资源获取及分析领域有着"先天"劣势。不过大数据时代的到来不仅为新兴媒体的成长打开了巨大空间，还为传统媒体创造了创新发展的机遇：基于大数据技术的应用能够助力传统媒体实现内容生产、传播路径的创新，在运用数据技术挖掘和分析受众数据的基础上为内容生产提供参考，数据化生产成为传统媒体大数据应用的新方向。通过分析各类媒体应对大数据挑战的过程，便于认识基于数据化内容生产方式创新发展的机遇。"大数据指的不是随机分析法这样的捷径，而是采用所有数据的方法。"[②]与传统的数据抽样、分析模式不同，大数据在分析时并不追求

---

① 刘峰.浅析大数据时代我国电视媒体的创新发展路径[J].电视研究,2014(4)18.
② 维克托·迈尔-舍恩伯格,肯尼思·库克耶.大数据时代：生活、工作与思维的大变革[M].盛阳燕,周涛,译.杭州：浙江人民出版社,2013.

数据与分析目标的绝对相关性,而是通过充分掌握海量数据、使用"全样本"的分析理念与技术从数据中寻求规律。比如在电视节目内容与形式创新过程中,"作为分析基础的数据类型与电视收视兴趣没有直接的因果关系,只是具有一定相关性,并且这种相关性往往并不明显"①。依据受众在各类社交平台上分享的内容,综合解读受众的生活习惯和爱好,进而探究他们在各种电视节目中的兴趣点。

　　与传统的数据分析不同,大数据分析需要以 3 个关键条件为基础。第一个条件是需要掌握足够的数据量,媒体必须掌握足够庞大、与内容以及受众相关的基础数据信息,尽可能搜集、拥有全样本的"所有数据",才能够最大限度克服传统的数据挖掘、分析中存在的不足。因为基于绝对充足"样本"数据可以使分析者忽略传统的"小数据"采样中存在的代表性不足或者信息繁杂性等问题。第二个条件是可以围绕具体分析目的对海量数据做相关挖掘和解读。"我们理解世界不需要再建立在假设的基础上……用数据驱动的关于大数据的相关关系分析法,取代了基于假想的易出错的方法。建立在相关关系分析法基础上的预测是大数据的核心。"②大数据分析的重要目标是寻找数据当中隐藏的各种要素的相关性,这摆脱了传统分析过程中对因果关系的"执念",具有更高的精准度和科学性。第三个条件是需要在大数据分析中体现出一定的创造性。"大数据时代,所有数据都是有价值的……数据的收集者和拥有者无法想象数据再利用的所有可能方式。"③数据仅能体现对象属性的"冰山一角",在"海面"之下隐藏着更为丰富的信息。只有通过创造性地挖掘与分析,才能够发现这些潜在价值,使其在数据化媒体内容生产中发挥更大作用。

　　基于上述条件,媒体可以充分利用大数据技术,通过海量数据的沉淀和分析为媒体内容生产与传播提供高质量服务。需要强调的是,这一过程中的"海量数据"不仅包括受众在社交媒体、视频网站等平台上留下的媒体内容消费数据,而且包含受众在社会生活中的各种行为在不同平台上存留的数据,以及媒体与政府、企业、社会组织等围绕数据资源开展的各种合作。所有数据的集合都能够在数据化生产中发挥积极作用。正如上报集团数字信息中心应用技术部主任 XY 在采访中表示:"在我们只有传统报纸的时

---

① 刘峰.浅析大数据时代我国电视媒体的创新发展路径[J].电视研究,2014(4)17.
② 维克托·迈尔-舍恩伯格、肯尼思·库克耶.大数据时代:生活、工作与思维的大变革[M].盛阳燕,周涛,译.杭州:浙江人民出版社,2013.
③ 维克托·迈尔-舍恩伯格、肯尼思·库克耶.大数据时代:生活、工作与思维的大变革[M].盛阳燕,周涛,译.杭州:浙江人民出版社,2013.

候,的确没有大数据的思维。但是合并成立上报集团之后,我们的'智媒体'战略布局已经落地,很多技术问题都得到了解决,不仅自己能够积累数据,还在这方面开展了很多创造性的合作。比如与上海市大数据中心开展战略合作,将'随申办'纳入上报集团新媒体矩阵,建立上海金融大数据联合创新实验室并着力将其打造成为全国金融服务大数据研究的支撑平台。这些创造性的布局打开了集团在大数据领域的发展思路"①。"数据量的足够丰富能够在一定程度上忽略传统媒体单向传播的缺陷,弥补一手数据缺乏所造成的不足。但是从目前的具体发展阶段来看,这一方法对于传统媒体来讲仍然需要较高的成本,短时间内难以对传统媒体与新媒体之间的激烈竞争形成有效的助力。"②所以从业者要基于融合转型的实际状况,积极探索大数据技术在各类媒体融合发展中的创新应用模式,利用大数据技术助力媒体跨越式发展。

而且需要强调的是,虽然在很多具体媒体内容生产与运营场景中,数据量级并未达到大数据的要求,数据挖掘与分析技术也没有依据大数据的理念展开,还是依靠传统的"小数据"采样分析方法,但科学的数据统计分析依然能够为优化媒体内容生产方式提供有效支撑。澎湃新闻政治新闻部总监CLF在采访中介绍:"澎湃已经将数据分析与可视化技术应用到新闻生产之中,典型的代表就是新兴的数据新闻,目前澎湃在这方面已经做出了一定的品牌效应。数据新闻能够通过数据分析选题,进而引发受众对公共话题的关注与思考;数据新闻丰富了传统的新闻形式,图文、视频、H5 都能够得到应用,内容与形式结合得很好,受众很喜欢;而且这种选题与生产方式还能够帮助我们打造新的内容产品与服务方式。"③目前的数据新闻作品大多数还不符合大数据的数量与模式要求,但是大量基于"小数据"的统计分析与可视化而"制作"的数据新闻作品已经实现了新闻内容生产理念与方式的创新。

第二节　数据化内容生产驱动下的
编辑室空间

大数据技术在经过多年积累之后开始在媒体生产领域"落地",并表现

① 访谈资料为本书通过深度访谈获得,访谈对象使用化名。
② 刘峰.浅析大数据时代我国电视媒体的创新发展路径[J].电视研究,2014(4)17.
③ 访谈资料为本书通过深度访谈获得,访谈对象使用化名。

出革命性的改造力量,驱动媒体生产流程诸多环节开始产生颠覆性的变化。数据化内容生产背景下的编辑室物理空间的功能受到一定程度的冲击,尤其是很多传统媒体编辑室,面对数据化生产曾一度"手足无措"。在数据化内容生产从兴起到发展的几年里,编辑室空间也经过了一个适应、转型的过程。数据化生产同样给媒体内容形态带来诸多改变,催生了诸多新的媒体业务类型,"数据新闻"这一新概念及其实践开始走进人们的视野,传统的新闻生产方式、传播特点甚至理念都有了新的发展。通过采用数据化生产方式前后媒体内容生产实践方式的对比,能够发现编辑室空间中记者、编辑角色的调整,也能够把握编辑室空间形态、功能等层面的变化。比如在互联网兴起之初,新闻报道的主要渠道仍是报刊、广电,不同类型媒体的编辑室空间相互独立;随着各种互联网新媒体的兴起,新闻报道的渠道转向新媒体平台,不同新闻采编主体的互动、交流加深,新闻内容的多媒体化、互动性得到增强,新闻形态也呈现多元化、立体性、社交化等特征。正如上海市嘉定区融媒体中心记者 ZYK 所说:"我这两年刚参加工作,在大学里学了数据新闻,很感兴趣。现在区级融媒体中心需要面向多渠道传播,需要各种新的内容形态,所以我想做点数据新闻,当有这方面选题的时候,我会主动请缨。但是我们这方面的力量还比较薄弱,如果要做出更好的数据新闻作品,还需要更专业的数据分析人员和可视化设计人员,只靠我自己是不行的。不过我相信,过几年我们中心这方面的团队会建设并强大起来,也能高频次、高质量地推出数据新闻作品。"①面对数据新闻的发展,基于数据这一核心要素,编辑室需要新的团队和生产方式来支撑数据新闻作品的制作,新闻内容生产者与"采访对象"、数据挖掘分析人员与可视化呈现人员之间均以新的方式产生互动,进而驱动编辑室空间的进一步变化。

一、数据化内容生产实践的新特点

数据挖掘与分析技术的应用对媒体运营产生多方面的影响。具体到内容生产环节,近年来越来越多的媒体形态开始带有明显的"大数据特征"。比如在财经新闻、体育新闻的报道中,随着多元数据类型与数据量级的持续增长,以数据新闻为代表的"数据化"内容形态与生产方式得到发展。大数据背景下的各项大型赛事、高级别会议与论坛等的报道均离不开相关数据的分析与展示,从大赛参赛球队或队员的成绩到不同区域或企业的生产业绩等,都可以通过数据的挖掘、分析与可视化呈现,得到更为直观和生动的

---

① 访谈资料为本书通过深度访谈获得,访谈对象使用化名。

展现,甚至不同网站、电视台、社交应用软件在报道过程中产生的数据都成为诸多媒体所关注与比较的焦点。因为通过这些数据能够掌握不同主体的现状、动态,甚至能够对其不同领域的发展趋势做出预判。数据新闻是这种以数据为主要元素的生产方式的代表者,"从新闻报道形式的演变历程来看,数据新闻并非一种全新的形式,它与精确新闻、计算机辅助新闻报道之间具有密切的联系。20世纪60年代,美国学者、新闻记者Philip Meyer提出了精确新闻理论。精确新闻具有深度报道的性质,尤以数字化信息见长"①。这种生产方式凸显了数据的价值,注重的是准确、具体、"用数据说话"。

不同于上述将数据作为内容生产要素的实践方式,数据化内容生产的另一层的含义是数据挖掘与分析能够为媒体内容生产提供多维度的支撑。如《纸牌屋》开创的基于数据分析选择主创人员、设置情节动向的创作模式。在数字新媒体技术发展的基础上,人们已经积累并且能够掌握海量数据,尤其是无规律的非结构化数据,并且可以基于云计算等先进技术更有效率地分析数据中隐含的关系、规律,这为人们更加快速甚至实时地收集有关对象的各方面数据信息并做出分析创造了条件。"大数据技术渗透到媒体生产的核心环节,在大数据及相关技术的影响下,过去只有受过专业训练的人才能承担的新闻报道工作,开始部分地转移到了计算机身上。"②计算机承担了繁重的技术性工作,进一步解放了从业者的内容采编能力。不过因为"大数据技术渗透到媒体生产的核心环节",所以也对具体的内容生产与传播提出了新要求。数据会在未来媒体内容生产流程的各个环节中得到进一步积累,内容生产、作品传播、受众消费与互动均以数据量化形式转化、留存,与内容生产者、受众相关的直接数据以及产生于各种新媒体平台上的评论、分享数据呈现指数级的增长态势,基于大数据的内容生产与传播走向常态化已经具备了现实条件。可以说,充分利用大数据技术探索媒体内容生产与传播方式的创新既是当代传媒业发展的要求,又是时代变革的需要。所以从业者需要尽快掌握大数据技术的影响与要求,并且结合自身的工作实践,有针对性地提升能力,推动编辑室空间形态的创新,可在以下几方面付诸努力。

第一,宏观层面的数据化内容生产方式创新。从宏观的媒介运营层面来看,对于传统媒体数据化内容生产来说,单向性传播模式以及缺乏足够的自身数据量积累是制约其发展的主要问题。虽然借助其他途径能够弥补这

① 文卫华,李冰.大数据时代的数据新闻报道:以英国《卫报》为例[J].现代传播,2013(5)139.
② 彭兰."大数据"时代:新闻业面临的新震荡[J].编辑之友,2013(1)7.

一缺陷,但是传播方式的反应速度、灵活性等都会受到不同程度的影响。所以,首要的是改变旧的传播模式,为数据资源的获取打下基础,当下数据化内容生产趋势的加速给实现这一点提供了绝佳的契机。传统媒体需要将大数据意识贯穿于编辑室空间升级的过程,搭建基础框架,积累数据资源。正如上报集团数字信息中心应用技术部主任 XY 所言:"传统媒体在转型过程中不可忽视数据技术的应用,这不是说加几个数据分析师就行,而是要求一把手具备数据思维,从整个集团层面去思考如何发挥数据的作用。否则再过几年看现在的转型,还是会落后的。在当下的媒体环境之下,没有数据化支撑的传统媒体转型很难成功。"①这体现了媒体从业者特别是具有技术专业背景与思维的从业者对于从战略、宏观层面重视数据化内容生产方式创新的重要性的认识。

对于各种形态的网络新媒体,尤其是以 BAT 为代表的强势媒体,已经积累了海量用户行为数据并持续更新,能够为依托先进技术进一步优化其数据化的编辑室空间提供便利。不过,技术优势并不会自动转化为编辑室空间的功能优势,比如目前诸多新媒体公司编辑室面临以下突出问题:海量数据挖掘如何与内容生产相结合来提高生产效率? 如何通过大数据技术在媒体内容生产中形成稳定的模式? 如何形成一系列、多样化的数据挖掘与分析方法,从而使内容与形式更为丰富? 如何通过大数据技术联通其他领域进而使媒体内容在传媒、社会发展中起到更加积极的作用? ……这些都是数据化内容生产走向成熟所必须面对和解决的实际问题。淘米网副总经理 CQ 在采访中称:"淘米网是基于互联网发展起来的新兴媒体平台。我们强调绿色游戏的理念,强调集团要承担相应的社会责任,这也是我们的内容不仅能够得到青少年喜爱,还能够得到家长认可的重要原因。为了实现这一目标,我们在运营中也注重各方面的数据分析。通过数据分析结果发现运营过程中出现的问题,特别是受众在使用、体验中出现的问题。"②通过数据化分析,结合内容生产、受众沟通、传播策略、承担社会效益等运营目标,能够为从多方面辅助内容生产方式的创新创造条件。

第二,微观层面上数据化内容生产方式的创新。我国有诸多媒体在把握数据化内容生产发展趋势的基础上,很早便在这方面展开布局。除了以腾讯、百度等为代表的商业化新兴媒体之外,《人民日报》、新华社、《光明日报》等传统媒体集团也进行了具有创新性与前瞻性的尝试。正如新华社上

---

① 访谈资料为本书通过深度访谈获得,访谈对象使用化名。
② 访谈资料为本书通过深度访谈获得,访谈对象使用化名。

海分社记者 FW 在采访中所说:"新华社多媒体产品中心早在 2013 年便成立了数据新闻部,团队拥有 20 人的规模,包括数据记者、数据编辑、可视化设计师、前端工程师等多种类型的成员。不仅能够承担数据新闻栏目的运营,还能够支撑新华网多种创意产品的开发,在数据新闻、视觉传达、交互设计等多方面具备较强的竞争力,已经推出了一批高品质的新闻产品,一些新闻栏目也获得了中国新闻名专栏的奖励。我们比较骄傲的是,这些新闻产品的表达形式都很新颖,很多受众会主动转发。"①结合多家媒体在具体数据化内容生产过程中的尝试,概括来讲,微观层面可从以下几方面展开具体的策略探讨。首先,注重不同渠道,立体化地积累数据。数据是未来传媒竞争的战略资源,对数据化内容生产背景下的编辑来讲更是如此。当下有许多媒体所掌握的数据量一时难以达到"大数据"量级,那也需要稳步扎实地从"小数据"做起,先掌握能够支撑简单内容分析、生产的数据信息,进而一方面通过多种渠道、平台逐步积累,另一方面通过公共数据或数据分享、交换或购买,逐步掌握能够支撑受众分析、交互传播等复杂行为的海量数据。其次,逐步提升编辑室数据分析与处理的能力。其实无论是海量"大数据"还是规模较小的"小数据",发挥作用的关键都不在于数据本身,而在于挖掘、分析、处理数据的能力。如《纽约时报》所掌握的数据量远远落后于百度,但其通过数据处理的方式出奇制胜,成功推出了别具一格的数据新闻作品。最后,注重数据分析结果呈现方式的创新。数据量、数据处理能力的提升至关重要。

二、数据化生产驱动的空间形态与功能创新

随着数据化内容生产的发展,编辑室具备了诸多新特点。不仅在内容采编流程的各个环节发生变化,而且在多屏互动的过程中对受众、渠道、商家等都产生了影响。所以对其空间特征的认识局限于内容生产和业务运营的领域是不够的,还要从传媒生态发展的格局中横向审视,从媒体内容形态发展的维度中纵向对比。本小节结合数据化内容生产方式的特点,简要分析编辑室空间形态的变化,进而把握数据化生产驱动下的编辑室空间功能。

（一）数据化内容生产驱动编辑室空间由封闭走向深度开放

传统的报刊、电视内容生产都依靠专业记者、编辑等完成,编辑室空间是封闭的,但技术的进步可以实现与媒体内容相关的一切行为、现象的数据

---

① 访谈资料为本书通过深度访谈获得,访谈对象使用化名。

化,媒体内容以可存储、可观察的数据库形式得以保存。"各媒体正在探索并不同程度地实现了文本、地点与方位、情感与行为、关系网络等新闻要素的数据化,这一思维转变也带来新闻样态从封闭式告知话语向开放式平台的过渡。"①媒体内容生产的形式产生巨变,编辑室的空间壁垒也在更深入的层面被打破。数字技术以"1"和"0"的形态逐步消除了文字、图像、视频等不同媒介的物理层差别,使原本孤立的单一形态媒介走向开放,从而将多媒体变成现实;而大数据技术则在进一步消除各媒介差别的同时,改变了媒体内容与社会生产生活、信息传播与社会交流的界限与距离。

广东广播电视台综艺频道主持人 WD 在采访中称:"数据化技术的应用也改变了演播室的工作状态。我们之前在主持节目的时候或者要面对镜头进行表达,或者与嘉宾面对面进行沟通,但是现在的演播室中可以使用大屏、绿幕、虚拟成像等方式展示更多元素,比如我在主持军事节目时候,栏目组会通过虚拟成像技术展示各种数据,我需要面向虚拟的、在演播室空间中并不存在的各种数字、图像、视频进行播报,要完成与这些虚拟内容的互动与交流。"②在这一演播室空间中,数字、图像、视频等要素是通过虚拟成像方式呈现的,主持人需要与这些在其他机房控制的元素进行沟通,完成播报。有形的、物理化的播报录制空间与无形的、虚拟化的数据控制空间有机融合,共同支撑这种虚实叠加的节目内容生产。编辑室空间在数据化生产驱动下的开放不仅体现在这种简单的虚实叠加,还能够通过与更多元主体的连接实现更新、更多样的功能。如谷歌专门开设了一家新闻编辑室,用以支撑新闻内容的采编与报道,这一编辑室空间的构成主体不是传统的记者与编辑,而是数据科学家、文化专家与编辑,他们同时关注比赛直播进程与数据库的变动,数据库监测的是用户的搜索行为。例如,根据数据库的监测结果,在巴西与德国的一场比赛中,丢球后的巴西球迷搜索更多的不是"防守""振作",而是"丢人",记者"由此准确把握巴西球迷的情绪变动,进而在新闻报道中注重引导,并通过搜索、社交网络、推送等技术将其传播出去"。从这个谷歌新闻编辑室的小例子可见,编辑室空间由封闭走向开放,不同的学科、媒体都会与其产生交集,体育、新闻、社会的互动也更加高效而深入。

(二)受众参与在编辑室空间开放性增强的过程中提升到新的层次

媒体作为一种传播介质,连接的是媒体内容与受众的感知。在传统媒

---

① 仇筠茜,陈昌凤.大数据思维下的新闻业创新:英美新闻业的数据化探索[J].中国广播电视学刊,2013(7)12.

② 访谈资料为本书通过深度访谈获得,访谈对象使用化名。

体内容生产与传播过程中,基于传统媒体的单向传播特征与权威性,受众对其媒体内容往往处于被动接受的地位,无法参与编辑室生产。即使是在网络兴起之后,因为缺少足够的参照标准,受众对媒体内容的评价也只停留在较浅的互动层面上,客观性、专业性、全面性都有待提高。"传统新闻业的新闻生产是被限定在特定的专业组织内部的,社会公众没有多少直接的机会参与新闻生产过程……技术释放出巨大的解放能量,打破了新闻媒体对新闻生产和传播的垄断地位,使得新闻的生产不再依附于原先等级化的权力结构。"①数据化内容生产背景下的编辑室关注采编对象,受众在各种平台上的数据也成为内容生产的依据,受众在更为核心的层面参与了媒体内容生产。由此随着编辑室空间在数据层面的进一步开放,受众能够深度介入编辑室空间。进而,编辑室基于大数据分析,精确掌握不同受众的兴趣、爱好,可以为其制定个性化的内容"套餐"。比如为电影爱好者与文学爱好者分别推送感兴趣的内容,能够激发他们的参与热情,也使内容传播的效率和影响力大大提高。再如在体育新闻报道中,"腾讯与 IBM 合作共同开展社交媒体数据分析,准确获得关于球迷话题、球迷类型、球迷个性分析等一系列洞察,通过数据的抓取、分析和呈现,为用户创造提供即时感更强的资讯信息,让分散的网络球迷声音汇聚成全新的观赛体验"②。腾讯与 IBM 的这一尝试催生了新的编辑室空间形态,基于先进数据技术构建了明显不同于传统编辑室空间的特点。

（三）基于编辑室空间形态的发展形成新的内容生产功能

在传统的编辑室空间中,内容生产大多停留在信息呈现、事件报道的层面。然而基于数据化内容生产方式的驱动,生产者实践能升级至"新规律的探寻""新知识的生产"等层面,通过数据挖掘与分析发现不同主体之间的关联。随着传媒环境的变化以及受众对媒体内容需求的逐步提高,简单的事实性报道及评论很容易在信息碎片中稀释,难以达到预期的传播效果。"媒体现有报道方式与报道成果的缺陷都日渐暴露,但利用大数据技术,专业媒体的报道水准将得到有效的提升。"③"大数据背景下,新闻报道不再仅仅局限于报道已经或者正在发生的事实,而是在报道中进行大胆预测,这种具有科学性的预测报道具备'创造事实'的特点。依托数据的挖掘、收集、整理和分析,媒体能够分析出具有科学性的结果并进行趋势性报道,尽管这种

①　张涛甫,项一嶷.大数据时代的传统媒体突围[J].新闻记者,2013(6)33.
②　看大数据如何开创世界杯报道新模式[EB/OL].[2014 - 06 - 26].http://www.enet.com.cn/article/2014/0626/A20140626388749.html.
③　彭兰."大数据"时代:新闻业面临的新震荡[J].编辑之友,2013(1)8.

结果不一定已发生。"①对外来趋势的预测、新知识的生产与提供,都对受众有着巨大的天然吸引力,基于海量数据对各种事务未来进程及其结果的规律性预测成为多方关注的焦点。比如在南非世界杯期间,网红"章鱼保罗"走红的主要原因就在于它满足了世界球迷准确预测比赛结果的欲望;而在巴西世界杯期间,百度大数据对小组赛、淘汰赛的预测保持着100%的准确率,被网友称为"大数据时代的章鱼保罗",由此也有评论称"大数据能让博彩公司破产"②。在更为多元的社会场景中,因为不同事件发展的复杂性,大数据技术还无法完全"猜准"所有事件的过程与结果,但是已经为使体育赛事的"规律性预测"逐步具备新闻特征而成为报道内容创造了条件。而百度大数据在这一过程中具备了编辑室的空间功能,产生的大量预测内容受到受众的欢迎。由此,基于数据化内容生产,编辑室空间主体能够在传统的采、编、播等生产实践之外,在创新媒体内容形态、探究事务进展趋势、把握社会发展动态、提供新型知识信息等诸多维度实现了功能的创新与扩展。

三、数据化内容生产驱动下的编辑室空间结构"融合"

数据化驱动下的媒体内容生产方式是多元化的。基于不同的运营理念、不同技术基础的生产方式会有较大差别。面对处于不同发展阶段的传统广电、报刊与新兴互联网媒体,内容生产方式的转型升级也有着不同的需求。编辑室空间结构的变化呈现多样性特征,不同类型媒体的编辑室也会有所差异。但是,以数据化内容生产驱动编辑室实现空间结构不同部分的互通,无论空间结构的外在形态如何变化,均具备了从底层数据层面予以连接的技术基础。这是数据化内容驱动下编辑室空间结构变化的新特点或曰优势。数据在一定程度上是无形的,而我们对编辑室空间的把握需要基于有形的结构展开,大数据的发展与云计算技术密切相关,所以本小节结合有形的云计算技术在媒体内容生产中的应用,辅助探讨数据化内容生产驱动下编辑室空间结构的发展变化。

"云计算的存储、计算模式对各行各业都产生了深远的影响,对于媒体内容生产者来讲,借助云计算不仅能够大幅降低硬件成本,还能够实现扩展传播渠道、丰富受众体验等多重目标。所以许多媒体纷纷按照云计算的思

---

① 王光艳.大数据时代新闻特性的变化研究[J].编辑之友,2014(6)36.
② 百度大数据创造世界杯比赛预测不败神话[EB/OL].[2014-07-11].http://tech.southcn.com/t/2014-07/11/content_104094946.htm.

路与发展目标构建或改进自身的基础设备构架,形态多样的媒介私有云发展迅速,基于云计算、针对不同环节与媒介形态的解决方案层出不穷。"①各种媒体形态之间的区别、边界在各种新型技术的应用之下愈发模糊,各种传媒主体在转型升级中都注重媒体形态的扩展,云计算的应用为支撑数据化内容生产方式的应用、打破不同媒体形态的编辑室空间壁垒、实现编辑室空间结构优化提供了多方面的可能。云计算高效、灵活地与大数据技术结合,不仅能够为编辑室空间结构的进化提供有效支撑,还可作为探讨数据化内容生产驱动下编辑室空间结构变化的切入视角。

(一)数据化内容生产驱动下的编辑室空间结构不同部分的底层互通

大数据时代,传统媒体受众严重分流。"高度集中的一对多的大众宣传体系逐渐失灵,取而代之是分散的互动的沟通传播体系。"②为了在各类新兴媒体平台重新汇聚受众,报刊、广电等开展了多方面尝试,数据挖掘与分析技术的应用便是重要的路径与方向。编辑室空间结构需要满足数据化生产与传播的要求,灵活运用声音、视频、文字、图片等一切可能的内容形式参与生产,进而借助立体化、全方位的渠道与平台传播内容,并且在这一过程中跟踪、记录、沉淀、分析各个环节产生的数据,这样的内容生产模式对于传统媒体编辑室空间来说,意味着结构理念与方式的改变。

大数据技术的发展为数据化生产与传播创造了条件,不同形态的媒体内容在传播过程中的交互数据可以实现统一化保存和处理,编辑室空间具备了更多整合多种媒体资源与形态的能力。以传统电视节目生产为例,门户、移动网络、线下传播等不同方式都已介入节目内容生产,并且不断提升投放、抵达的精准度,"需要针对每一种媒体介质的传播优势及其人群特质,在不同媒体上投放最适合该媒介的信息,以期和目标人群产生最有效的互动,并依靠这些目标人群在大众范围里迅速扩散传播,反哺对电视节目的收视关注"③。从数据化内容生产发展的趋势审视,传统媒体还需要在多元产品形态的打造、布局中实现业务扩展。"云计算的产生及进步对传媒业的发展产生了深远的影响,已经对搜索引擎、邮箱、数据存储与分析等业务起到了极大的推动作用,同样云计算也可以对广电的全媒体发展提供便利。"④与传统媒体时代相比,不同形态的媒体内容生产方式可以基于云计算技术搭建的基础构架实现更大程度的融合。云计算驱动媒体技术架构升级之

① 徐幼雅,刘峰.基于云计算的广电全媒体内容生产方式探析[J].传媒,2014(1)49.
② 黄升民.三网融合下的"全媒体营销"[J].新闻记者,2011(1)44.
③ 蒋为民.《中国达人秀》的全媒体传播策略及其效能分析[J].新闻大学,2012(2)120.
④ 徐幼雅,刘峰.基于云计算的广电全媒体内容生产方式探析[J].传媒,2014(1)49.

后,不同内容生产模块具备了在同一技术框架中加速融合的可能性,传统媒体编辑室空间结构的开放性进一步增强,而且编辑室空间结构的不同部分能够在数据层面实现底层的互通。

（二）数据化内容生产驱动下的编辑室空间结构的重组

编辑室空间结构的变化是一个动态发展的过程,在数据化内容生产的驱动下将呈现不同结构的调整与重组。为了满足编辑室空间结构重组的需要,依托云计算带来的便利条件,传统媒体注重基于云计算技术探索的多元立体化的运营模式,体现在从技术平台的搭建到内容生产方式的革新等诸多环节。基础技术平台搭建的科学性和安全性在编辑室空间结构重组中至关重要。云计算"并不是一种新的技术类型,而是既有的技术形态在新的理念下的综合应用,在媒体应用中的核心价值也不在于技术水平的提升,而在于技术应用理念的转变,是基于技术的服务"①。编辑室空间结构重组基于云计算的应用可以做出多方尝试,比如"一云多屏"已经成为很多编辑室结构的外在表征,不同板块、部分的内容生产实践能够以数据可视化的形式通过统一的"屏"呈现。我国传媒行业目前对云计算的应用主要是基于私有云技术搭建的,可以说当下国内传统媒体主流的云计算技术构架在一定程度上是传统的"全台网络一体化"理念和模式的延续。公有云具有低成本、高效率、便捷灵活等特点,但是出于稳定性、安全性的综合考量,公有云在传媒领域的普及还要经历一个继续完善的阶段。因而传统的编辑室空间结构理念与方式仍然能够继续发挥作用,影响编辑室空间结构的重组。但无论采用公有云还是私有云的技术框架,基于媒体底层架构在数据层面的互动,都能保证编辑室空间结构的数据一体化,进而为提升其兼容性与灵活性创造条件,并为不同媒体根据其内容生产的需要调整编辑室空间结构提供支撑。

（三）数据化内容生产背景下基于云计算的编辑室空间结构的优化

"数据化融合生产背景下的激烈局面以及云计算发展带来的诸多变化,对编辑室空间发展来讲既是挑战也是机遇。能否正确把握数据化融合生产的要求与规律,结合自身的特点与需求创造性地把云计算技术运用到传播实践当中,是赢得未来传媒竞争的关键。"②云计算会更为普遍地应用到数据化内容生产的各个环节,驱动编辑室空间结构的优化。我们可以从硬件基础、采编方式等角度分析。基于云计算构建统一的内容生产平台是数据化内容生产方式创新、编辑室结构优化的基础。应用公有云平台的服务或

---

① 倪万."云计算"的媒体应用及核心价值[J].编辑之友,2011(9)52.

② 徐幼雅,刘峰.基于云计算的广电全媒体内容生产方式探析[J].传媒,2014(1)50.

者搭建私有云平台,都可以实现媒体组织中各个生产环节、部门的互通,使所有生产者在统一平台上参与内容生产,助力经济、便捷、高效地完成媒体集团、公司网络一体化的改造,优化编辑室空间结构,使其更为适应数据化内容生产的需要。目前国内大部分传统媒体在转型过程中大多采用搭建私有云的模式实现内部媒体内容一体化采编、生产的目标,还可以基于全媒体化的媒体资源管理系统向市场提供媒体、数据托管服务。编辑室空间结构基于云平台实现了技术架构理念与方式的改善、升级,为数据化生产过程中海量数据的获取、保存、管理提供了物理空间,打破了传统生产模式中各类型媒体内容之间分离生产的单一化状态,在大幅提升媒体资源及数据使用效率的基础上实现了不同媒体形态的自由转化与融合,从技术构建层面为高效的数据化内容生产打下基础。云计算技术的应用为升级数字化内容生产方式创造了条件,基于云计算的媒体资源平台打通了全媒体内容生产流程。随着云计算技术进一步嵌入编辑室空间,传统的内容采写、编辑模式将被颠覆,如"采用基于瘦客户端的编辑系统能够在更为灵活的时间与地点实现媒体内容的实时编辑,最大限度地打破传统的固定式编辑设备对生产流程的限制"①。通过云计算技术的创新应用,编辑室空间结构能够更高效地支撑内容的立体化生产。

四、数据化内容生产驱动下编辑室空间生产的意义与价值

通过上述分析大致可以勾勒数据化内容生产背景下编辑室空间生产的主要特点。随着大数据技术在传媒领域的进一步推广应用,内容生产方式会继续发展,编辑室空间形态、结构与功能也会随之进化,为更好地适应未来传播生态的要求创造条件。这体现了数据化内容生产驱动下编辑室空间生产的意义与价值,需要结合大数据发展与应用的趋势做出具有前瞻性的科学把握。本小节从以下几方面简要分析。

(一)内容生产过程中涉及的数据量更大,种类更为多元

从积累大数据信息、发掘新闻要素的出发点来看,媒体是一个信息传播技术应用广泛、数据来源多、持续生成能力强的行业;同时,随着技术在编辑室空间中承担越来越多的基础数据处理工作,内容生产者需要关注更为多元的数据发现、获取与分析工作。所以无论从技术进步的客观规律还是从业者的主观需求出发,数据量的持续加大与多元化都将成为内容生产环节不可避免的发展趋势。传统媒体内容生产在编辑数据时,往往需要针对性

---

① 徐幼雅,刘峰.基于云计算的广电全媒体内容生产方式探析[J].传媒,2014(1)50.

地收集与事件、人物相关的数据信息,数据量小,形式单一,来源确定。而大数据时代的内容生产素材不仅有来自特定行业、领域的相关性数据,还有来自网络、社交平台的非结构化、非相关性数据。从业者不仅能掌握海量的历史数据,还能抓取实时数据。这些数据为内容生产提供更大的便利。在此基础上,无论是先提出问题,再从数据中寻找相关依据,还是通过数据分析发现新问题,都能够充分发挥海量数据在编辑室空间的作用。

（二）能够更为鲜明地满足受众多样化的信息需求,交互性更强,交互方式更为灵活

借助大数据技术与多屏互动的呈现方式,可以让媒体内容"动"起来。一方面让受众通过不同渠道参与实时内容的生产,另一方面通过个性化的设置满足他们独特的需求,获得传统媒体内容阅读、收看过程中未有的体验。如《纽约时报》通过复杂的数据抓取,借助独特算法,开发出一款"互动图表生成器",能够在足球比赛中实时抓取进球轨迹、传球方向、球员跑位等信息,以此为基础"推出了《美国队得以晋级世界杯下一轮的984种可能性》等一系列多媒体互动报道,随着比赛的进行,以矩阵图的形式实时报道参赛队的晋级形势变化"①。值得一提的是,整个报道过程中没有一名采编人员参与,全部由数据分析技术完成。

（三）在"规律性探寻""新知识生产"等方面会更为智能化和人性化

由"事实的报道"转向"规律的探寻""知识的生产"是数据化内容生产的一大特征。在对基础数据的分析挖掘中,可以找到越来越多的并无逻辑但真实存在的"相关性"。这些"相关性"经过积累之后可以渐渐从局部发展到整体、由现象总结为规律,形成对特点事件的全局性、规律性认识,并实现向媒体内容的转化。这样不仅有助于内容生产水平的逐步提升,还能够为其他社会活动创造便利条件。"受众不仅关心内容,也关心其身心的感知程度。换言之,随着科技的进步,受众要求媒体传递的,不再是单纯的信息,而是完整的当时当地的情境,这一情境包含了事件的完整过程和当事人的感受。"②可以预见,随着物联网、语义网、智能穿戴设备的进一步发展,受众阅读新闻时的眼部运动、呼吸、体温变化都能以数据的形式被记录并分析。在掌握相关规律性数据的基础上,媒体定位更智能,可为受众提供更加人性化的信息服务。

（四）成为多元媒介融合发展不可分割的重要部分

深度融合发展已经成为传媒界不可逆转的潮流,但是不同的媒介类型

---

① 周宗珉.《纽约时报》如何"玩转"世界杯[J].第一财经周刊,2014(25)39.
② 罗雪蕾.媒介融合时代下的新闻直播活动[J].现代传播(中国传媒大学学报),2012(3)166.

如何更有效地相互融合仍然存在诸多困难。"媒介融合背景下,传媒组织跨界整合资源,其发展不再局限于某一固定的行业框架,传媒竞争行为也不再表现为基于某种既定模式的细枝末节的局部调整,而是通过对传统模式进行颠覆性的破坏和整体重构来获得发展……传媒跨界整合要以创新为主导。"①基于统一的数据可以消除各种媒介的形态差别,从物理层为推动深度融合提供了创新的机遇和可能。媒体是一个与每个人息息相关的行业,围绕媒体内容所产生、聚集的基础数据可以为不同类型的融合发展创造条件,而这也是未来各种细分、垂直类内容生产方式创新的方向。

第三节　案例分析:数据化生产驱动下的科教节目编辑室空间

　　本节对数据化内容生产背景下的电视科教节目编辑室空间进行简要分析。电视科教节目对传播科学知识、普及科学观念有着不可替代的作用,是科普传播中十分重要的一环。长期以来,与综艺节目、电视剧等节目类型相比,电视科教节目有着较为强烈的"非盈利"属性,体现着电视传媒机构对社会责任的担当、对社会效益的追求。所以,与综艺节目、电视剧等相比,电视科教节目编辑室空间的结构与功能相对单纯。以电视科教节目为分析案例,可以比较直观地审视数据化内容生产对编辑室空间的影响。

一、电视科教节目面临的发展困境

　　电视科教节目近年来取得了长足的进步,但是在其发展过程中仍存在诸多困境:这既有来自电视媒体内部的因素,也有因外部传媒环境改变而带来的压力。首先,随着电视媒体产业属性的不断凸显,绝大多数电视台倾向于更高的收视份额及广告收入。而电视科教节目相对"小众",收视率不能得到有效保证,成本高,回报差,这也成为影响电视科教节目与其他类型节目竞争的不利因素,许多优秀的科教节目只能被安排在较差的时段,难以发挥应有的作用。其次,目前的频道、波段仍属紧缺资源,科教类的专业频道所占比例更小,更有甚者,本来数量很少的科教频道资源会被其他频道"侵占",或改成其他频道,或插播大量与科教无关的节目,此问题在许多地

---

① 刘茜,任佩瑜.模块化价值创新:媒介融合背景下传媒整合战略研究[J].现代传播(中国传媒大学学报),2013(1)153.

市级电视台较为严重。最后,当下科教节目的制作水平整体不高。目前我国各大卫视、省市电视台都有自己的科教频道,各级教育电视台也拥有规模不一的制作团队,但是我国科教节目整体的制作理念、思路与世界先进水平相比仍有较大差距,以致生产的节目不能满足观众的口味与需要。

以上只是对目前我国科教电视节目的不足的概括。"科教节目的传播力度还远远没有达到效果,科教节目收视率并不高,叫好而不叫座,普遍而不普及。"①如果这些问题得不到及时、有效的解决,必将影响我国科教电视节目的整体发展。除了以上问题,目前电视科教节目还要面临新媒体时代发展所带来的全方面考验。一方面,数字新媒体的发展改变了受众的媒介使用习惯,给电视媒体带来很大的发展压力,这一点在电视科教节目表现得更为明显。新媒体为电视提供了更为多元和立体的传播渠道,但是科教内容在新媒体平台还没有形成传播优势,这不仅指电视科教节目,还包括其他传播形式。另一方面,新媒体自主化、个性化、泡沫化的传播特性与科教的严谨性、科学性要求又构成一对矛盾,加剧了电视科教节目在新媒体时代的发展困境。

为了使电视科教节目在科普传播中发挥更好的作用,电视传媒工作者必须努力探索科教节目与新媒体传播相结合的有效方法。"伴随着信息技术发展,科普传播在科普理念、科普主体、科普内容以及科普形式等方面不断转变和进步,并揭示了不可忽视的发展趋势。"②因为"借助互联网等新媒体跨时空、跨地域、大容量、个性化和交互性等特点,新时期的科普传播在用户参与性和交互性、形式表现的多样性和丰富性、内容表达的广泛性和深入性上都有较大突破"③。对于电视传媒工作者来说,需要努力突破传统媒体的"时空、身份"等种种限制,依托新媒体平台,使科教电视节目能够在不同的媒介平台与终端实现实时性、交互性、立体化的传播,将新媒体高速发展所带来的压力转化为创新发展的动力。

二、数据化生产驱动下电视科教节目内容生产方式创新的背景

"科普传播与新媒体之间存在着天然耦合性,这是由新媒体的时代特征与科普传播的内在要求所决定的。新媒体的诞生与发展,是科学的创造发

① 段炼.我国电视科教节目的发展现状与传播对策[J].科技传播,2010(4)130.
② 曾静平,郭琳.新媒体背景下的科普传播对策研究[J].现代传播(中国传媒大学学报),2013(1)116.
③ 曾静平,郭琳.新媒体背景下的科普传播对策研究[J].现代传播(中国传媒大学学报),2013(1)116.

明与普及应用的结果;科学技术的普及反过来又需要新媒体的反哺支持。"①大数据对社会生活影响的深化,也使得电视科教节目的传播背景发生了很大变化。本小节从以下两方面来分析数据化生产驱动下电视科教节目内容生产方式创新的背景。

数字科教资源的日益丰富和多元化为大数据时代电视科教节目内容生产方式创新提供了良好的内容基础。新媒体,尤其是大数据的发展,一方面给电视科教节目的发展带来了压力,另一方面也为丰富科教内容资源创造了条件。目前,科教资源已经不再局限于传统图书馆、纸质书、报刊、影视文献等形式,而是纷纷实现了数字化。"数字科普资源的基本概念主要是指运用数字媒体技术和信息网络技术,将传统科普展板、挂图、折页、图书、期刊、画廊、科普图库、科普音像库、科普书库、科普报告库、科普基地资源库、科技馆和博物馆展品库等相关科普资源转化为数字形式,以计算机互联网、电视、电影、视频动画、LED宽频、移动电视、电子阅读器、手机等媒介为传播平台面向社会公众进行科学技术普及的资源。"②在数据化内容生产背景下,数字科普资源将丰富和发展,电视科教节目制作者能够更加便利地使用之前无法获取的科普素材,从而使节目选题更为丰富,内容更加精彩,形式更为多样;同时借助数据分析技术,能够激发潜在的科普需求,使节目制作更有针对性,切实针对社会上的相关问题并发挥应有的作用。可见,新媒体,尤其是大数据的发展,将为电视科教节目的制作提供更为优化的科普内容基础资源。

科教方式创新的个性化需求与压力日益增加。随着社会、经济发展与传播生态的改变,科普传播也开始面临新的背景、任务和目标。一方面,电视科教节目因为电视媒体影响力的下降和新媒体传播模式的出现而面临很大的生存与发展压力;另一方面,新技术的发展带来了更加丰富的科普资源和更为多元的传播方式,为其实现新的发展、发挥更大的作用创造了可能。大数据技术的发展将强化这一趋势,在为电视科教节目带来更大竞争压力的同时也为其提供了更大的发展空间。这要求电视科普工作者付出更多的创造性劳动。因为就目前的发展状况来看,依据现有的电视科教节目制作、传播条件实现基于大数据技术的科普传播,还需要在政策保障、技术升级、人才培养、发展思路等方面做出更多尝试和探索。

①　罗子欣.新媒体时代对科普传播的新思考[J].编辑之友,2012(10)77.
②　王少俊.数字科普资源开发与集成研究[C]//中国科普理论与实践探索:公民科学素质建设论坛暨第十八届全国科普理论研讨会论文集,2011:201.

三、数据化生产理念与方式引入电视科教节目内容生产

"科普效果不佳的深层原因是科普供需失衡,而基于大数据技术的精准科普是解决科普供需失衡问题的有效进路。"①在社会发展、传播技术、受众需求都发生显著变化的阶段,我国的科普传播活动理应进行相应变革。随着经济社会的发展,我国的科普需求将被进一步激发,对优质科普、科教内容的需求会不断增大。但是我国电视科教节目在内容质量、多样性、传播方式等方面滞后于受众的需求,电视科教节目的"供需失衡"问题也亟须解决。"大数据技术能够推动科普在受众需求、内容供给、方法选择、评价反馈、管理服务等方面实现精准化,并通过各环节的互动调节构建出完整的精准科普供需链,不断提升科普供给与受众需求的匹配度。要保障科普供需链顺畅、安全地运营,需要从软硬件两个层面采取积极措施,以切实提高科普效果。"②

基于数据分析的产品内容策划、市场细分等对于科教传播来说是比较新的思路与方法。不同于单纯的商业市场运营,科教传播因为其社会作用和影响,在传播过程中更注重结合市场、营销相关的理念,更需要社会发展和公众素质的提高等。传统的电视科教节目的内容策划、受众细分等工作主要依据从业者的经验,在科学性、准确性方面存在一定缺陷。在受众细分与内容策划环节引入大数据技术,有助于依据受众的需求来策划电视科教节目内容。从商业及营销的视角来看,电视科教节目作为一种信息产品,面对不同的题材、内容,会有不同的"顾客",同时有着自身独特的"销售渠道"。作为电视科教节目的创作者与运营者,如能具备相应的数据分析理念与能力,便能使科教节目的创作、传播具有更强的针对性。电视科教节目内容的策划活动与传播计划便能从源头形成有效结合,进行科学的"产品内容定位",确定"销售渠道、促销方案",进行有效的生产管理等。这样方能为促进电视科教节目更为有效地传播打下基础。

数字技术的进步为传媒行业实现跨越式发展提供了可能。这一机遇对电视科教节目来说尤为可贵。"为启动'大数据研究与开发计划',美国国家科学基金会、国立卫生研究院、国防部等6大联邦机构宣布先期将共同投入超过2亿美元的资金,用于开发收集、存储、管理数字化数据的工具和技术,其目标之一便是利用这些技术加快科学和工程学领域探索发现的步伐,

---

① 牟杰,高奇.大数据域境下精准海洋科普供需链研究[J].山东社会科学,2020(2)62.
② 牟杰,高奇.大数据域境下精准海洋科普供需链研究[J].山东社会科学,2020(2)62.

并加强国防安全,转变教学方式。"①我国教育部早在 2012 年 3 月发布的相关文件中便指出要"探索现代信息技术与教育的全面深度融合,以信息化引领教育理念和教育模式的创新,充分发挥教育信息化在教育改革和发展中的支撑与引领作用……教育信息化整体上接近国际先进水平,对教育改革和发展的支撑与引领作用充分显现"②。可见,大数据技术在科学研究、科教领域的运用已经得到各国的重视。我国在教育信息化部署方面也提出"探索现代信息技术与教育的全面深度融合",这也为利用大数据技术提高科教节目的传播效率提供了政策支持。

在相当长的时期内,电视科教节目作为科普传播活动的重要部分,在我国科普资源有限、群众需求强烈的现状下发挥了积极作用。但是这种传播方式单调地将知识内容传递给受众,是一种"填鸭式"传播,效果难以保证。这种模式"由于缺乏对用户需求的调研深入分析,没有正确掌握用户的科普需求,其弊端就是扼杀了用户尤其是青少年的创造力,传播者传授的科普知识也未必是用户需求的知识,造成时间、资金、人力和物质资源的极大浪费,与当前知识结构多元化、人才需求专业化、社会分工精细化的社会发展已经不适应,不能满足用户对知识更新、创新发展的需求"③。基于大数据技术,传播者能够更清醒地认识科教节目的内容、特点、作用,也能够更加深入地了解不同受众群体的信息需求与接受习惯,还能全面地把握不同的传播渠道与方式。同时,通过大数据分析,可以掌握受众的信息接受情况,利于把科普传播活动变成一个动态过程。根据受众的接受进度与学习过程中出现的问题,随时调整传播内容、方式与强度,并能辅之以其他形式的科普活动,使受众能够真正接受信息、改变观念并付诸行动。这样不仅大幅了提高电视科教节目的实际作用,还实现了其社会价值。

"因材施教"自古至今都是教育活动追求的目标。其提倡者力求根据不同学习者的特点,通过个性化的教育方法,使每个人都能得到成长。传统的电视科教节目通过"一对多"的大众化传播不可能顾及不同收视群体的个性化需求,"因材施教"难以实现;但是通过大数据分析,借助新媒体平台,可以向受众推送、传播个性化的节目内容。当然并非所有根据数据分析结果进

---

① 陈明奇,姜禾,张娟,等.大数据时代的美国信息网络安全新战略分析[J].信息网络安全,2012(8)33.

② 教育部关于印发《教育信息化十年发展规划(2011—2020 年)》的通知[EB/OL].[2012 - 03 - 29].http://www.moe.gov.cn/publicfiles/business/htmlfiles/moe/s3342/201203/133322.html.

③ 孙楠.基于用户需求的科普模式的探索与实践[C]//中国科普理论与实践探索:公民科学素质建设论坛暨第十八届全国科普理论研讨会论文集,2011:87.

行的节目推送都能得到受众的认可。为了进一步加强传播的有效性,需要开展节目"营销""促销"。"科普营销的促销是通过营销手段,使目标群体知晓、认同科普产品,甚至产生行为变革……科普产品的促销手段还有大众传媒、选择性传媒(直接邮寄及电子推销)和人际交流(口头传播和一对一的交流)。这三种传播手段是彼此加强的,他们应该一起使用。"①电视科教节目促销的手段可以分为大众传播、选择性传播、人际交流等不同形式。其中,大众传播的覆盖面最广,选择性传播便于进行个性化推送,人际传播的影响最为直接。从业者在促销的过程中应整体统筹与运用各种手段。在科教节目的营销过程中,尤其应该注重新媒体平台的灵活运用。通过大数据技术发现受众的个性需求,借助新媒体平台与受众建立直接联系,这样就能使大众传媒与受众形成直接"面对面"的人际传播关系,真正将大众传播、选择性传播、人际传播融为一体,为受众提供更加个性化的科教内容及传播方式。

四、数据化生产驱动下的电视科教节目编辑室空间

数据化内容生产的理念与实践能够对电视科教节目内容生产形成反向影响,尤其是编辑室空间的功能扩展。一方面,生产者在各种数据化生产的压力之下必须对内容能否适合数据化传播做出预判和及时调整;另一方面,生产活动与传播两个环节的空间区隔逐步打破,联系越来越紧密,这就推动了传统电视科教节目编辑室空间的变化。数据分析技术及理念与电视科教节目传播具备结合的实际需求,但是因为电视科教节目的特殊性,其市场属性并不像娱乐节目、电视剧等其他节目类型,其目标与追求并不是直接的经济利益,而是为了扩大节目的覆盖面与影响力,发挥更大的社会效应。如此,结合电视科教节目内容生产方式的不断发展,编辑室空间也会得到扩展。

基于大数据的电视科教节目内容生产的创新研究带有较强的前沿性。从业者可以根据电视科教节目面临的问题与大数据技术的特点进行前瞻性分析,进而思考其编辑室空间的变化。随着大数据技术在科普传播中应用的不断深入,其对电视科教节目编辑室空间的作用会越来越明显,而且通过建立立体化推广、传播系统,实现受众注意力资源的聚合,能够促进编辑室空间与受众的互动。同时,从业者也要抓住媒体技术进步的契机,促进编辑室空间技术要素的升级换代。当然,这需要从媒体战略层面进行全局统筹。

---

① 傅建球,潜伟.科普营销论[J].科普研究,2008(5)11.

果壳网的创新实践就值得借鉴。果壳网作为科普领域的一个成功案例，从传播模式来看，社交化便是其成功的法宝。5G技术、云计算成熟与普及之后，视频社交将获得更快的发展，各电视传媒机构推出的移动应用软件也会突破流量限制，使用户能够通过移动终端流畅观看各种科教节目。借助"社交模式+电视科教节目+先进的技术保障"，我们可以预见电视科教节目编辑室空间的未来形态。在这样的背景下，收集整理大众的科学需求与接受习惯，进而在数据分析的基础上制定不同的营销、传播策略，便具备了现实可行性，也能够推动电视科教节目进入一个新的发展阶段。

另外，"就目前我国为数不多的科教节目的传播现状而言，仍然存在着很多问题：多的是知识，少的是智慧；多的是信息，少的是精神；多的是奇闻，少的是思想"[1]，甚至存在有悖于科学精神的传播现象，这表现为：太多的商业广告"披着科普传播的外衣"进行宣传，比如近年来许多医药、营养品、日用品、医院等类型的广告当中，充斥着大量所谓的"专家访谈""科学实验""研究数据"，而其中大部分内容都是经不起推敲的。编辑室空间应当具备科教信息基本的审核、筛查、把关功能，目前"我国大多数公众不具备分辨科学和伪科学的能力，不具备用科学方法思考、解决社会和生活中的各种问题的能力。对商品社会中的各种信息，他们还不具备分辨真正的科学信息和虚假科学信息的能力……这一弱点为部分不良企业所利用，通过商业科普用科学理论对其产品或服务进行包装，做出对他们有利的诠释，来刺激消费者的购买欲。"[2]这些行为在一定程度上具备科学传播与营销的形式、特点，但是对科学传播造成了极大的负面影响。所以在我国电视科教节目编辑室空间中，从业者不仅要基于生产、传播的新要求而扩展空间形态，还要从引导受众养成正确的科学理念和科学学习习惯，形成良好的科普传播环境的使命出发，不断完善编辑室的空间功能，在数据化内容生产驱动下生产更加优质的科教内容。

第四节　本章小结

如果说IP化内容生产打破了各类媒体编辑室的空间界限，那么社会化内容生产就扩展了编辑室的空间主体类型，移动化内容生产大幅提升了编

① 李晓彦.对我国电视科教节目传播现状的思考[D].郑州：郑州大学,2007：7.
② 黄牡丽.商业科普中的信息不对称及治理对策[J].学术论坛,2004(3)109.

辑室行为的灵活性与机动性,数据化内容生产则打通了各种编辑室空间、内容生产行为之间的底层关联,使不同类型的内容生产主体、内容生产行为均能够以"1"与"0"的方式产生对话。由此,编辑室得以摆脱空间结构优化、组织管理提升、移动运营模式创新等传统理念,能够按照数据化的逻辑思考未来的内容生产方式创新路径。从这一层面来看,基于数据化内容生产驱动的编辑室空间生产具有跨越式、革命性的意义。数据化运营模式冲击的并非编辑室的物理空间结构,而是颠覆传统的编辑室运营理念。编辑室的空间形态、结构与功能均将呈现数据化的特征,按照大数据时代的新规律、新逻辑重构。编辑室空间主体的关系会以数据化形式再现,便于运营者科学把握编辑室空间的权力结构关系(见图5-1)。在这一过程中,平台历史数据的积淀、数据获取能力、数据分析能力等成为决定生产主体在编辑室空间中权力位置的基础要素。基于数据分析,从业者能够对各种内容生产行为做量化分析,为科学评判编辑室空间生产的影响与意义创造条件。

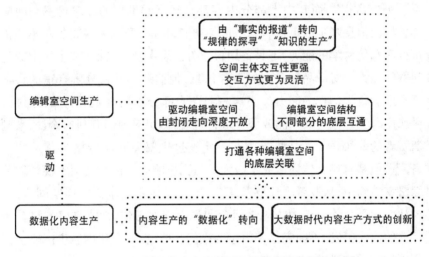

图5-1　数据化内容生产驱动下的编辑室空间生产图

第六章 智能化内容生产驱动下的编辑室空间生产

在智能传播背景下,专业化、网络化和智能化等多种形态的生产活动并存且相互影响。其中,智能技术作为新的行动者嵌入编辑室空间。智能技术的介入并非取代人,而是与人共同构成新的行动者网络,媒体内容生产主体由此实现从人向人机协调的转化。行动者网络结构的突破不是一种结果,而是一种刚刚开始的复杂状态。智能传播时代媒体内容生产方式的迭代是一项系统工程。新的行动者介入编辑室空间,在智能化内容生产的驱动下,编辑室空间生产开始呈现新的特点。

在人工智能对社会的影响越来越广泛而深入的背景下,智能技术也"日渐'嵌入'新闻业"①,逐步嵌入编辑室空间,成为媒体内容生产活动中不可忽视的新兴要素。"人工智能技术不仅形塑了整个传媒业的业态面貌,也在微观上重塑了传媒产业的业务链。"②智能传播时代已经来临,媒体内容开始从数字化内容生产向智能化内容生产转变,机器人新闻、大数据推送、虚拟现实等均是目前智能技术在传播领域应用的体现。虽然像 AlphaGo 那样具备"深层思考"能力的"传媒机器人"还没有出现,但是智能传播已经使媒体内容生产的逻辑出现新变化,使智能化内容生产成为编辑室空间中不可忽视的现象与趋势。智能化内容生产逻辑的改变、智能技术因素的"嵌入"改变了编辑室空间的主体结构,"生产者"的角色日益多元,传受互动的边界日益模糊,"人"与"机"的博弈态势也在转变。所以,有必要审视智能传播背景下的新业态,分析内容生产者的困惑,思考智能化内容生产的发展机遇,及时把握智能化内容生产的现状与趋势,以及编辑室空间生产不同层面产生的变化及其影响。

---

① 白红义.当新闻业遇上人工智能:一个"劳动—知识—权威"的分析框架[J].中国出版,2018(19)26.
② 喻国明,兰美娜,李玮.智能化:未来传播模式创新的核心逻辑:兼论"人工智能+媒体"的基本运作范式[J].新闻与写作,2017(3)41.

第一节　智能化内容生产的发展及研究现状

2017 年 3 月 5 日,"人工智能"正式写入全国政府工作报告;国务院印发《新一代人工智能发展规划》,提出面向 2030 年我国新一代人工智能发展的指导思想、战略目标、重点任务和保障措施①。我国人工智能产业进入快速发展阶段,人工智能技术更加广泛而深入地在各行业、各领域得到应用,推动着智能传播时代的到来,从而使传媒业的转型和升级进程进入一个新的阶段。其中,智能化内容生产方式不断丰富,新兴的智能化内容生产流程与形态开始出现。近年来这一领域的研究成果也渐渐丰富起来,本节对此进行整体性的梳理和分析。

一、智能化内容生产的特点

传媒技术的发展是传媒生态进化的前提,"数字技术的发展催生了新媒体的崛起,深刻地改变了传媒的生态环境"②,数字化在推动媒体融合发展中发挥了重要作用,如推动报业的全媒体转型③、电视业的重构④等。较之从传统模拟内容生产向数字化内容生产的转变,在数字化内容生产向智能化内容生产转变的过程中,政策、技术、资本、受众等各种因素的作用方式更为多元,影响更加深入,短短几年便打乱了媒体内容生产领域的平衡。不同媒体在从数字化内容生产向智能化内容生产迭代的过程中,根据自身发展战略、技术条件探索合适的策略,有的更注重保留与沿袭数字化内容的生产优势,有的注重尝试最新的智能化内容生产方式。数字化与智能化两种生产方式在此过程中既有对立——如机器人写作带来的"失业"恐慌,又有统一——如数字化平台上海量数据的积累为大数据智能分析创造了条件。本小节从以下几方面对智能化内容生产的特点予以把握,为深入分析智能化内容生产中存在的问题打下基础。

（一）媒体内容生产的"立体化"程度继续强化

传统的媒体生产带有明显的平面化特征,多个环节、节点在生产流程中

---

① 国务院.国务院印发新一代人工智能发展规划的通知[EB/OL].[2010 - 07 - 20].http://www.gov.cn/xinwen/2017 -07/20/content_5212064.html.

② 蒋晓丽,石磊.从媒介融合看报业的数字化转型[J].新闻大学,2010(3)143 - 148.

③ 袁志坚.融合与创新:报业集团数字化发展的问题与思考[J].新闻大学,2007(3)127 - 131.

④ 张向东.数字化:中国电视的解构与重构[J].现代传播(中国传媒大学学报),2010(1) 158 - 160.

呈线性分布状态,频道、部门、模块之间存在物理与业务上的区隔;智能技术打破了平面化生产机制赖以存在的基础,生产流程中不同节点之间均具备了产生互动关系的可能,立体化生产逐渐成为主流。如《人民日报》记者WZ在采访中介绍:"《人民日报》'中央厨房'应用了大量智能技术,实现了内容生产流程的智能化改造,比如能够通过大屏实时观看各种数据和不同流程的进度。《人民日报》的智能化生产可以通过公共智能引擎支撑多终端、个性化的推荐,能够给受众、合作客户提供个性化的内容。此外,还打造了各种智能化产品,比如在'中央厨房'大厅安排多个名为'小融'的智能机器人,能够提供导览、Wi-Fi登录审核、互动聊天、会议提醒等各种帮助。"①《人民日报》注重将智能技术应用在生产流程的各个环节,支撑智能化内容生产方式的全方位升级,"《人民日报》的'中央厨房'不是采编发一体化的稿库,而是完整的、体现整体融合的全体系"②,更多的智能形态被纳入生产流程,比如虚拟现实(VR)与增强现实(AR),内容采编与呈现形态的立体化特征得到发展。

（二）数据成为媒体内容生产的基础要素

由此能够体现数据化内容生产与智能化内容生产方式的内在关联。大数据的积淀与发展是智能化融合时代到来的基础,而且"在信息化时代,数据是新媒体的核心资产,数据处理能力是新媒体的核心竞争力"③,掌握与运用数据的能力成为决定媒体内容生产水平的重要标准,很多传统的生产逻辑在基于大数据的智能化内容生产中将会失效。但是大数据的发展也带来一些负面问题,比如加剧信息、社会的碎片化程度④。规避、解决这些负面问题,关系到智能化内容生产方式的发展。上报集团数字信息中心应用技术部主任XY在采访中称:"在媒体内容生产方式的发展过程中,数据化与智能化是分不开的,智能算法、模型的优化离不开数据的支持,各种个性化推送技术如何提高推送的精度、准确度?很多人想到的是算法优化,但是没有足够的数据,也没有办法实现算法的优化啊!"⑤由此,媒体内容数据化生产与智能化生产在诸多领域具备了更多交集。两种方式相互交织、相互支撑,共同

---

① 访谈资料为本书通过深度访谈获得,访谈对象使用化名。

② 李贞.探秘《人民日报》"中央厨房"[EB/OL].[2017-01-23].http://media.people.com.cn/n1/2017/0123/c19237 0-29044372.html.

③ 赵立敏.探析新媒体发展背后的幕后推手:数据及数据处理技术[J].新闻大学,2014(2)125-128.

④ Harper Tauel. The big data public and its problems: big data and the structural transformation of the public sphere[J]. New Media & Society, 2017, 9: 1424-1439.

⑤ 访谈资料为本书通过深度访谈获得,访谈对象使用化名。

驱动媒体内容生产方式的创新与生产效率的提升。

（三）媒体内容生产主体从人向人机协调转化

智能传播时代到来之前，媒体设备在生产过程中发挥工具的作用，其作用从属于人的劳动，人是绝对的生产主体。但在智能传播背景下的内容生产过程中，人与机器协调已经成为趋势。机器人新闻是智能传播背景下媒体内容生产主体转变的典型代表，从国外的美联社、彭博财经、福布斯，到国内的新华社、腾讯网、今日头条，都在加紧布局，力争抓住机器人新闻的发展先机。"新闻机器人是一套软件或语言，包含复杂数学规则、能通过预先设定的步骤解决特定问题的程序。"①新闻机器人的应用能够极大地减少人类记者的劳动量，而且其智能学习能力还有很大空间，以至于叙述科学公司的创始人克里斯蒂安·哈蒙德预测机器人记者 5 年内将获普利策奖②。《人民日报》记者 WZ 介绍："《人民日报》智慧媒体研究院开发了一款能够实现'5G 智能采访+AI 辅助创作+新闻追踪'功能的'智能创作机器人'，能够帮助记者完成访谈、拍摄、记录等工作。智能眼镜解放了记者的双手，可以辅助前后方实时同步采访内容、智能分析采集新闻素材，自动整理现场采集文字、语音、视频素材，智能提取其中的有效信息并一键检索全网相关资讯、汇总梳理相关背景信息，进而自动编写相关新闻内容，由此大幅提升采写编辑效率，提高新闻内容的时效性。"③这是一种典型的、基于人机协调完成新闻内容采写的案例。智能技术与设备已经介入人类记者的内容生产过程。虽然不同智能化内容生产方案的自动化程度存在差异，在人机协调与磨合过程中也存在不同类型的问题，但是均能够在解放人类记者双手、提升内容生产效率方面发挥相应的积极作用。

（四）媒体内容生产的智能化程度将基于深度学习而不断提升

与数字化相比，智能化的优势在于具有深度学习和进化的能力。"深度学习不仅改变着传统的机器学习方法，也影响着对人类感知的理解，迄今已在语音识别、图像理解、自然语言处理、视频推荐等应用领域引发了突破性变革。"④基于此，智能化内容生产将在更多层面逐渐具备人类的学习、理解、分析、处理信息的功能。智能化将渐渐成为媒体内容生产的主要特征。随着智能化程度的不断提升，其在未来传媒生态中的支配作用、话语权也会进一步提高。上报集团数字信息中心应用技术部主任 XY 介绍："目前各国

①　邓建国.机器人新闻：原理、风险和影响[J].新闻记者,2016(9)10-17.
②　邓建国.机器人新闻：原理、风险和影响[J].新闻记者,2016(9)10-17.
③　访谈资料为本书通过深度访谈获得，访谈对象使用化名。
④　张军阳,王慧丽,郭阳,等.深度学习相关研究综述[J].计算机应用研究,2018(7)7.

都注重媒体智能技术的升级,很多国外的公司已经走在前面,比如韩国 SK Telecom 开发的 Super Nova 解决方案运用深度学习算法,不仅能够处理媒体内容,还能够智能化处理各种物联网传感器获取的素材,减少音视频素材的处理时间,提高音视频的质量。目前这一解决方案已经在韩国一些媒体得到应用。"①以深度学习为代表的先进技术能够为提升内容生产方式的智能化水平提供更大可能性。随着这种技术在内容生产流程的各个环节、不同场景中的创造性应用,媒体内容生产的智能化程度将进一步提升。

二、智能化内容生产的研究现状

（一）对智能传播现状、特征与影响的研究

智能技术的传播方式与形态不断成熟,"智能传播"作为一个新的概念与领域在学界发展起来,其国内外的前沿性研究可以从 3 个方面来把握。

（1）对智能传播趋势与现状的认识。郭全中等直接运用智能传播的概念,并"按照技术逻辑梳理了传播发展的三个阶段:传统传播、互联网传播和智能传播"②,张志安认为智能传播"必然给建基于旧技术语境下的新闻传播与舆论工作格局造成冲击"③,陈昌凤认为"未来的传播形态将更加突出'人'的因素,可以称其为'人联网'和智能传播"④。

（2）对智能传播时代媒体融合发展规律的认识。智能传播改变了传统的媒体运营、融合发展逻辑。彭兰认为新技术正在推动传媒生态新一轮重构,"传媒业原有边界进一步消解,一个极大扩张的新版图将在角逐中形成"⑤,沈浩认为"人工智能重塑媒体融合新生态,'AI+媒体'是媒体融合的未来路径"⑥。

（3）对智能传播的具体发展形态及问题的研究。美国学者波特（Porter）对智能传播背景下的数字修辞、社交媒体、跨文化传播进行了研究与探讨⑦,郦荣看到人工智能技术在识别、过滤富媒体不良信息中的作

① 访谈资料为本书通过深度访谈获得,访谈对象使用化名。

② 郭全中,郭凤娟.智能传播:我国互联网媒体演化的最新传播方式[J].传媒评论,2017(1)77－79.

③ 张志安,汤敏.网络技术、人工智能和舆论传播的机遇及挑战[J].传媒,2018(13)11.

④ 陈昌凤.未来的智能传播:从"互联网"到"人联网"[J].人民论坛·学术前沿,2017(23)8.

⑤ 彭兰.未来传媒生态:消失的边界与重构的版图[J].现代传播（中国传媒大学学报）,2017(1)8－14.

⑥ 沈浩,袁璐.人工智能:重塑媒体融合新生态[J].现代传播（中国传媒大学学报）,2018(7)8.

⑦ Porter James E. Professional communication as phatic:from classical eunoia to personal artificial intelligence[J]. Business & Professional Communication Quarterly, 2017, 2:174－193.

用,"提出一种基于深度学习的不良富媒体信息管控方案"①,吴世文基于关系主义视角,"从宏观和微观层面建立新闻从业者和人工智能共处的多维机制"②。

(二) 对智能化内容生产的研究

智能技术的嵌入改变了媒体内容生产方式,智能化内容生产的发展成为智能传播的关键环节。匡文波认为技术进化直接影响新闻生产,"可能会对生产环节产生颠覆性改变"③,彭兰认为智能传播重构了生产、分发与消费的关系,"三者相互渗透、相互驱动,逐步构建全新内容生态"④。新兴"智能生产"领域突出的代表是机器人写作。美国国防高级研究计划局认为在自然灾害急救、算法生成的新闻写作等 8 个任务中,机器人可以超越人类⑤,滕瀚把机器人新闻作为逻辑起点,对机器人新闻的前景进行展望和预测,认为"以机器人新闻为代表的智能传媒,将会引发传统新闻从基本概念到经典传播模式的颠覆性变革,从而进入新闻智能化传播时代"⑥。

当然也有学者对机器人新闻的"火爆"提出冷思考,认为"机器新闻写作预设的前提是新闻客观主义,而不是马克思主义新闻观;需要警惕机器新闻写作折射出的市场逻辑和消费主义倾向"⑦,仇筠茜认为"黑箱化"的过程"带来了'流量工厂'驱逐优质新闻"的问题⑧。针对智能化内容生产转型中存在的问题,诸多学者展开了理论性的思考和探讨,比如针对谣言、虚假信息问题,西塔拉曼(Seetharaman)分析了 Facebook 利用智能技术消除假新闻的理念与方法⑨,祖比亚加(Zubiaga)等探讨运用机器学习技术评估谣言真实性的方式⑩。针对提升内容传播精准度的问题,加拿大达尔豪斯大学的一项研究成果通过结合机器学习技术与针对性受众的需求,对新闻信息进

① 郦荣.基于人工智能技术的富媒体信息管控研究[J].电信工程技术与标准化,2017(8)1 - 6.
② 吴世文.新闻从业者与人工智能"共生共长"机制探究:基于关系主义视角[J].中国出版,2018(19)21 - 25.
③ 匡文波,李芮,任卓如.网络媒体的发展趋势[J].编辑之友,2017(1)13 - 19.
④ 彭兰.智能时代的新内容革命[J].国际新闻界,2018(6)88.
⑤ United States Defense Advanced Research Projects Agency, Humans need not apply, Science. 2014, 10: 190 - 191.
⑥ 滕瀚.从"新闻工业化生产"到"新闻智能化传播"[J].新闻论坛,2017(1)34 - 38.
⑦ 苏婧.对机器新闻写作的冷思考[J].青年记者,2017(19)47 - 48.
⑧ 仇筠茜,陈昌凤.黑箱:人工智能技术与新闻生产格局嬗变[J].新闻界,2018(1)28.
⑨ Seetharaman Deepa. Facebook looks to harness artificial intelligence to weed out fake news, Wall Street Journal-Online Edition. 2016 - 12 - 02.
⑩ Zubiaga Arkaitz, Liakata Maria, Procter Rob. Analyzing how people orient to and spread rumours in social media by looking at conversational threads[J]. PLoS ONE, 2016, 11: 1 - 29.

行过滤和分类,其准确率在医学类文章中已经达到 92%①,亚兹达尼(Yazdani)等研究发现,基于 TF-IDF 权重法和优化的 SVM 核函数可以提升财经新闻的分类精度②。智能化内容生产持续发展,智能写作的水平与等级也逐步提高,如"通过数据升级与知识优化实现信息推送到深度报道的转变"③。

（三）智能传播背景下编辑室空间的行动者网络

行动者网络(Actor-Network)理论由巴黎学派的拉图尔(La Tour)提出。拉图尔在《重组社会》中论述了联结的社会学(sociology of associations),强调不同行动者在相互作用下构建网络的动态过程中推动了社会发展。行动者是其中具有能动性与广泛性的核心概念,"不仅指行为人(actor),还包括观念、技术、生物等许多非人的物体(object),任何通过制造差别而改变了事物状态的东西都可以被称为行动者"④。行动者网络理论源自科学知识社会学,因具有较强的"解释"能力而被多个学科借鉴和使用。很多学者也使用行动者网络理论来思考和解释传播现象与问题,新兴媒体在很多领域建立了各种异质行动者联系,为行动者网络理论在新闻传播学的应用创造了条件。比如从行动者网络理论的视角"审视物联网技术带来深刻的哲学启示、探讨物联网发展的对策思路"⑤,基于网络行动者的分析框架探讨网络失信问题⑥,通过问卷研究"贫困主体及其'熟人关系'作为重要行动者和关键节点的人际传播,在扶贫信息流动、扶贫事业行动者网络中的作用"⑦。在智能传播背景下,人工智能技术作为一种新的行动者嵌入编辑室空间。姜红从行动者网络视角对新闻算法展开研究,认为"算法作为'非人类行动者',和人类的传播活动编织在一起成了新型的'行动者网络',它挑战了传统新闻业的'公共性',使用户置身于'信息茧房',造成人与人之间的区

①　Zheng W, Milios E. Filtering for medical news items using a machine learning approach[M]. Proceedings, AMIA Symposium [Proc AMIA Symp], 2002.

②　Yazdani S Foroozan, Sharef N Mohd. Sentiment classification of financial news using statistical features[J]. International Journal of Pattern Recognition & Artificial Intelligence, 2017, 31.

③　白贵,王太隆.体育赛事机器新闻写作的现实困境与改进路径:以腾讯"机器人 NBA 战报"为例[J].上海体育学院学报,2018(6)23.

④　吴莹,卢雨霞,陈家建.跟随行动者重组社会:读拉图尔的《重组社会:行动者网络理论》[J].社会学研究,2008(2)222.

⑤　张学义,倪伟杰.行动者网络理论视阈下的物联网技术[J].自然辩证法研究,2011(6)30.

⑥　鲁良.失信问题的"互联网+"维度:基于网络行动者的分析框架[J].湖南师范大学社会科学学报,2016(4)10.

⑦　张学波,等.嵌入与行动者网络:精准扶贫语境下扶贫信息传播再思考[J].新闻与传播研究,2018(9)33.

隔"①,并对"人是媒介的延伸"做出再思考。

(四) 小结

通过对前期文献的梳理,可以对智能技术对传媒业态及研究的影响、智能传播的现状、特征与规律形成总体认识,进而为智能化内容生产的深入研究创造了条件。人工智能技术作为编辑室空间中一种新的"行动者",对媒体内容生产的"嵌入"不断深化,编辑室空间生产的逻辑、方式也会继续变化。在这样的趋势之下,智能化内容生产将驱动编辑室空间生产出现哪些新的内容? 其他行动者将会受到什么样的影响? 编辑室空间生产过程中的行动者网络将会出现怎样的新特征? 不同行动者在网络结构中存在怎样的博弈? 权力如何分配? 本章对上述问题予以分析,结合智能传播这一前沿问题审视编辑室空间生产。

要强调的是,"智能传播背景下的媒体内容生产"与"智能化内容生产"并不完全相同。虽然智能传播时代已经来临,但是传统模拟内容生产、数字化内容生产、智能化内容生产均在一定范围内存在并发挥应有的作用,即智能传播背景下的媒体内容生产包含多种生产方式与形态。而智能化内容生产则特指带有智能化特征的生产方式。在下节中,两个概念均会出现。本章重点论述的是智能化内容生产的行动者网络。为避免混淆,特此界定。

第二节　内容生产方式从数字化向智能化的演进

聚焦传媒技术发展的维度,技术架构的创新、更迭会改变编辑室空间中不同行动者的网络结构。比如在传播技术从模式时代向数字时代转变的过程中,门户网站、视频网站等生产者的崛起丰富了媒体内容生产行动者的形态,改变了行动者的工作和互动方式。目前传媒业正在经历从数字化时代向智能化时代的转变,机器写作、智能算法等技术在内容生产环节具备了一定程度的"主动性",智能技术开始成为编辑室空间中一种新的行动者,推动编辑室空间内外的行动者网络结构产生质的突破。行动者网络结构质的突破不是一种结果,而是一种刚刚开始的复杂状态。对这一状态的把握需要建立在对传播技术生态转变深入分析的基础之上。

在传播技术从模拟时代向数字时代的转变中,新兴数字传播技术在与

---

① 姜红,鲁曼.重塑"媒介":行动者网络中的新闻"算法"[J].新闻记者,2017(4)26.

传统的模拟技术并存一段时间后取而代之,两者有着完全不同的原理与作用机制,为取代关系。目前处于由数字时代向智能时代的进化阶段,数字技术与智能技术有内在联系,数字化是智能化发展的基础,两者为迭代关系。无论是取代还是迭代,都存在新旧不同技术架构、运营逻辑的冲突,智能技术在传媒业的应用正在"解构"传统的、相对稳定的媒体格局,媒体内容智能化内容生产成为传播流程重构的突破口,"智能技术+内容生产"可以带动媒体技术架构与生产流程的重组。在这一过程中,数字化内容生产方式仍然发挥重要作用。传统模拟内容生产虽然已经被时代淘汰,但在特定的范围内依然存在。在从数字化向智能化演化的过程中,不同的技术因素与生产方式并非简单的线性迭代方式。不同媒体内容生产方式的边界并不清晰,呈现相互交融的复杂状态。本节对当下几种媒体内容生产活动的关系与边界予以分析,在认识智能传播背景下媒体内容生产活动复杂性的基础上,辨析不同行动者的特征及相互关系的变化。

传统的媒体内容生产是一种精英化、专业化的生产,编辑室空间从业者需要经过严格的职业素养与技能教育训练才能胜任工作岗位。互联网新媒体兴起之后,诸多从业门槛被打破。"互联网的深度发展彻底改变了以媒体机构为主导的媒介生态,在生产领域,专业生产内容+用户生成内容融合的生产特征日益显现"[①],特别是形态多样的用户生成内容(UGC)内容得以通过社交媒体等平台广泛传播,推动了传媒格局的重构,非专业化、个体化的编辑室空间开始成为不可忽视的重要力量。进入智能传播时代之后,基于新兴的智能技术,智能化内容生产活动迅速发展。本节将以上3种内容生产活动依次概括为专业化生产活动、网络化生产活动和智能化内容生产活动。

在当下的媒体内容生产中,传统模拟内容生产方式、数字化内容生产方式、智能化内容生产方式等3种生产方式并存,专业化生产活动、网络化生产活动、智能化内容生产活动等3种生产活动交织,呈现一种复杂状态。传统模拟内容生产方式(a)、数字化内容生产方式(b)、智能化内容生产方式(c)等3种媒体内容生产方式以线性更迭的方式存在,(a-b-c)代表着从传统模拟内容生产方式、数字化内容生产方式向智能化内容生产方式的递进,位置距离智能化生产活动区域越近,代表生产方式的智能化程度越高(见图6-1)。其中,数字化内容生产方式的应用仍为主流,智能化内容生产方式的应用为趋势,传统模拟内容生产方式基本处于被淘汰的状态,仅在小范围内作为补充而存在。这3种生产方式本身是中性的,无论是用于

①　李良荣,袁鸣徽.2017年中国网络媒体的基本格局和态势[J].新闻记者,2018(1)44-49.

专业化生产活动还是带有非专业化特征的网络化生产活动,都能够发挥其作用。不过,同样的生产方式应用于不同的生产活动,其作用程度是不同的。比如在专业化生产活动中,应用机器人写作这种智能化生产方式(c)的条件比较成熟,而在网络化生产活动中的应用门槛则相对较高,并非所有生产活动中都有应用机器人写作(c)的条件。同时,在专业化生产活动中,传统媒体(c)与新兴媒体(c)又有不同,如大数据分析方面,腾讯、今日头条等拥有比传统报刊、广播电视更庞大的数据资源。智能化内容生产方式(c)是基于客观的智能技术开展的内容生产活动,其主体是多元化的,同时包括传统媒体、新兴媒体等各种形态。

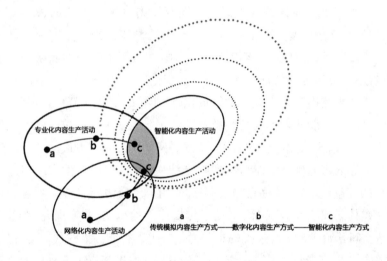

图 6-1 3 种媒体内容生产活动的关系与边界图

3 种生产活动有相对清晰的分界,专业化生产活动和网络化生产活动在当下及未来一段时间内依然是媒体内容生产的主要力量,智能化内容生产活动存在很大的发展潜力,表现为其边界扩展较为迅速、主动,而且在边界主动扩展过程中可以影响另两种生产活动的内部平衡。专业化生产活动和网络化生产活动的发展比较成熟,边界相对稳定,并且存在一定交集。专业化生产活动与智能化内容生产活动存在交集,且随着边界扩展有不断扩大的趋势。网络化生产活动与智能化内容生产活动的交集较小,因为智能化内容生产活动在技术、资本等方面存在一定门槛,网络化生产活动中只有较小部分的生产主体能够具备智能化内容生产活动的条件。可见,媒体内容生产格局发生了显著变化,上述各种关系中既有不同生产方式的纵向迭代,又有多元生产主体的横向并存,3 种生产活动的边界又处于动态发展,这一切与智能化内容生产过程中行动者网络结构的变化密切相关。

第三节　编辑室空间结构中智能化
行动者的介入

因为智能技术的强势介入,改变了传统的专业化生产活动与网络化生产活动并存的局面,智能化内容生产成为整个媒体内容生产结构中迅速崛起的一极,并且改变了另外两种生产活动的发展、进化轨迹。5 个行动者构成智能传播背景下编辑室空间内外的行动者网络(见图 6-2)。专业化内容生产者、网络化内容生产者、智能化内容生产者是不同生产环节中的从业者,即作为行动者的人;智能技术与模拟技术、数字技术不同,模拟技术、数字技术在媒体内容生产中是作为人的工具存在的,而智能技术已经具备了自身的媒体内容生产能力,成为能够"通过制造差别而改变事物状态"的行动者;此外,传播与受众双方互动在智能传播背景下出现了新的逻辑,受众的行为数据成为智能化内容生产的重要"资产",受众的习惯、偏爱、喜好等因素受到高度重视,而且派生了智能茧房、算法伦理等新问题,所以受众也由传统"受者"转变成具有一定主动性的行动者。

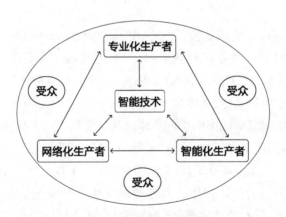

图 6-2　智能传播背景下编辑室空间行动者结构图

智能化"行动者"的代表形态日益丰富,比如数字人这种以智能化技术为内核、同时拥有人类外形的新形态出现之后,在受众心智中渐渐获得了等同或接近人类主持人、演员、偶像的认知。由此,智能技术作为一种行动者或内容生产主体的角色,开始具备了人类主体的外形。对此,上海广播电视台新闻综合频道主持人 WYJ 在采访中表示:"数字人的热度很高,我们很多同事都在聊。数字人的发展给我们这一职业群体带来一种莫名的危机感。现在很多人在探讨数字人将来会替代我们,替代人类主持人,不管是不是完全替代,肯定会挤压人类主持人的业务空间。我们需要尽快、重新思考未来需要什么样的主持人,思考人类主持人如何与数字人'相处'。"①可见智能化"行动者"对内容生产实践的介入与改变已经在冲击从业者的理念,倒逼他们去审视自身与技术的关系,思考如何适应新的编辑室空间主体结构。与数字技术相比,智能技术的优势在于具有深度学习和进化的能力,"深度学习不仅改变着传统的机器学习方法,也影响着对人类感知的理解,迄今已在语音识别、图像理解、自然语言处理、视频推荐等应用领域引发了突破性变革"②。基于此,智能化内容生产将在更多层面逐渐具备人类的学习、理解、分析、处理信息功能,比如智能算法推送目前在内容传播环节得到广泛应用,使受众逐步具备了行动者的角色特征,并且反向影响媒体内容生产。随着智能化程度的不断提升,智能技术作为行动者在编辑室空间中的支配作用、话语权仍会进一步提高。

第四节　人机协调:编辑室空间
主体关系的动态调整

　　"行动者存在于实践和关系之中,异质性(heterogeneity)是其最基本的特性,表示不同的行动者在利益取向、行为方式等方面是不同的。"③面对"异质"智能技术的强势介入,传媒界出现一种"人要被取代"④的认识误区。但从图6-2中可见,智能技术的介入并非取代人,而是与人共同构成新的行动者网络,编辑室空间中的生产主体由此实现从人向人机协调的转化,编辑室空间主体关系将在智能化生产过程中呈现动态调整的状态。智能传播时代到来之前,媒体设备在编辑室空间中发挥工具的作用,从属于作为行动者的人,人是绝对的生产主体。但在智能化生产驱动下的编辑室空间中,人、机两种行动者的"协调生产"已经成为趋势。同时,图6-1中各种媒体内容生产活动的关系与边界处于动态变化中,智能化生产驱动下的内容生产并不会机械地按照线性逻辑(由a到b再到c)发展和演化。内容生产方式的迭代是一项系统工程,不同行动者在编辑室空间中将长期存在,博弈发展,而人机协调是其中的重要部分。

---

① 访谈资料为本书通过深度访谈获得,访谈对象使用化名。
② 张军阳,王慧丽,郭阳,等.深度学习相关研究综述[J].计算机应用研究,2018(35)1921.
③ 郭俊立.巴黎学派的行动者网络理论及其哲学意蕴评析[J].自然辩证法研究,2007(2)105.
④ 曾凡斌,夏燕.机器人新闻写作的应用、前景及应对[J].中国广播,2018(11)57.

　　人机协调的动态发展体现了因编辑室空间行动者网络结构变动而带来的行业关系调整。"智能化媒体与新闻从业者优势互补决定未来媒体的走向是人机协同发展。"①因为人与机器两种不同性质主体并存,所以智能化媒体内容生产必然要经过诸多环节的摩擦、磨合才能逐步趋向成熟和完善。"未来媒体进化将是一个漫长的人机博弈过程,人与机器主角之争将长久存在。"②一方面,智能技术已经为人类生产者带来巨大便利,比如"水、空气质量检测仪等传感设备能够在新闻调查中得到创新性的应用"③,为受众及时、准确地传达传统媒体无法获取感知的新闻信息;如此,机器使人类能够有更多时间从事更具创意性和价值的工作,为提升媒体内容质量创造空间。另一方面,人工智能在很多场景中的应用方式还比较生硬,没有达到行业预期效果,如"现阶段网络舆情监测中技术不足主要归因于'人机不协调',导致人工智能技术在分析情感、预测走势、检查效果等方面应用还稍显粗浅"④。剧星传媒执行总裁 YXH 认为:"我们需要适应智能技术在身边出现并发挥各种各样的作用,也要适应因此而带来的工作方式与习惯的改变。有的时候要充分利用智能技术,发挥智能工具的作用,来辅助我们的工作;有的时候也需要主动去适应智能技术的要求,即使技术应用方式还存在问题,即使很多智能产品还比较'智障'。这个磨合的过程是必要的,只有经过这样一个磨合的过程,未来的人际协调才更高效,更稳定。"⑤人机关系的调整以及由此而带来的媒体行业主体关系调整将在未来的编辑室空间生产过程中长期存在,各方主体不断调整以致平衡,探讨更有效的共存与合作方式,实现智能技术在媒体内容生产过程中更合理地应用。

　　智能化内容生产的要求不仅在于文字的自动生成、视频的智能剪辑等技术性的操控,还要使内容产品逐步达到优秀传媒作品的标准,满足受众在人文层面的需求等。而目前智能技术在这一方面还存在比较明显的不足。比如"在网络空间中,不仅包含着信息流,而且还伴随着情绪流"⑥,智能化内容生产已经能够实现对信息流的高效处理,但对情绪流的识别、反应能力

①　漆亚林,陆佳卉.人机协同:媒体智能演化路向[EB/OL].[2016-01-05].http://media.people.com.cn/n1/2016/0105/c401845-28014496.html.

②　彭兰.人与机器,智媒化时代的主角之争[N].社会科学报,2017-04-02(2):5.

③　CollSteve.Finding new ways to follow the story[J]. Columbia Journalism Review, 2016, 2: 21-23.

④　鄢睿.人工智能视域下网络舆情监测的变革之道[J].传媒,2017(20)51-53.

⑤　访谈资料为本书通过深度访谈获得,访谈对象使用化名。

⑥　丁汉青,刘念.情绪识别研究的学术场域:基于 CiteSpace 的科学知识图谱分析[J].新闻大学,2017(2)119-132.

还要提高。只有将这种能力体现在内容生产中,才能让媒体产品更贴近受众。"人类的行为更多的是基于个体的选择和心理体验,而机器人则是基于设计者的观念。"①使机器人在内容表达上最大限度地接近人,不仅需要大数据、深度学习、神经科学等多种技术的综合、深度运用,而且离不开人类生产者对这一过程的整体设计、把控与引导。智能技术在自身进化中需要与人类行动者不断磨合、适应,而这种磨合会使编辑室空间出现新的问题。比较突出的如传媒伦理问题,它是媒体内容生产活动一直要关注、预防的问题,在专业化生产、网络化生产活动中便长期存在。智能化内容生产中对很多技术的应用、控制还处于探索阶段,所以传媒伦理问题会有什么新特点、新危害,仍存在一定的未知性,这就提高了规避和预防的难度,成为智能技术给人类行动者带来的一大难题。例如,Facebook"趋势话题"板块通过算法决定内容顺序,出现了压制保守派媒体等问题,招致同行、受众的批评。Facebook力求通过优化算法提供更好的信息内容和阅读体验,却导致意料之外的"偏见门",这是专业化生产和网络化生产活动中未曾出现过的问题。这说明,智能技术虽然是一种强势的行动者,但是在本质上是客观的,它的使用是建立在人类主观设计基础之上的。如果人类行动者的设计出现偏差,智能技术的"行动"便会进入误区,而且智能化程度越高,造成的负面效应越大。

人机协调发展会逐步推动编辑室空间的调整甚至重构。从技术更迭的角度看,新的智能化内容生产方式意味着更高的效率,如机器人写作(图6-1中的c)的速度远远高于人工写作(图6-1的b或a)。如果智能技术在推动编辑室空间改变的过程中产生偏差,媒体生产的组织构架、流程设计、人员素质等任何一个环节出现问题,就会影响媒体内容生产的效率。比如在大数据技术的支撑下,可视化成为新闻生产中的一个亮点,但在我国主流新闻机构的生产实践中,"传统新闻生产的'新闻性'与可视化生产的'视觉性'构成尖锐的理念冲突"②。目前负责可视化环节的编辑多为美术专业出身,对自身新闻从业者身份的认同感比较弱,对智能技术在新闻生产环节的应用不敏感,导致在与其他记者、程序员等同事的交流、合作中出现矛盾,影响整体生产效率。总之,人机协调将贯穿编辑室空间生产的过程,人不会被智能技术所取代,同样也不应忽视智能技术越来越强大的嵌入力量。深

---

① 刘志毅.人工智能的未来:理性主义抑或人文主义的选择[J].中国信息化,2018(1)7-9.
② 杨奇光.媒体融合时代的新闻室矛盾:基于新闻可视化生产实践的考察[J].新闻大学,2018(1)18-26.

入把握人机协调对编辑室空间生产的影响,厘清问题,寻求策略,是提升智能化内容生产效率的应有路径。

第五节　智能化生产驱动下的编辑室空间的功能与意义

　　智能化行动者介入编辑室空间关系结构,驱动编辑室在内容生产中具备了新功能,为智能化内容生产方式的创新与发展打下基础。在传媒业发展过程中,"各种行动者展开竞争,建构、重申甚至挑战新闻实践的边界与极限"①,人工智能技术的进步,推动媒体内容生产的立体化、数据化、智能化程度的不断提高,使图6-1中智能生产活动的边界不断扩大,从数字化内容生产向智能化内容生产方式的迭代速度进一步加快。对于人类行动者来说,无论是专业化生产者还是网络化生产者,无论是否具备智能传播技术,都需要重新思考如何在智能传播背景下调整理念、路径,以免在编辑室空间中失去主动权。这既是智能化内容生产对编辑室空间生产挑战的体现,又是驱动编辑室空间的功能与意义更新的体现。具体可以从以下几方面予以探讨。

一、基于编辑室空间主体关系协同发展,驱动内容生产方式迭代

　　"人工智能与人类记者的关系不是取代的零和游戏关系,而是相互补充、相互配合的合作关系。"②媒体形态的每一次进步都给人类生活带来新的便利,这在智能传播背景下同样有鲜明的体现。虽然在迭代的过程中会出现一些困境,但只要不违背体现、放大人的价值的出发点,智能传播发展的势能会解决当下存在的诸多问题。比如通过专业教育、职业培训、组织管理的优化,生产流程中存在的岗位冲突、理念冲突等问题都会逐步得到解决,生产效率也会得到提升。"基于人类几千年来做出的道德选择,可以应对人工智能所带来的伦理挑战。"③大数据、社交媒体、智能技术可以在地震、灾难等诸多场景中发挥人道主义作用④。未来的智能生产活动中,人工

---

①　Carlson Matt. Meta journalistic discourse and the meanings of journalism: definitional control, boundary work, and legitimation[J]. Communication Theory, 2016, 4: 349-368.

②　黄典林,白宇.人工智能与新闻业变革的技术和文化逻辑[J].新闻与传播评论,2018(6)31.

③　Amitai Oren. Incorporating ethics into artificial intelligence[J]. Journal of Ethics, 2017(4)403-418.

④　Dave Anushree. Digital humanitarians: how big data is changing the face of humanitarian response [J]. Journal of Bioethical Inquiry, 2017, 4: 567-569.

智能与人类将相互学习与训练,生产活动中的人机边界将不断模糊①,智能化生产将从"人机协同"逐步趋向"人机合一",机器和媒体人共同完成内容发现、写作和传播,而发展远景将会是机器和人、物体、环境的全面融合,最终完成编辑室空间的智能化迭代。

二、大幅提升编辑室空间与受众连接互动的智能化程度

受众的作用也需要重新审视。媒体进步与人的发展的互动不仅包含从业者的互动,还包含媒体与受众之间的互动。受众在智能化生产驱动下,在编辑室空间的地位得到了大幅提高。智能化内容生产方式的创新必须立足于对受众群体与个体的科学认识。通过智能技术尤其是大数据技术能够精准描绘受众画像,针对不同的受众群体甚至个体提供个性化信息服务,如"谷歌资助英国一家大型报社开发每月自动写作 3 万条新闻的智能软件,5 名人类记者将基于公开的政府数据库和故事模板,生产健康、犯罪、就业等主题的新闻"②,由此能够高效地为不同主题偏好的受众群体服务。从业者不仅要满足受众的信息需求,还要在传播伦理允许的范围内"主动"深入分析受众,比受众更加了解受众,进而制定有助于其发展的信息消费计划。"一些'小而美'的个性化内容得以呈现在用户眼前,让他们有机会获取自己感兴趣的信息,'算法'和'人工'相结合的实践背后,体现出对专业精神和品质新闻的尊重和追求。"③要强调的是,在这个过程中,无论是数据的价值还是深度学习的能力,都需要在从业者的把控引导下,在优化编辑室空间、平衡主体关系的基础上发挥作用。

三、助力编辑室与多元社会空间的智能化互通

在人类行动者的宏观把控、科学引导下,基于对受众需求的全方位、深层次挖掘,加上智能传播技术效能的充分发挥,智能化内容生产活动能够与更多的社会场景产生互动,在社会发展的进程中寻找更多应用空间,使媒体的环境监视、社会协调、社会遗产传承等各种功能更有效地实现,并且在这一过程中实现媒体内容智能化内容生产方式的创新。比如美国《洛杉矶时

---

① Padios Jan M. Mining the mind: emotional extraction, productivity, and predictability in the twenty-first century[J]. Cultural Studies, 2017, 31: 205 – 231.

② Nadeem Badshah. And here is the automated news ... generated by robot[J]. Times, The (United Kingdom), 2017, 7.

③ 张志安,曾子瑾.从"媒体平台"到"平台媒体":海外互联网巨头的新闻创新及启示[J].新闻记者,2016(1)16 – 25.

报》网的机器人 Quakebot 自动对接地质调查局的官方数据,一旦发现异常就通过算法生成新闻①,通过智能生产避免人类记者去地震现场采编的风险,同时拓宽了机器人新闻写作的应用范围。再如目前舆情防控与引导面临多方挑战,"人工智能带来舆情检测技术体系、舆情检测研究范式、舆情检测管理思维的变革"②。基于这一过程中大量数据与信息的整理与分析,能够为受众提供新的新闻产品。由此,智能化技术不仅为舆情防控问题的有效解决创造了条件,还为媒体内容智能化内容生产开拓了一片新的领域。随着媒体与社会互动的深入,编辑室空间中网络结构的变化将与社会的发展深度融合。从业者应着眼于媒体发展对人类、社会进步的影响,使其成为处理人际协调问题的出发点。

第六节　本 章 小 结

智能化内容生产驱动编辑室空间生产在多维度产生新变化(见图6-3),"人工智能的发展已经把'地球村'变成了'地球脑',人类个体的大脑只是新的庞大的'全球性大脑'的一个'脑细胞',人类在新的媒介环境下正在进化为一体"③。此进化过程对人类社会有着深远影响,也增加了智能传播背景下编辑室空间生产方式的复杂程度,多种媒体内容生产活动的关系与边界的动态变化也更为明显。"媒体行业应抓住技术发展的机遇期,坚持智能化的发展方向,使传媒业态随着互联网业态的发展共同进步。"④智能技术作为一种新主体,强势嵌入生产行动者的网络结构,改变了媒体内容生产的传统逻辑。人类行动者、智能技术两者并非取代与被取代的关系,人机协调将会成为未来编辑室空间生产活动的常态,而且模拟生产、数字生产、智能生产均会有各自存在和发挥作用的场景,只是不同场景之间互动、影响的规则逐渐被纳入智能传播的逻辑要求。在这种复杂的媒体内容生产格局中,智能技术的作用越来越大,但也带来算法伦理、智能茧房等诸多新问题。这些问题的解决需要人类行动者在人机协调中发挥更大的能动性,而这必然要经过一个长期磨合、适应的过程。当然,本章还存在不足:一方面,在媒体内容生产环节,本章将行动者分为人类行动者与智能技术行动者

①　孙瑛.机器人新闻:一种基于大数据的新闻生产模式[J].编辑之友,2016(3)93-96.
②　鄢睿.人工智能视域下网络舆情监测的变革之道[J].传媒,2017(20)51-53.
③　张雷.从"地球村"到"地球脑":智能媒体对生命的融合[J].当代传播,2008(6)10-13.
④　胡正荣.智能化:未来媒体的发展方向[J].现代传播(中国传媒大学学报),2017(6)1-4.

两个类别,基于此探讨人机博弈、人机协调的问题,但是在媒体生产实践中,还会有其他因素介入编辑室空间的行动者网络结构,比如政策、资本等,它们与从业者、技术、受众等行动者的互动关系、模式也会对内容生产带来影响。另一方面,在编辑室空间的行动者网络中,受众以行动者的身份加入,但是本章更侧重探讨人机关系中从业者与智能技术的互动,尚未深入分析受众在编辑室空间生产中的作用(这是在后续研究中值得关注和深入探讨的问题)。

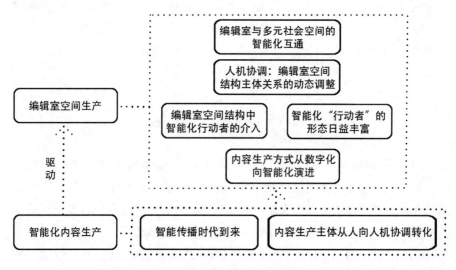

图 6-3　智能化内容生产驱动下的编辑室空间生产图

第七章　编辑室空间生产的规制

媒体内容生产的 IP 化、社会化、移动化、数据化、智能化等趋势不仅会持续深入,而且会不断交织,互相影响,使作为内容生产核心部分的编辑室空间形态、结构与意义不断产生新的变化。前几章已分门别类地从 IP 化、社会化、移动化、数据化、智能化内容生产的现状与趋势入手,审视了编辑室空间的变化。而在传媒生态的持续发展中,上述不同趋势中各种因素是综合作用于编辑室空间的,并且带动多元主体在编辑室空间生产中不断博弈,推动新的空间关系生成。世界各国媒体发展有着不同的理念和路径,在不同的内容生产实践中,处于主导地位的因素存在较大差异,由此带来不同编辑室空间中权力关系的变化,比如在一般情况下,市场在商业化媒体编辑室空间中发挥着主导作用,智能技术在机器人写作的新兴编辑室空间中有着更大的话语权。深度融合进程加大了编辑室空间关系管理的复杂性。近年来我国自媒体快速发展,大量个体化、非专业的编辑室空间基于社交平台生产了海量内容,但是其中很大一部分需要引导、监管。大型机构、商业媒体也会出现违背社会效益的问题,在运营过程中违背了基本的内容生产原则。编辑室空间及内部关系亟须规制。所以,研究编辑室空间的发展变化,除了把握编辑室空间形态、结构的进化,更要从意义生产层面对编辑室空间予以动态审视。如果意义生产层面出现问题,即使编辑室的空间形态、结构再智能化、前沿化,也不是我们需要的编辑室空间。本章将基于上述章节的分析,对编辑室空间生产过程中存在的代表性问题做出概括,进而对编辑室空间生产的规制、路径做出相应思考。

第一节　媒体内容融合背景下编辑室空间生产的问题

内容生产方式的多元化发展对诸多传统的运营模式、管理方式等产生冲击,编辑室空间形态、结构、功能等多方面的调整也需要新的规制理念与方式。但是较之具体的内容生产实践的发展,规制层面的探讨与实践均相对滞后,由此难免在内容生产过程中出现各种问题。及时关注、梳理这些问题并予以规制是编辑室空间生产的重要内容之一。在IP化、移动化、社会化、数据化、智能化等生产方式的驱动下,媒体内容生产过程中的很多问题日益凸显,既有传统问题在新的生产模式中呈现的新危害,又有新技术、新模式发展所催生的新问题,有的问题还交叉和相互影响。这些问题同样具有多样化特点。本节限于篇幅,无法穷尽各种微观层面的具体问题,故结合对编辑室空间生产有着明显影响的技术、资本、版权等要素,同时针对与编辑室空间生产密切相关的传媒伦理、管理机制等范畴,展开对编辑室空间生产问题的分析。

一、创新技术应用的边界问题

先进技术的持续创新及其深入应用使内容生产方式创新成为媒体行业的主要趋势。近年来传媒领域中数字技术的更迭越来越快,加剧了传媒领域的竞争,同时也冲击着传统的媒体内容形态、传播模式和管理理念。为了避免被时代淘汰,必须全面把握、积极适应前沿技术的演化趋势。从未来智能传播发展态势可见,大数据、AI、算法等技术已经成为行业转型发展的关键技术,它们将进一步消解各种媒体形态的固有差异。"数字技术的发展从根本上打破了传统媒体之间的形态差别,从各个方面推动全媒体形态的发展与进步,能否抓住媒体形态变革的历史机遇,大幅提升我国传媒业的竞争力,对于提高我国文化传媒产业的整体实力有着重要的战略意义。"[①]但是先进技术的应用在推动内容生产方式创新、提升生产与传播效率的同时,也带来诸多新问题。

"数字媒体平台扰乱市场秩序、侵犯用户权益等问题引发社会广泛关注。数字媒体平台的垄断主要表现在数据垄断、数据霸权、隐私侵犯以及遏制创新等方面。"[②]基于各种形态的媒体平台,新技术的作用能够更大量级地放大。比如算法技术近年来已经成为各大平台的"标配",通过智能算法的开发和应用,驱动新型内容分发模式的应用。但是智能算法在给内容分发带来革命性变化的同时也带来新的问题或隐患,"算法型内容分发导致的

---

① 刘峰,郝红霞.从全媒体发展视角解析国家新闻出版广电总局的组建[J].编辑之友,2013(10)22.

② 周鹍鹏,区块链视域下数字媒体平台反垄断治理的新思路[J].中州学刊.2022(11)164-172.

信息茧房、假新闻泛滥、算法偏见、把关权力迁移等现象,这些问题将导致受众孤独倍增和新的'知识鸿沟'出现的风险"①。所以如何有效利用先进技术的积极作用并规制其负面影响,已成为亟待解决的问题。上报集团数字信息中心应用技术部主任 XY 认为:"关于智能技术的应用目前也存在争议,大部分人对 AI 在媒体生产中的应用都是持乐观态度的,但是也有很多人表示担忧。主要是担心在缺乏足够的、健全的管理办法的情况下,很多智能技术的影响会不可控、走向负面,对人们的信息生活产生不好的影响。"②而技术作用的发挥往往还受到背后的资本、市场等要素的影响。如果垄断化的平台媒体为了追求市场占有率而放松对智能技术的规制,便会加大因智能技术使用带来多方面负面影响的风险。

此外,先进技术的应用还大幅拓宽了内容生产实践介入受众生产生活的范围,比如中国基层主流媒体的转型与互联网平台的创新深入交织,各类媒体内容借助互联网平台能够更深入地与基层多元社会场景产生关联,"互联网平台通过嵌入中国基层主流媒体所处的'条块'状组织网络展开的行动,进而促进了其技术方案、内容样式、实践形态向后者扩散。在此过程中,作为效率目标的技术产业发展和新媒体事业推进的整合,同时也意味着各行动者实践规范、行动价值与组织信念的协调与兼容"③。媒体能够借助先进技术与平台渠道更多方位、更为深入地介入受众生活,不仅会为治理带来便利,还会带来隐私侵犯等伦理问题。算法治理过程中的黑箱问题就值得关注:"作为平台主动参与互联网内容治理的突破口,算法嵌入内容审核成为回应当下数字公共空间品质降级的一种技术方案。然而,'自动化'的算法内容审核仍然难以遮蔽技术'黑箱'背后的社会偏见与公共价值危机。"④

二、资本作用的发挥与引导问题

资本是传媒业发展的有效驱动要素,能够为传媒企业成长、为先进生产模式的推广提供助力,其作用在 IP 化、数据化、智能化等各种内容生产方式的发展中均得到了体现。正如上小节论及的平台媒体,便是在资本助力下迅速崛起的。随着平台媒体的强势崛起,传媒生态被前所未有地重构。平

① 靖鸣,管舒婷.智能时代算法型内容分发的问题与对策[J].新闻爱好者.2019(5)9-13.

② 访谈资料为本书通过深度访谈获得,访谈对象使用化名。

③ 赵瑜,周江伟.嵌入"条块":互联网平台与中国基层主流媒体转型[J].编辑之友.2022(10)31-38.

④ 李鲤,余威健.平台"自我治理":算法内容审核的技术逻辑及其伦理规约[J].当代传播.2022(3):80-84.

台媒体编辑成为网络空间中新的职业群体,"不同于 PC 时代的网络编辑,平台媒体编辑有其自身独特的实践逻辑,他们在新闻编辑过程中更注重议题流量属性、更强调多元信息整合、更关注视觉交互设计、更聚焦用户心理感受"①。平台媒体编辑的创新实践增加了传媒业的活力,但其生产与传播过程中的"唯流量导向矮化了新闻工作者的形象,泛娱乐化损害了新闻媒体的公信力,以及把关弱化侵蚀了新闻业的专业性。平台媒体编辑在遵循平台运行规则的同时,也应彰显编辑主体的价值坚守"②。资本的助力可以提高行业发展效率,催生新的内容生产方式,但在这一过程中需要对资本本身的负面作用及因资本运营所衍生的各种负面影响予以有效规制。淘米网副总经理 CQ 在采访中表示:"淘米网的快速成长离不开资本的助力,我们感谢投资者的支持。但是在淘米网的发展过程中,我们也切身感受到资本市场的残酷,感受到资本的追求有时候会和公司的发展理念出现偏差。如何处理与投资方高效沟通,如何处理资本市场的要求,是一门学问。"③淘米网早在 2011 年便在纽约证券交易所上市,有着与资本市场、投资方十多年的沟通经验,其发展过程中所反映出的资本对不同方面的影响与作用,不仅需要传媒企业基于社会责任予以科学认识和应对,还需要行业主管部门从宏观层面予以引导。

　　资本之于媒体内容生产与运营的负面作用也是多方面的,需要结合不同的场景与问题予以探讨。近年来比较有代表性的问题是平台媒体对优质内容、生产资源的垄断问题。"在传统工业经济时代中,商业竞争的主要模式为价格战,而近些年来,数字经济开始进入大众视野,导致商业模式发生了根本性颠覆,即商业竞争的核心要素转变为对算法、数据的掌控与应用,而随着以上竞争要素的出现与明确,新型垄断行为也应运而生"④。在资本驱动下,基于各种新兴技术的应用而形成的新型垄断行为将对中小型内容生产者的实践行为产生抑制作用,具有资本优势的平台媒体借助自身在资金、技术、生产规模等方面的优势,不断获取新的市场份额,在市场竞争中占据有利地位,由此会导致中小型内容生产者的发展面临诸多困境,进而使传媒市场无法保持良性竞争。"反垄断规制能否有效处置资本乱象、防范扩张风险以及发挥威慑功能,决定着新经济领域'包容审慎'监管原则的市场竞

---

①　张波,田曼阳.平台媒体编辑的兴起、实践特征及其产业影响[J].中国编辑.2022(3)81−85.

②　张波,田曼阳.平台媒体编辑的兴起、实践特征及其产业影响[J].中国编辑.2022(3)81−85.

③　访谈资料为本书通过深度访谈获得,访谈对象使用化名。

④　孙一得,刘义圣.平台型企业垄断问题的内理分析与治理进路[J].经济问题.2023(1)29−36.

争底线。"①如果平台媒体在资本赋能之下不断扩张，不仅会在传媒市场保持"赢家通吃"的态势，还会在社会发展层面引发"大而不倒"的问题，在更多层面与领域产生负面影响。

三、版权的保护与开发问题

版权在媒体内容生产中有着至关重要的地位和作用，比如在 IP 化内容生产过程中，便是以核心版权为基础开展产业链的拓展运营。版权的保护与开发在媒体发展过程中始终面临不同方面的压力，不仅在 IP 化生产过程中需要解决版权保护与开发方式创新的问题，而且随着移动化、社会化、数据化、智能化等生产方式的发展，版权保护与开发会面临新的问题。基于移动化、社会化等生产方式的应用，大量内容生产主体能够以更为便捷的方式获取原始版权内容，出现了很多新的侵权行为与方式，监督、追溯、维权的时间成本与经济成本均被动提升。此外，智能化内容生产过程中出现了"非人工"生产的新内容版权，带来了认定、保护、利用 AI 内容版权等新问题。版权是媒体内容生产实践的重要支点，随着内容生产方式的创新也会出现新的问题，而这些问题将成为编辑室空间生产的制约因素。内容生产方式是多样的，相应的版权保护与开发问题也有较大差异。本章限于篇幅，无法一一展开探讨，所以本小节主要结合移动化、社会化等内容生产方式的创新，对版权保护与开发等相关问题进行简要探讨。

（一）媒体内容生态转型背景下侵权行为的危害

融合发展背景下媒体内容生态得到了扩展，融合内容生态将吸引更为多元化的竞争者。新媒体希望通过融合内容的布局，保持、延伸其在网络上的影响力，传统媒体希望通过创新内容生产方式实现转型，摆脱长期以来与新媒体竞争中的不利局面，同时也会遭遇电信、广告等其他行业的竞争主体。内容作为竞争的核心内容，其版权保护成为保障新兴媒体内容生态健康竞争及发展秩序、维护竞争者合法权益、为用户提供更好服务的基础条件。

但是在新兴内容生态的发展过程中，却存在着版权保护的困局，成为制约其发展的一个因素。为了深入分析这个困局，需要对内容盗版的危害有清晰的认识。首先，如果内容版权不能得到有效保护，那么目前在各大新兴媒体平台上所取得的抵制、打击盗版的成绩也会出现一定程度的倒退。在

---

① 刘乃梁.防止资本无序扩张：平台经济反垄断规制的体系因应［J］.现代法学.2022，44（6）：162－175.

线网络与移动端发展具有很强的协同性,两者能够相互促进。移动内容盗版现象的扩大势必会对在线内容的发展产生影响,比如在百度诉讼事件中,"中国网络视频反盗版联盟"对其移动客户端盗版、盗链的控诉已经影响了百度视频的声誉。其次,抑制内容创造性的发挥。互联网是一个崇尚、鼓励创新的行业,移动互联网、移动视频更是如此。正是因为不断涌现的技术、内容、模式创新,才促成了整个行业的进步。移动内容盗版得不到控制,则会抑制创造性的发挥。因支持盗版者对市场的占据会挤压正当竞争者的生存空间,形成不良竞争态势,也不利于商业模式的创新。再次,不利于内容产业的健康发展。盗版对于产业发展的危害在出版、影视、在线网络等不同领域已经得到了印证,打击盗版的艰巨性、必要性同样成为各个行业的共识。如果内容版权不能得到有效保障,那么就无法形成健康的版权产业环境,媒体内容生态的持续发展自然也无从谈起。最后,不利于移动视频等新兴媒体形态的发展。移动视频是与移动社交、移动游戏、移动商务等许多领域紧密交织的,移动视频的内容盗版也会影响其他领域,从而对移动互联网的整体发展造成危害。

"在移动网络时代,传统版权立法已经难以满足版权保护的现实需求,版权保护与合理使用之间出现了新的冲突。"①移动内容盗版的危害及版权保护的急迫性可见一斑。技术、市场、法规等多方因素使相关部门、企业很难采取直接、有效的措施对盗版问题进行治理。中央电视台"每日农经"栏目资深编导 YGY 在采访中称:"我们栏目有些节目也会被人盗版、侵权,早些时候顶多是被刻盘盗版,传播范围也有限。但是有了互联网特别是移动互联网之后,我们的节目在官网上线,随后也会被很多人侵权转发,比如现在有些人把节目拆成片段,通过短视频账号、公众号去发,获取流量。我们辛辛苦苦做的片子,被人拿去搞流量,而且还很难维权。"②移动内容盗版现象与在线内容的盗版、侵权行为交织,进一步加大了治理难度,而移动内容又没有形成在线内容那样比较成熟的反盗版机制。于是,媒体内容生态转型背景下的侵权行为带来更大危害。

（二）内容生产方式创新与版权保护困境

"社会化媒体时代,技术赋权,受众主体地位上升,阅读方式发生改变。信息日益碎片化,社会化阅读成为一种趋势。这些变化,对于 IP 化运营是

---

① 张伯娜.短视频版权保护与合理使用判断标准探究[J].出版发行研究,2019(3)62.
② 访谈资料为本书通过深度访谈获得,访谈对象使用化名。

一个巨大的挑战。"①版权保护是 IP 化内容生产要重点解决的关键问题,移动传播生态的发展又加大了版权保护的难度。编辑室空间资源的整合与内容生产方式的创新为各种新兴侵权行为的产生提供了环境。近年来出现了大量新的侵权案例,需要从多方面入手予以综合防治和解决。在基于 IP 化生产的编辑室空间生产的分析中,本书对版权问题进行了重点分析,强调如果没有良好的版权环境,那 IP 化内容生产方式便无法发挥作用。随着移动互联网的发展,媒体内容生态从桌面向移动端迁移,使版权保护问题更为复杂,"移动互联网给著作权领域带来的影响,直接表现为作品创作、传播和使用全部以数字化方式在线完成,使得利用互联网的相关各方对著作权法传播效率的要求日益提高"②。移动互联网背景下的版权问题属于业界发展面临的前沿问题,整体来看,发达国家的传媒业同样面临着移动生态转型带来的现实问题,并无太多成熟经验可以借鉴;而国内版权相关领域的法律法规也处于调整时期。我国的发展理念与模式不同于发达国家,面临的问题与具备的基础条件也不同于发达国家,所以"无论是立法还是解释上的应对,皆须建立在本土互联网产业和版权产业特殊发展形态的基础上,同时保持谨慎观察基础上的谦抑裁判"③。

本小节基于编辑室空间规制的需要,从"移动+IP"双重视角出发,立足传播生态移动化发展驱动内容融合趋向深入的背景,以我国桌面互联网时代"流量担当"的百度为例,结合其积极抢占移动互联网发展先机、力求在移动视频领域做出战略布局的努力,以及在这一过程中出现的侵权问题,对这一问题予以分析。2018 年 8 月,"今日头条诉百度搬运视频《一郭汇》一案在北京市海淀区人民法院宣判,今日头条胜诉。法院一审判决百度在线网络技术(北京)有限公司、北京百度网讯科技有限公司侵害北京字节跳动科技有限公司信息网络传播权,须赔偿经济损失和合理支出 2.5 万元"④。今日头条于 2017 年 12 月联合郭德纲出品的短视频网综《一郭汇》受到市场认可,百度自行将节目在旗下的好看视频 APP 发布,故今日头条起诉维权。2018 年 9 月,北京互联网法院成立后的第一案就是抖音起诉百度旗下的"伙拍短视频"侵权并索赔 100 万元。2018 年 12 月,法院经过审理之后,认为"根据我国《著作权法》和相关司法解释的规定,涉案短视频是作者独

① 宋凯,李智鹏.社会化媒体时代出版产业 IP 化运营路径研究[J].中国出版,2020(6)48.
② 熊琦.移动互联网时代的著作权问题[J].法治研究,2020(1)57.
③ 熊琦.移动互联网时代的著作权问题[J].法治研究,2020(1)57.
④ 百度搬运视频《一郭汇》被判侵权[EB/OL].[2018-08-06].http://www.rmfz.org.cn/contents/16/143467.html.

立完成、具有个性化表达,具有较高难度的创造性,构成《著作权法》保护的'作品'。但鉴于本案中,视频系平台用户自己上传,被告百度作为网络服务者,接到投诉后两天内即时删除,不构成侵权。最终判决驳回了抖音公司的诉讼请求"①。其实,早在国家版权局 2013 年 12 月打击网络侵权盗版专项治理"剑网行动"沟通会上,"对百度、快播做出行政处罚,责令其停止侵权行为,并罚款 25 万元"②。在 2013 年 11 月 13 日时,优酷、腾讯、搜狐、乐视等多家知名网络公司讨伐百度,使百度一时面对众多的起诉,这也成为我国网络视频领域规模较大的一次维权行动。百度也对此做出了回应,声称已经采取了诸多措施积极打击盗版。搜狐早在 2009 年就发起成立了"中国网络视频反盗版联盟"。支持正版也成为诸多视频网站的共识,经过全行业几年的努力,我国的网络视频已经扭转了最初盗版层出不穷的不利局面,版权维护、交易渐渐步入正轨,围绕视频版权的产业链条也日渐清晰,"版权"也因此成为各大视频网站争夺的焦点资源。不过随着移动生态的发展,我国内容版权的保护仍然面临诸多挑战,盗版、盗链现象仍在危害行业的健康发展,还需要政府、企业、网民付出更多努力,探索并形成有效的版权保护机制,否则编辑室空间将会被侵权行为困扰,甚至走入误区。

　　此外,版权保护的"避风港"原则上需要在媒体内容生态不断发展的背景下做出新的解释。早在我国互联网新媒体发展之初,内容版权意识与保护措施都处于缺失状态,盗版现象十分严重。比如当时以优酷、土豆为代表的视频网站通过用户分享了海量盗版资源。由于视频网站仅仅提供传播渠道,内容的分享者为广大网民,所以网站、平台利用"避风港"原则逃避侵权的责任,助长了盗版内容的传播。同时,在网络流量、经济利益的驱使下,大量盗版影视下载网站产生了,它们不仅造成网络秩序的失效,还对电视广告、电影票房造成了直接危害。咪咕视频内容运营中心 GLJ 认为:"现在媒体环境已经发生了很大变化,很多传统的原则也有必要及时调整或者做出改变。此外,咪咕视频在内容生产、运营过程中需要处理很多版权问题,我们也发现目前很多公司还是严格遵守相关规定、尊重知识产权的,但即使如此,在工作中还是会出现很多新的问题,需要抽出很多时间去沟通和处理。"③版权保护有必要根据动态发展的媒体环境及需要做出调整,这值得

---

① 抖音诉百度短视频侵权被驳回法院:系用户上传,删除及时[EB/OL].[2018-12-26].http://m.haiwainet.cn/middle/3542812/2018/1226/content_31468533_1.html.

② 快播涉黄案调查:一个"超牛"网站何以走向覆灭?[EB/OL].[2014-09-24].https://www.chinanews.com/fz/2014/09-24/6626735.shtml.

③ 访谈资料为本书通过深度访谈获得,访谈对象使用化名。

多方主体共同关注与协商,并且在这一过程中充分梳理各种与版权相关的新问题、新现象,探讨相应的解决方案,为内容生产与开发创造良好的版权环境。不过随着全社会数字版权意识的增强以及政策的管控,各大视频网站开始坚持做正版内容,一批下载网站已经纷纷转型或被关闭。尊重版权、保护版权成为行业共识,投入重金购买独家版权成为行业竞争的重要手段。

四、传媒伦理领域的新问题

媒体内容生产方式的创新推动传播技术、模式、生态的变化,并且在社会生活的诸多层面产生影响。"媒体伦理失范问题也接踵而至,编辑室空间生产过程中存在大量导向偏差、把关不严的现象,特别是在自媒体编辑空间中尤为明显,使融合内容的传播不仅消解了一部分传统的社会道德,也削弱了人的主体意识,导致现实中人际关系的疏远,人们责任意识淡化及道德滑坡等"①。面对这一问题,深入研究媒体伦理失范、缺失问题的成因,对编辑室空间予以相应的规制,已成为传媒领域需要重视和解决的迫切问题。

（一）传媒伦理的内涵及新背景下的失范现象

传媒领域的伦理与道德现象广受大众关注,这些现象借助各类媒体平台的传播,能够对社会生活产生深入影响,所以有必要基于传播学、伦理学等多学科理论对这一方面的问题予以研究,探究不同媒体背景下传媒伦理问题的成因与规律。《新闻学简明词典》对新闻伦理学做了如下定义:"研究新闻工作者的职业道德产生与形成规范的科学。"②不过传媒形态的发展超出了许多人的想象,"中国媒介的数字化发展和融合脚步加快,但虚拟世界的伦理道德问题也不断凸显:娱乐主义、消费主义抬头,砸烂与颠覆思想泛滥,泛道德主义对法律和社会制度的绑架,一波波舆论狂潮席卷之下,使置身在市场化环境中听命于公众趣味的媒介再受洗礼,如何坚持职责理念的目标和立场成为一个严峻的课题"③。"传媒伦理首先是对人们行为善恶选择的系统性探究,其次也试图界定那些构成价值与生活规范的被作为个体、群体或文化共同体的人们所共同认可的原则性的东西。"④随着媒体内容生态对社会生活影响的逐步深入,很多传媒伦理与道德事件表现出不同于传统媒体时代的新特点,需要基于此思考传媒伦理治理路径的创新。此外,传媒伦理领域的学术研究也积累了丰富的成果,比如网络伦理学,"以网

①　严三九,刘峰.试论新媒体时代的传媒伦理失范现象、原因和对策[J].新闻记者,2014(3)25.
②　余家宏,等.新闻学简明词典[M].杭州:浙江人民出版社,1984.
③　孟威.媒介伦理的道德论据[M].北京:经济管理出版社,2012.
④　郑根成.媒介载道:传媒伦理研究[M].北京:中央编译出版社,2009.

络道德为研究对象,认为网络道德是探讨人与网络之间的关系,以及在网络社会中人与人之间关系问题的范畴"①。

　　在内容生产方式日益发展的背景下,传媒伦理失范现象呈现新的特点,其出现及存在的方式和维度有着多元化、复杂性的趋势,并且在各类传播平台、诸多传播领域中广泛存在。基于传媒伦理失范行为主体的角度,此类问题可概括为3类。首先是由传媒行业从业者的行为不当所造成的伦理失范问题,从业者的工作态度、职业素质是这一类问题中的关键因素。比如"2011年10月23日,深圳一名女子被联防临时工强奸,她的丈夫因为恐惧在事后一小时才报警,此事引来了大批的媒体记者,用镜头和文字描绘出一个'最窝囊丈夫'的形象,受害者及年幼的女儿也完全曝光于全国观众面前"②。如果只依据新闻业务的标准,这个案例中的记者们非常"敬业",但是他们却未能意识到,整个事件中的当事人需要得到尊重,记者们对当事人缺乏信息保护的做法是一种违反新闻伦理道德的失范行为,所以他们付出大量劳动采写的内容根本算不上新闻作品。其次是由传播机构、媒体单位行为不当导致的伦理失范问题。比如上文分析的"百度盗版与盗链"问题,很多传播机构、媒体单位为了在传媒市场上获得竞争的有利局面,会钻法律、法规或者行业规章的空子,为了经济利益做出有违传媒伦理的行为。最后是受众行为不当造成的传媒伦理失范问题。媒体生态发展为受众提供了自主传播信息和表达观点的便利。近年来在大量突发事件的传播过程中,总离不开受众基于社交平台等渠道自主获取与传播信息,很多受众在第一时间发布信息和评论,在给公众提供有效信息的同时也为传媒伦理失范问题的产生提供了可能,如几乎每次突发事件中都会有大量谣言在网络平台传播,甚至在很多事件中会产生不良影响的辱骂、诋毁等内容。

　　上述诸多问题近年来多次引发舆情事件,受到受众关注。这表明新背景下传媒伦理依然面临严峻考验:"新媒体传播的多元价值文化传播的形成是由内容信息及传播技术方式两种因素共同造就的,而后者是决定性的,它为不同性质的信息传播提供了技术通道,也结构性地提供了干扰主流社会媒介意见的'噪音'。"③上海教育电视台主持人ZMR在采访中提出:"近年来我们新闻工作者队伍、工作环境、工作方式都产生了很大变化。随着传媒环境的变化特别是各种新兴媒体的发展,很多从业者的心态也产生了变化,

①　史云峰.网络伦理学初探[J].郑州大学学报(哲学社会科学版),2002(3).
②　严三九,刘峰.试论新媒体时代的传媒伦理失范现象、原因和对策[J].新闻记者,2014(3)25.
③　俞超.技术暴力与社会重构:网络传播的后现代文化伦理[J].当代传播,2011(1)35.

要去追求更高的曝光量、更大的流量,所以便出现了一些违反基本职业道德与规则的问题。"①传媒生态高速变化必然对传媒伦理提出新的要求,而这些问题的规范发展需要时间,需要各界对传媒伦理问题予以足够重视并积极探讨针对性措施。

（二）新背景下传媒伦理失范现象频发的原因

行业管控、技术模式、传媒素养等诸多因素都能够在传媒伦理失范问题中产生影响,而且这些影响会在编辑室空间生产过程中直观地体现。内容生产方式创新在一定程度上为传媒伦理失范现象的多样化发展提供了可能性。新兴媒体的发展赋予各类内容生产主体"零成本"的信息传播功能,而且这种信息传播行为具有很强的开放性和隐匿性特点,增加了信息有效监管的难度。编辑室空间把控力在这一过程中被弱化,传统编辑室的审核机制与流程被打破,把关人的职能在一定程度上被消解,很多内容未经及时、严格的把关即在网络平台上广泛传播。同时,很多新兴数字技术及传播模式还存在不成熟之处,为传媒伦理失范问题的滋生提供了可乘之机。

相关法律法规的不健全导致诸多传媒伦理失范问题在处理过程缺乏依据。这属于传媒伦理的"他律"范畴,内容生产方式创新过程中出现的新特征消解了诸多传媒主体的自律性。在相关法律法规不健全,以及管理机制建设跟不上的情况下,必然导致传媒伦理失范问题的频发。此外,无论是记者、编辑、还是受众,都是社会生活的组成分子,现实社会生活中存在的各种伦理相关问题也会在传媒领域产生投射。诚信危机、价值观畸形等在各类新兴媒体平台都已存在,在一些事件中甚至会产生比在现实生活中更加负面的影响,"在现实社会中,人们的交往范围是实实在在的,面面相交、口口相传的行为都受制于一定的时空内,所以传统的道德和法律体系得以较好地维护和执行,在这种'他律'较为健全的环境中,人们的道德行为相对严谨。而一旦走进媒体融合环境,在'他律'缺失的条件下,道德观念、意识的约束作用会随之弱化,造成许多人在面对高自由度的信息空间时做出违反道德原则的行为"②。由此,社会生活中适用的一些准则在一定条件下无法在各种新兴媒体平台起到现实场景中的作用,进而导致"他律"缺失等问题。同时由于新兴媒体传播中特定的伦理与道德规范在与受众交流互动过程中需要经过传统道德规范的校验,两种理念会经历长久并存与磨合的过程,容

---

① 访谈资料为本书通过深度访谈获得,访谈对象使用化名。
② 严三九,刘峰.试论新媒体时代的传媒伦理失范现象、原因和对策[J].新闻记者,2014(3)26.

易导致新兴媒体平台上用户行为的模糊性。

市场经济发展在一定程度上强化了各方传播主体的利益诉求,并在传媒伦理层面产生影响。近年来较为典型的趋势是,"在经济利益驱动下,许多媒体迅速向'星、腥、性'的娱乐化新闻转变,通过吸引眼球换取点击率、流量与收益;更有甚者,网民隐私的保护也难以得到保障,这个问题在大数据时代到来之后将更为明显,网站可以通过隐私、用户信息赚取点击率,商家可以通过出售数据库信息获利,不论其是否侵犯用户隐私,这往往对用户的个人生活造成困扰和危害,而这些道德行为严重失范的人却往往因为躲藏在数字符号的形象里而逍遥法外"①。我国市场经济发展的成就巨大,但经济快速发展的同时,道德文化的建设在诸多环节被忽视,由逐利趋势所形成的负面理念、失范行为在传媒领域大量存在,部分传播主体在市场竞争的重压之下会忽视传媒伦理的要求。

五、管理机制与方法的创新问题

我国媒体管理机制层面同样存在亟待关注与解决的问题。要从行业层面推动内容生产方式的发展,离不开系统性的战略部署、对相关资源与要素的全局性统筹、对行业层面问题的科学规制。而政府主管部门职能结构的搭建以及管理机制的优化是科学规制的决定性要素。我国新闻传播管理机制中依然有诸多缺陷,需要面向内容生产方式发展的趋势与要求,依据深化改革的精神不断优化。如果改革力度不够,不仅会制约传播业务及传媒业的进化,还无法在社会转型、经济发展中发挥应有作用。传媒业发展趋势的变化要求国家在行业行政管理层面做出相应调整,改变不适应融合发展趋势的传统理念与做法。数字技术的发展要求行业管控必须顺应媒体演化趋势,探索更为科学的管理机制与方法,引导不同类型的媒体实现更为高效的融合发展。国家推进各领域体制改革的力度持续加大,为了推进传媒领域管理机制的现代化,也为了给各领域的改革创造良好的全局性传播环境,有必要加快推进我国媒体管理机制与方法的创新,这成为深化改革过程中的一项急迫任务。整体来看,我国目前媒体管理机制存在的问题和缺陷可以体现为如下几方面。

(一)我国媒体管理机制相对滞后和时代发展对媒体内容生产、传播能力的高要求之间的矛盾

"公共服务的基本内涵就是要面向社会和公众,坚持以人为本、以服务

---

①　严三九,刘峰.试论新媒体时代的传媒伦理失范现象、原因和对策[J].新闻记者,2014(3)27.

为本、以维护公共利益为本、尽可能把公众欲知、应知和未知的,与其利益、兴趣、情感和认知密切关联的新闻与信息及时、充分、准确地提供给他们。"①我国在媒体内容生产、传媒公共服务等领域都需要进一步提高水平。融合发展加剧了媒体内容与信息的无序化、碎片化,传播体系在提升媒体内容生产与传播效率的基础上还需要强化专业化、规范性。SMG五星体育频道党总支书记 TLF 认为:"整体来看,这十多年来传媒业态的发展实在是太快了,很多曾经的新媒体没几年也成了传统媒体,市场竞争的热点与逻辑有时候让很多人反应不过来。同样有点反应不过来的是我们的管理机制与管理方式。管理机制与方式的调整涉及很多方面的人和事,无法像传媒市场与公司策略那样说变就变,说调整就调整,所以很多传统的管理思维还会延续,很多传统的管理方式仍在应用,这难免会和传媒市场的需求产生一些冲突。"②相关管理者需要认识管理机制改革与调整的急迫性与重要性,持续关注并推进这一具有长期性与战略性的问题。

(二)相对落后的媒体管理机制与基于深化改革扩展提升新闻传播体系功能之间的矛盾

我国在经济体制或者政治体制领域的深化改革均会对新闻传播体系提出新的要求,新闻传播体系的改革也需要与社会系统中的其他领域紧密配合,如在"加快完善社会主义市场经济体制和加快转变经济发展方式的部署中要发展现代信息技术产业体系,健全信息安全保障体系,在坚持走中国特色社会主义政治发展道路和推进政治体制改革的部署中提出要健全权力运行制约和监督体系……保障人民的知情权、参与权、表达权、监督权"③。当下我国新闻传播管理体系在诸多方面还有待完善和提高,如群众路线的贯彻、助力社会公平正义的体现、舆情管控与引导能力的提升,都有待在深化改革中优化。

(三)我国媒体管理机制长期以来带有比较明显的行政化特征,处于宏观计划和市场调节"夹缝"中的传媒市场化运用存在一定程度的"先天性不足"

虽然在近年来传媒领域诸多改革措施与市场化发展的双重推动之下,一批优秀的传媒集团、企业获得长足发展,形成了强大的竞争力,传媒产业也得到了结构性的优化,但是随着各种新型内容生产方式的发展,媒

---

① 郑保卫,宫兆轩.新闻传媒业发展的新要求新期待:党的十八大报告学习笔记[J].新闻记者,2012(12)3.
② 访谈资料为本书通过深度访谈获得,访谈对象使用化名。
③ 刘峰,严三九.关于构建科学合理高效的现代新闻传播体系的思考[J].新闻记者,2013(5)86.

体管理机制层面存在的诸多问题开始凸显,例如广播电视领域基于行政化考量设置的"四级办台"已经在很多环节成为内容生产方式创新实践的限制因素。

（四）我国的媒体管理存在条块分割的问题

显著体现是传统媒体地域性的行政分割管理,以及不同传媒业务类型的分散管理。比如原广电总局负责主管广播、电影以及电视,原新闻出版总署则负责分管新闻、出版。但是广播电影电视和新闻出版在融合发展中的交集越来越多,两个主管部门在行业管理过程中会在很多环节出现职能冲突,比如我国广播电视与电信行业的分行业管理在一定程度上限制了广播电视与电信的融合发展,也使广播电视、电信分别错过了一些新媒体、新业务的机遇,反而是很多创业公司在短时间内抓住各类"风口",成为当下各个细分领域的互联网平台。

（五）媒体管理领域的法律法规不健全,监管仍需加强

目前在世界范围内,网络治理与网络文明构建都是前沿课题,互联网的快速发展推动了人类社会的进步,但是如何治理互联网也考验着人们的智慧。以云计算技术的应用为例,它"突破了互联网终端的相对隔离性,如果在法律层面缺乏对'云'的规制和掌控,侵犯网络版权将变得更加容易,侵权成本进一步降低,而执法成本将进一步上升"[①]。另外,从业者面对许多问题,没有现成的法律、法规可供参考,也没有相关的案例作为借鉴,所以对内容生产领域的新问题、新纠纷、新矛盾的判定都要靠实践中的大量摸索。

综上,在内容生产方式创新过程中,各种问题凸显。只有强化国家规制,优化顶层引导,才能为解决这些"新兴"问题营造良好环境。先进智能技术更迭的速度已经超越了政策管控优化的速度,近年来已经导致诸多因技术模式更新而出现的各种新问题。主管部门需要尽快发现问题并打好"补丁"。比如在数据化内容生产方式不断成长的情况下,受众信息将进一步"透明化",各类媒体使用习惯、生活习惯均转化为数据,储存于网络空间,为滋生传媒伦理问题提供了环境。主管部门亟须宏观把控并制定严格规范的行业法律法规。此外,长期以来始终未能有效解决的数字安全、知识版权等问题也会出现各种新的表现形式,"从世界范围来看,知识版权保护与数字安全领域诸多盲区,如果不能够有效解决,那媒体健康发展便无从谈起"[②]。所以说,

①　韩缨.云计算环境下网络版权保护问题和应对策略[J].中国出版,2012(10)54.

②　刘峰,郝红霞.从全媒体发展视角解析国家新闻出版广电总局的组建[J].编辑之友,2013(10)24.

内容生产方式创新在推动传媒业变革的同时,也在改变着媒体与社会的关系,需要从管理规制层面对这一趋势予以回应。而且因为媒体发展领域的诸多问题带有超前性,在很多场景中都存在监管滞后的现象,所以需要从国家规制、顶层设计的高度出发,形成对这些问题的前瞻性把握机制,为改善政策、管理环境创造条件。总之,如果内容生产方式创新与管理规制之间存在不适应、不吻合的问题,那么编辑室空间生产便会陷入困境,走入误区,技术、资本、人才等各种因素无法在编辑室空间生产发挥应有的积极作用。地域行政分割、媒体业务分散、管理分散等问题都是编辑室空间生产需要克服的问题,有的问题能够借助传媒市场发展、业态进化的势能实现突破,有的必须通过规制层面的创新才能解决。而且传媒市场发展、业态进化的势能还会带来很多负面影响,同样需要通过科学的规制来理顺这些负面影响对编辑室空间关系的作用。

第二节　编辑室空间生产的规制路径

IP 化、社会化、移动化、数据化、智能化的融合发展趋势推动媒体内容的生产方式不断演化,针对这一过程中编辑室空间关系的变化,规制也需要具备融合性,单纯针对某一维度的规制路径已经不能适应当下的传媒业态要求。内容生产是编辑室空间中的核心任务,保障内容生产也是优化规制行为的目标与落脚点。但是内容生产方式的迭代发展对传统的编辑室空间形成巨大冲击,创新的实践不仅体现在编辑室空间与结构的优化,还体现在空间意义的生产。编辑室空间意义的生产也体现在诸多方面,比如生产主体的行为失范会导致传媒伦理问题的突出,职业道德失范会导致新闻生产风气浮躁,这些都是编辑室空间生产过程中需要予以规制的内容,否则编辑室空间意义便无从谈起,编辑室空间形态与结构的创新也会流于形式。本节针对上述问题,从编辑室空间生产规制层面做出思考,从几个层面探讨具体规制路径,虽然与上节探讨的问题并非严格的一一对应关系,但是规制路径的探讨均是针对上述多个问题展开的。

一、国家主管部门从多维度加强规制与管控

内容生产方式的迭代发展关系到未来媒体生态的发展。编辑室空间生产过程中存在的诸多问题,需要从国家政策、管控等层面加强规制,这离不开主管部门多方面的探索与规制。主管部门需要针对不同的问题探索可行

的规制路径,充分发挥政策优化、行业规章、业态引导等多种方式的积极作用,逐步从宏观层面建立起针对媒体内容生产过程中多方面问题的有效机制,促进媒体内容产业的健康发展。

（一）加强政府的政策引导,积极推进媒体内容生产相关领域的法律法规建设

许多国家已经将媒体内容生产相关的技术革新、生态布局等提升为国家战略,比如智能传播、AI 内容生产、元宇宙内容布局。人工智能、元宇宙、大数据、物联网的建设也在积极推进,而且诸多内容联系紧密,媒体内容创新生产实践是其中的重要组成部分,国家需积极出台并优化相应政策以支持、推进其发展。上海教育报刊总社学生媒体发展中心总编辑 ZYP 称:"近年来党和国家特别重视媒体行业的健康发展,推出了一系列指导性的文件,针对传媒产业存在的突出问题制定了多项政策,均取得了显著的成效,比如对平台型媒体的治理,对资本的治理,对网络安全、内容安全的把控。所以,有必要进一步优化媒体行业管控、政策法规建设的作用,通过这些手段推动传媒产业、传媒生态健康的有序发展。"①通过政府的引导推进内容产业进步、技术革新、基础建设、内容生态治理、版权保护等方面的基础环境建设,为媒体内容生产实践的开展、编辑室空间生产相关问题的解决创造了条件。

（二）引导资本、技术要素发挥积极作用,同时有效规制其负面作用

资本与数字技术的进步是推动编辑室空间生产的重要基础要素,国家主管部门需通过多种措施激发资本和技术要素的积极作用,使其有效推动内容生产方式的发展,同时有效规制不同要素存在的各种弊端与漏洞。比如针对云计算技术的漏洞使许多存放于云端的恶意代码具备很强的危害性,安卓系统的开放性使许多 APP 被恶意篡改,监测技术的不完善导致移动智能终端侵犯用户隐私等问题,可以通过行业管控引导与解决。

（三）多方引导、提高受众的媒介素养

通过上文关于智能传播时代编辑室空间主体关系结构变化的探讨,可以发现受众在编辑室空间生产中的主体性作用得到提升,而受众的媒介素养也成为与编辑室空间生产具有高度相关性的课题,与提升内容生产效率、体现编辑室空间生产的意义与价值有内在关联。政府需积极引导,整合多方主体,共同提升受众在新的媒体生态中的媒介素养,这能够为版权保护、

---

① 访谈资料为本书通过深度访谈获得,访谈对象使用化名。

传媒伦理等多重问题的解决创造更为有利的条件。受众的媒介素养其实长期以来是广受关注的课题，政府、学校、媒体都做了大量工作，一方面提高受众使用新兴媒体、获取信息的能力，一方面提高网络道德与文明水平。随着传播环境的不断演化，面对诸多新特征、新问题，相关主体需要及时采取多元化的措施，提高不同年龄、不同阶层的受众在移动智能终端的信息素养，共创文明的媒体内容生态环境。

（四）打造并维护良好的媒体内容产业与市场环境，规范市场主体的内容生产与竞争行为

绝大多数创新型内容生产方式最终需要在传媒市场上得到应用，并且在媒体内容产业发展中发挥作用，市场主体也将成为编辑室空间生产过程中具有话语权与影响力的空间主体。在某些场景中，市场主体无法完全把控自己内容生产实践的方向，进而产生违背基本原则的问题与乱象。这就需要主管部门打造并维护良好的内容产业与市场环境，在为各类市场主体提供基础环境的同时，也对其生产与竞争行为形成有效引导与规制。

二、构建科学、合理、高效的现代传播体系

上述各类问题的解决离不开国家主管部门的积极引导，同样离不开诸多空间主体的协商互通、合力推进。只有积极引导多元主体的共同参与，积极推进科学、合理、高效的现代传播体系的构建，才能体现编辑室空间生产实践的意义与价值。空间规制不仅是为了每个媒体单位编辑室空间生产的规范性、科学性、有效性，还是为了以编辑室空间生产为支点，推动融合背景下我国现代传播体系的发展与进步。构建科学、合理、高效的现代传播体系，是智能传播背景下新闻传播业发展的保证，也是编辑室空间规制不断优化的目标。

从目前我国传播体系存在的问题与缺陷可见，我国社会经济转型升级发展对新闻传播工作提出了更高的要求，在此背景下"构建现代传播体系必须用全局眼光进行整体的把握，全方位、立体化地提升行业规范性、专业性和竞争力，使我国的传播体系更为科学、合理和高效"①。构建科学、合理、高效的现代传播体系需要新闻传播理念与时俱进。宣传长期以来一直是我国新闻传播系统最为核心的职能，这一理念随着经济社会的发展以及媒体

---

① 刘峰，严三九.关于构建科学合理高效的现代新闻传播体系的思考[J].新闻记者，2013(5)88.

生产实践的发展具备了新的内涵,新闻传播系统的职能、任务均具有了新的时代化表述及特点,"处理宣传与新闻的辩证关系很大程度上成为决定作品质量及最终传播效果的关键因素"①。科学、合理、高效的现代传播体系的构建与发展必须牢固建立在尊重新闻传播演化规律的基础上,"剥掉了那些壳,露出了新闻的核,为主题宣传报道打开了一扇窗,给了更多的发挥空间和可能,而不去纠缠于各种说教、数字堆砌"②,在业务层面需要改变空洞的表达以及表面化的工作方式,在传播理念层面需要贴近群众生活,基于新闻传播发展理念与业务的多层面进步,在现代传播体系的构建中不断创新与探索。

随着媒体与社会生产、生活关系的日益密切,新闻传播行业对社会发展的促进作用不断彰显,但是它能否在我国深化改革的进程中创造有利的舆论环境并起到舆论监督的作用,取决于传播体系的建设。目前我国的传播体系仍然存在诸多亟待解决的问题,其相对较低的发展水平制约着新闻传播行业的发展,同样制约着经济、社会的发展,与日益提高的改革开放的现实需要构成矛盾,需要通过现代传播体系的构建来解决。现代传播体系的构建,需要更新理念,努力维护社会的公平正义,迎接内容生态转型的各项挑战,提高国际传播综合能力,培养优秀的新闻传播人才,达到"科学、合理、高效"的标准,实现传播体系自我完善的目标,满足社会发展对传播体系的要求。当然,现代传播体系的构建是一个动态过程,需要在实践中不断发现并解决新的问题,紧跟时代与社会发展的需要,才能真正发挥其应有的功能与作用。

三、面向多元主体的传媒伦理失范与规制

编辑室空间生产过程中的诸多问题均需要多方主体共同合作、协商解决,通过多元空间主体关系结构的调整与优化,为解决各种问题创造条件。在此结合传媒伦理失范问题的规制展开探讨。

(一) 传媒伦理失范的规制需要政府主管部门发挥"调节者"的作用

主管部门承担着行业管控权责,需要把握媒体内容生态发展的新特征及要求,针对传媒市场上由激烈竞争激发的诸多伦理失范问题,寻求有效的管控与规范措施。整体来看,需采取宏观监管与整治措施,引导现代传播体

---

① 刘峰,严三九.关于构建科学合理高效的现代新闻传播体系的思考[J].新闻记者,2013(5)88.
② 杨阳.剥去主题宣传的壳,露出新闻的核[J].电视研究,2012(11)45.

系的构建,强化对传播机构、从业者等主体的监管;当然也需要细节入手,充分利用各种宣传、教育、引导方式,多方提升受众的媒介素养,建立健康的媒体使用观念和习惯。当然,随着这些措施的效果的逐步显现,也会提升媒体监督政府的成效,实现政府与媒体关系的双向优化,有利于推进媒体内容生态的健康发展。

(二)传媒伦理失范的规制需要不断完善法制,推动传媒伦理体系建设

对各方主体的"自律"体系与意识予以引导,强化编辑室空间主体的职业道德、行业自律,使之成为各类传播主体用于指导自身传播行为的内在理念;完善与之相应的传媒伦理评议体系,有效组织并充分发挥行业专家、媒体组织、受众的监督作用,比如举办常态化的传媒伦理评议以及表彰活动,形成正向的示范与引领效应。监督机制的逐步完善、职业道德规范的提升,都离不开媒介素养的加强。"媒体素养是指使人们具备使用媒介和有效利用媒介的能力,并建立获得正确媒介信息、信息产生的意义和独立判断信息价值的知识结构。"①媒体内容生态发展带给各类传播主体极大的"发声"自由度,各类内容生产主体的媒介素养之于传媒伦理的发展相当重要。需统筹主管部门、行业协会、院校等各方力量,共同提升传播主体的媒介素养,使他们提高辨别信息质量和善恶美丑的能力,明确解决传媒伦理问题的正确方式。

综上,以不同空间主体的角色类型为依据,可以从传媒从业者、媒体、受众三者入手来审视传媒伦理失范问题。这三者是紧密联系的,需要综合考量各种主体在传媒伦理失范问题中的作用。以上从管控、他律、自律等方面,基于比较宏观的视角对如何加强传媒伦理失范问题的引导、规制做出相应思考,还需要结合三种主体的具体发展需求做具体化探索,寻求更为有效的措施。在"三元互动"的过程中,需要强调传媒从业者的作用。"传媒从业者处于这三者之中的一个关键环节,能够对传媒机构、受众产生直接影响,无论是传统媒体从业者还是新媒体从业者,其行为都会在传媒伦理治理过程中起到不可忽视的作用。"②所以业内在大多数情形下均以从业者为主要对象展开传媒伦理方面的教育与管控。"凝结人类高科技发展水平的网络媒体,自然也标志着人类社会进化的水平,在这样一种高度发达的社会形态中,自觉的道德规范的遵守应该更具普遍性、操作性。它弥补了传统法律只能惩恶,不能劝善,只规定人们什么不应该做、什么必须禁止,而没有指明

---

① 李建军,刘会强."人肉搜索"与网络传播伦理[J].当代传播,2009(3)74.
② 严三九,刘峰.试论新媒体时代的传媒伦理失范现象、原因和对策[J].新闻记者,2014(3)29.

什么是应该去做、什么是鼓励去做的诸多缺陷,显示出社会管理体制中人类行为的高度自觉性。"①编辑室空间生产对社会生活发展的作用是积极的,在推动社会伦理建设领域的影响也是正向的,只是在社会结构调整以及传媒生态转型过程中,诸多环节监管的缺失与教育的不足导致突出的传媒失范问题。这是由社会发展和媒体演化规律所决定的。传媒伦理失范问题的破坏性已经得到社会各界的重视,从业者不能因传媒伦理问题频发、管控规制难度大而否定内容生产方式的创新与迭代,而需要聚合多方主体的力量,共同关注、探讨、思考规制的有效方案,并在传媒行业的发展中逐步解决传媒伦理问题。

四、行业内容生产风气的引导与规制

从主体性层面强化编辑室空间主体在内容生产实践中的积极状态,提升对各种问题的认识,主动优化实践方式,是对编辑室空间主体的有效规制方式。基于此,可以从职业道德、行业风气等层面加强引导,通过在媒体行业层面引导从业主体保持积极、健康的内容生产状态,规范多元主体的内容生产实践行为,大幅降低各类问题出现及产生负面影响的概率。国家对传媒行业的内容生产风气、对媒体从业者的职业状态等问题均给予高度重视,也采取了诸多措施,开展全国范围的学习活动来引导媒体内容生产者的实践活动,通过行业性的活动对编辑室空间主体的行业认知、行为规则进行引导与规制。中宣部、中央外宣办、国家广播电视总局、新闻出版总署、中国记协等五部委联合部署的"走基层、转作风、改文风"活动在我国新闻战线得到深入开展。时至今日,其影响也已经远远超出新闻领域,在社会生活、文化的许多方面都产生了积极作用。习近平总书记在全国宣传思想工作会议上提出"四力",强调"宣传思想干部要不断掌握新知识、熟悉新领域、开拓新视野,增强本领能力,加强调查研究,不断增强脚力、眼力、脑力、笔力,努力打造一支政治过硬、本领高强、求实创新、能打胜仗的宣传思想工作队伍"。编辑室主体不同的行为模式、与社会生活不同的互动方式都是影响编辑室空间意义生产的内在因素,践行"四力"可以加强对编辑室的有效规制,体现了编辑室主体内容生产态度、方式的优化,不同的"四力"实践会体现在编辑室空间意义过程中。

以"走转改"、践行"四力"等为代表的传媒行业内容生产风气的引导,其意义不局限于具体编辑室空间自身的发展,且对新闻工作、传媒市场、国

---

① 钟瑛.论网络新闻的伦理与法制建设[J].新闻与传播研究,2000(4)24.

际传播等方面都有直接作用。通过行业内容生产风气的引导,不仅能够在具体的编辑室空间生产中催生形态多样的精品栏目、版面,切实使我国传媒从业者的面貌得到改善,从荧屏到报端刮起一阵清新之风,而且受到群众的欢迎和认可。澎湃新闻政治新闻部总监 CLF 认为:"媒体内容生产问题是有必要持续加强引导和教育的,不能放松,无论是从国家层面出发进行引导还是从单位层面出发加强教育。引导与不引导、强调与不强调,往往会有很大差距,这种差距能够在新闻产品的质量、生动性、受众认可度等多方面表现出来。"①通过行业内容生产风气的引导,使内容生产者改变传统的工作方式以及生硬呆板的采写方法,让他们在与群众的交流、学习中获得鲜活的感悟,增加个人的社会经验与生活阅历,从而提高整个媒体人才队伍的业务水平。从业者同时能够在实践中增强使命感与责任感,传承与发扬优良行业传统。

在媒体内容市场发展过程中同样要注重强化行业内容生产风气的引导。传媒市场的发展带来了媒介形态与产品的多样化、受众选择与信息使用习惯的多元化。对于参与竞争的各类生产主体来说,先要有效获取受众的注意力资源,得到他们的选择和认可,解决自身的生存问题,同时也要把基本的内容生产原则、媒体责任等落到实处,否则只能被淹没在残酷的传媒竞争中,发挥自己的社会责任便也无从谈起。优秀的媒体内容生产者不仅要通过多种途径应对竞争带来的各种危机,还要面对我国社会、经济转型所带来的愈发纷繁复杂的社会现象,面对人们思想的日益开放和多元。通过内容生产风气的引导,在经济发展、政治与社会责任等方面承担应有的任务,在获得经济效益的同时也能更好履行新闻媒体的社会责任。

五、基于参与社会治理及意义生产的编辑室空间规制

随着编辑室空间与社会生产生活空间的交集日益扩大,编辑室空间主体具备了参与社会治理的更大可能性。而社会意义是编辑室空间生产的重要目标指向,编辑室空间与社会生活空间的交融不断深入,为编辑室空间参与社会治理创造了条件,"外向"生产也成为编辑室空间生产的重要内容。聚焦社会结构转型与传媒生态发展背景下媒体与社会的关系,编辑室空间主体的规制有了新内涵,同时对其规制理念和方式提出了新要求,"推动传媒改革发展……是在解一道'三元方程',这三'元':是否符合政策环境、是

---

① 访谈资料为本书通过深度访谈获得,访谈对象使用化名。

否符合市场需求、是否符合新闻人的理想且对得起大历史"①。多种主体力量在上述"三元方程"发挥作用,各种空间主体在媒体与社会的互动中相互作用、交织。而通过面向社会治理的实践,便于引导、规范编辑室空间主体的行为,需要基于媒体在社会治理中的作用、依据社会效益的需求而展开,通过异质逻辑的引入,增加对编辑室空间主体的规制维度。

以社会治理目标为指向,引导多元空间主体在社会生活中基于媒体传播之纽带聚合成一个整体,由此能够丰富对编辑室空间主体的规制路径。上海市普陀区融媒体中心记者 DWX 在采访中称:"我们融合中心经过几年的发展,已经不仅仅是传统意义上的基层媒体了。除了能够完成新闻采编、信息传播等基本的媒体职能之外,我们开始在基础社会治理、社区沟通中发挥越来越大的作用。区政府的很多办事端口已经嵌入我们的移动客户端。我们中心的媒体产品就是政府的办事大厅,能够给市民提供很多便利。通过积极参与基层社会治理,融媒体中心找到了新的发展方向与路径。"②社会治理离不开诸多主体的协调与沟通,媒体作为一支重要力量有效参与社会治理,可以发挥积极作用。但如果应用不当,也会影响正常的社会治理工作。"社会管理是在借鉴国外公共管理学科思想并结合我国独特语境的基础上提出的概念,即政府和各类社会组织为促进社会系统协调运转,对社会成员的行为进行规范,对公共事务进行组织、协调、服务、监督和控制的过程。"③媒体在社会治理过程中作用的提升及其多元化发展,体现了编辑室的固有属性与功能的扩展性。编辑室不再只作为内容生产与传播者,还能够扮演大众意见的呈现者、各方社会关系的有效协调者等重要角色。"随着当前媒体改革的深入,网络等新媒体对新型传播关系、传媒组织结构的影响,以及全球化传播带来的中西新闻传播理念的沟通和融合,媒体正逐渐回到其本源和核心——负责的传媒。"④相关部门需要引导编辑室空间主体成为"负责的传媒",实现由"内容生产与传播者"到"社会治理参与者"的角色转变,以服务百姓、帮助观众解决生活中的各种问题为宗旨。

目前公共服务的参与主体和方式日趋多样。引导编辑室空间主体参与社会治理,既有利于实现公共服务方式的创新,又便于发挥媒体在社会治理

---

① 张涛甫.中国媒体改革动力机制分析[J].新闻大学,2006(4)89.

② 访谈资料为本书通过深度访谈获得,访谈对象使用化名。

③ 黄河,王芳菲.新媒体如何影响社会管理:兼论新媒体在社会管理中的角色与功能[J].国际新闻界,2013(1)101.

④ 刘军茹.论媒体改革中媒体责任和功能的缺位[J].河北师范大学学报(哲学社会科学版),2011(3)149.

过程中的积极作用,由此同步引导和规范内容生产与传播主体的实践行为。对于编辑室空间主体来说,也是实现自身空间架构与功能革新、实现创新发展的良好机遇。编辑室既不能在社会治理的任务中缺位——这是媒体与社会转型的双重背景共同赋予媒体的职责,又不能越位——需要科学认识媒体在社会治理中应当发挥什么样的作用,怎样发挥作用。比如通过引导编辑室空间主体在社会治理过程中的良性参与,有利于舆论引导机制的逐步成熟。"新媒体的快速发展深刻改变了舆论的生成与传播方式,对当前的网络舆论治理提出了新要求。建立多元化交流平台,完成从单把关人到指路人的角色转变。"①由此,编辑室空间主体在舆论引导中的主体责任意识得到提升,不仅有利于杜绝内容生产者参与虚假舆情的发布与传播,还能够吸引更多主体关注网络舆论防控,创新舆论引导模式。推进媒体编辑室积极参与社会治理,有助于媒体编辑室空间实现从形态、结构变化到意义生产的跨越,同时在这一过程中引导编辑室空间主体规范行为,体现内容生产实践的社会效益。可以引导编辑室空间主体聚焦受众生活中的痛点,找到参与社会治理的切入点,其内容生产理念与方式均以受众现实生活中存在的迫切问题为导向,通过调动媒体资源为受众解决问题来实现社会治理功能。这样不仅能够解决大量社会问题,还可以彰显编辑室空间主体在社会治理中的职责与使命。

六、内容版权保护与开发路径的探索

面对移动化、智能化发展等趋势之下媒体内容版权保护的困局,为了产业能够健康、持续地发展,我们必须采取措施抵制盗版,需要在实践中针对各种实际问题探索具体的解决方案。本书探讨的多种内容生产方式,从技术到商业模式都带有很强的创新性,移动、智能平台上的盗版、侵权行为与传统案例相比,也具有许多新特征。所以在内容版权保护与开发的路径探索过程中,也应该体现较强的创新性,以新的方式达到对盗版行为的有效治理。"避风港原则进入'深水区','避风港'的边界因这些新的技术、模式而变得模糊,传媒市场中出现的新兴互联网中介机构及模式需要新责任制度,以确定新环境下权利和义务的范围。"②媒体内容生态转型中存在的版权困局已经成为阻碍行业健康、持续发展的一个现实问题,这个问题的出现有着

---

① 陈盼.新媒体时代如何构筑舆论引导高地[J].人民论坛,2019(32)126.
② Montagnani, Maria Lillà.Safe harbours in deep waters:a new emerging liability regime for internet intermediaries in the digital single market[J]. International Journal of Law & Information Technology, 2018, 26:294-310.

多方面的客观原因。其中既有长期以来积累的未解决问题在新背景下的体现,又有因为移动、智能化发展造成的内容生态改变所带来的许多新兴问题,比如近年来短视频的兴起对移动视频版权保护提出了新挑战,"移动时代,短视频的形式和内容出现新的特点,而传统版权立法中的有关合理使用的规定已经难以适应短视频版权保护的需要,这就造成短视频版权保护与合理使用之间的冲突更加紧张"①。诸多因素交织,造成内容版权保护与开发工作的复杂性。本小节从以下几方面对内容版权保护与开发路径进行简要分析。

（一）引导、规范内容生产主体的竞争行为

媒体内容产业的发展前景与市场空间吸引了众多竞争者,具备雄厚实力的强势媒体积极布局,抢夺发展先机。同时因为行业处于转型阶段,存在大量创业与发展机遇,许多规模较小的公司也希望抓住机遇,获得快速成长。除了少数初具规模的企业,大部分竞争者都没有掌握足以支撑其稳定发展的用户数量,所以亟须通过各种手段吸引用户。优质、多样的内容产品自然成为核心资源。正版优质内容的成本对于许多企业来说都是一个沉重负担,面对市场生存压力,许多竞争者开始使用盗版内容。即使百度这样的"巨头"企业,在面对全新的移动视频布局时,为了避免因内容缺乏、单一而造成的客户流失,竟然也默许了"盗链"行为的滋长。所以亟须有效预判内容生产中可能出现的内容侵权形式,有效引导、规范不同主体的竞争行为。

（二）有效借助智能技术手段,创新内容侵权行为的监测方式

智能技术的发展为从技术层面创新内容版权保护方式提供了机遇。提升技术智能化水平,能够有效创新侵权行为的检测方式,为制定相应的规制方式创造条件。比如移动互联网在技术层面也存在诸多漏洞,目前移动应用的发展以苹果(Apple)的应用商店模式为主导,IOS、安卓等系统已经成为移动互联网发展的重要基础。这些系统以其开放性吸引着众多研发者、创新者的参与,这种开放性也恰恰成为制约移动互联网发展的一个因素,导致各大应用商店中都存在许多"山寨应用",它们大都经过反编译、篡改后上线,并且许多还带有恶意代码。主流客户端监测软件无法对一些恶意代码、盗版内容形成有效监测,因为它们并不在应用软件当中,而是置于监测不到的云端。另外,许多应用市场也并未接入安全监测,应用软件、平台、广告都可以借助盗版内容的传播获利分成,渐渐形成一种较为稳定的所谓"移动生

---

①　张伯娜.短视频版权保护与合理使用判断标准探究[J].出版发行研究,2019(3)63.

态""盗版产业链"。所以针对这种基于技术漏洞所展开的内容盗版行为，同样可以充分发挥智能技术的作用，通过提升监测技术水平来有效预防和解决以上问题，支撑内容产业的健康、持续发展。

（三）提升用户的版权意识

长期以来，我国网民已经形成了"免费"习惯，盗版内容的网络分享与下载也造成许多网民版权意识的淡薄，成为制约我国数字版权保护与版权产业发展的一个主要原因。近年来，随着社会各界维权意识的增强，许多网站也加入支持正版、抵制侵权与盗版的行列，如百度文库下线侵权著作、视频网站发展正版付费点播业务，都受到了网民的认可与支持。不过依然需要提高用户的版权意识。如果不能把市场环境的维护、保障与监管机制的打造同支持正版、发展版权产业紧密结合，就难以培育并树立移动受众的版权意识。

（四）健全内容版权产业

媒体内容领域充满创业机会，移动视频更是其中的代表，吸引着大量机构媒体与创业企业的参与。但是移动视频的发展需要充足的资金支持，这使许多创业者面临致命挑战。对于智能化移动应用的创业者来说，其盈利模式无外乎竞价排名、广告、外包、推广等，投资者看重的也是移动端的广告渠道。如果不能掌握足够的用户并形成稳定的模式，就很难得到投资者的支持。为了减轻生存压力，必须严格控制成本，这就为盗版的泛滥提供了现实土壤，版权产业在走向健全发展之路的过程中再次受到打击。所以，内容版权产业环境的健全对于引导各类主体版权意识的提升，自主杜绝侵权行为有着重要意义。

第三节　规制的核心：编辑室空间主体关系的调整与案例分析

本书关于编辑室空间生产的分析是基于内容生产实践方式创新而展开的。不同主体的内容实践是编辑室空间生产的落脚点，各种编辑室空间生产规制路径与方式探索的意义在于规范、引导、优化各类主体的实践行为。而不同主体关系的调整与优化是编辑室空间规制的核心内容，各类主体实践行为的规制在很多场景下也是通过对其关系的调整而实现的。其中涉及编辑室空间权力结构的变化。不同主体在编辑室空间中的影响力此消彼长，而编辑室空间规制便要在这种此消彼长中放大积极主体的作用，削弱消极主体的作用,由此把控、引导编辑室空间生产的方向。本节基于上述章节,聚焦作为编辑室空间规制核心内容的关系,简要探讨编辑室空间主体关系的调整与优化,进而分别从国家管理机构改革这一宏观层面和媒体机构的内容生产创新实践这一微观层面,结合案例,做出分析。

一、编辑室空间主体关系的调整与优化

"权力与空间不可分割地缠绕在一起,空间是权力实践、运用的空间,它是展现权力规训的重要机制。"①内容生产方式创新的过程同时是编辑室空间权力关系调整与重构的过程。"空间是权力实施的媒介,空间生产实际上体现为对空间的规训实践。"②因为技术、市场发展带有显著的前沿性,相应监管在一定程度上滞后于业态发展,所以产生各种乱象与问题,不利于内容生产方式的有效发挥。创新型内容生产方式驱动下的编辑室是一个复杂的社会空间,各种权力关系围绕媒体内容交织、博弈,最终都能在媒体内容中得到体现。布尔迪厄曾用"场域"理论批判法国电视节目生产与传播存在的问题,他"强调'新闻场'内外各种力量的控制和反控制对'场'的形态塑造的作用,这为我们提供了观念和方法上的启发"③,在场域视角下能够发现电视节目生产过程中各种力量对编辑室空间形态、结构的塑造作用,"可以将在每一种地位间所拥有的关系定义为一个客观的大网,或者说是一种结构框架"④。空间中不同的客观关系构成的差异化网络、构型,围绕经济、文化等不同的权力因素逐步形成相应的空间结构,如经济场、文化场等。

我国传媒体制不同于西方,媒体在我国社会发展过程中的地位与作用与西方媒体也有明显差别。面对各种因素对编辑室空间的介入以及对编辑室空间关系的影响,科学的监管与引导不应缺位。否则一旦编辑室空间关系在发展中"失控",即使编辑室空间形态再先进,融合程度再高,也不是我们需要的结果。整体行业层面的内容生产方式创新是一个系统工程,技术变革、政策支持、资本助力等各种因素都在编辑室空间中进行博弈,成为决定内容生产方式创新的核心要素。在这个过程中,编辑室空间形态与结构的市场化和技术化发展逻辑,与政策引导和体制管控形成一对矛盾。市场、

---

① 董慧,李家丽.城市、空间与生态:福柯空间批判的启示与意义[J].世界哲学,2018(5)29.
② 刘涛.社会化媒体与空间的社会化生产:福柯"空间规训思想"的当代阐释[J].国际新闻界,2014(5)48.
③ 常江,文家宝.中国电视调查性报道的困境:基于场域理论对央视《新闻调查》(2009～2014)的内容分析[J].新闻记者,2015(11)69－77.
④ 皮埃尔·布尔迪厄,华康德.实践与反思:反思社会学导引[M].李猛,李康,译.北京:中央编译出版社,1998.

技术因素在编辑室空间有自身的进化逻辑和规律。如果单纯以传媒市场占有率为发展目标,各种发展"指标"或许更加容易实现,比如收视率、点击率;但是如果在这一过程中缺失了对社会效益的统筹思考,导致低俗内容广泛传播、内容质量无法保证、危害网络文化安全等问题,内容生产就会进入误区。所以,编辑室空间需要政策引导和体制管控,通过合理的规制或介入,引导编辑室空间主体关系向科学、合理的方向发展,规避各种负面问题。

目前我国媒体管理机制也在调整。比如重要的主管部门国家广播电视总局从"分离"到"合并"再到"分离",体现了不同发展阶段行业管理需求的变化及相应的策略调整。各种新兴的引导、管控政策相继出台,从《加快推动传统媒体与新兴媒体融合发展》的宏观部署再到大力推动县级融媒体中心建设的具体规划,都体现了政策层面对传媒业态的规制。不过,体制、政策层面因素的介入进一步增加了编辑室空间关系的复杂性,比如"编辑权"与"经营权"如何平衡,编辑室空间内部的生产主体如何处理、协调不同因素之间的关系,成为内容生产方式创新过程需要解决的问题。

虽然体制、政策层面因素的介入增加了编辑室空间的复杂性,也给部分媒体带来"不适",但是从近年来的发展现状看,媒体规制的积极影响仍是主流。国家层面的重视与传媒领域管理机制的调整优化已经成为近年来我国传媒行业发展中发挥积极作用的重要变量,特别在驱动传统媒体革新、行业资源整合、网络内容治理等方面作用明显。传媒体制改革一定程度上对垄断经营、产权不清晰、地区分割等多种不适应现代市场机制运营要求的问题进行了有效管控,使内容生产者能够"更为便利地纵向贯通生产、组织、产业,横向连通成本、收益、市场等因素"①,为内容生产方式的创新发展创造了更为有利的环境。可见,各类主体关系的调整与优化是编辑室空间规制不可或缺的内容,不仅能够对空间形态与结构的优化进行有效引导,而且能对空间意义的生产进行科学把控。

二、案例分析: 宏观层面的机构改革与微观层面的生产实践

(一)宏观层面的关系调整: 局署的合与分

从宏观层面来看,面对行业中不同主体关系调整与优化的需要,我国传媒行业主管部门经历了"分分合合"的过程。2013年由"分"到"合",整合新闻出版总署以及广播电影电视总局,组建了国家新闻出版广播电影电视

---

① 严三九.媒体融合过程中传媒体制改革研究[J].新闻记者,2016(12)5.

总局。主管部门的"合"与当时内容生产"全媒体化"的现状密不可分,突破新闻、出版、广播、电视、电影等传统媒体形态边界的各种生产方式的涌现、管理机构的合并,对内容生产方式的创新起了明显的示范、引领作用,为诸多"全媒体"化编辑室空间的发展创造了一定条件。2018年3月,传媒行业主管部门又迎来了机构的大幅调整,国家新闻出版广播电影电视总局被"拆分",国家广播电视总局重新组建,依旧直属于国务院,新闻出版、电影剥离,由中宣部管理,同时对外加挂国家新闻出版署(国家版权局)和国家电影局的牌子。重新拆分的主管部门便于对已经完成一轮融合发展的传媒业进行针对性管理,对于提升不同媒体形态编辑室的空间功能有一定的引导价值。无论是分还是合,都体现着不同阶段规制理念的发展变化。2013年的署局合并顺应了全媒体的业态趋势,从形式上给业界带来强大的示范效应,出现了各种编辑室空间"全"与"合"的形式化探索。虽然出现了一些问题和失败案例,但是不可否认对形成全媒体化的巨大势能有积极作用。随着融合发展的深入,2018年的"剥离"有利于加强不同性质媒体的规制强度和有效性,对分门别类理顺各种媒体形态编辑室的空间关系、推动空间意义生产有重要作用。"我国近年来传媒及文化领域管理体制改革不断深入,不同传媒形态的转企改制基本完成,'管办分离'的思路已经被广泛接受,资本市场日渐活跃,新闻出版总署与广电总局的合并既是前期体制改革积累和发展的结果,也是为进一步推进'大文化''大部制'改革的重要步骤,对于推进媒体融合及整个文化产业的发展都有着积极的意义。"①相对落后的行业管理机制与不断加速的内容生产方式创新发展的要求形成一对矛盾,这一矛盾限制了行业转型的升级发展。"分业"管理的机制无法对内容生产方式创新过程中各种新兴主体的关系有效管理与引导,所以我国媒体管理机制的改革具有极强的急迫性。国家广播电视总局成立之后能够重新规划原广电总局与新闻出版总署的各项职能,改变不同传媒领域"分业"管理的问题。具体分析如下。

1. 基于国家规制整合的视角观察国家广播电视总局的组建

"局署的合并"是在2013年两会大部制改革过程中制定与推进的,是国家为了深化机构改革、提升政府效能的重要部署,在两会颁布的国务院机构改革方案中,原广播电影电视总局和新闻出版总署被整合为国家新闻出版广播电影电视总局。国家广播电视总局的组建成为理顺相关政府部门关系、激

---

① 刘峰,郝红霞.从全媒体发展视角解析国家新闻出版广电总局的组建[J].编辑之友,2013(10)24.

发政府活力的有效方式。"国家广播电视总局的组建不仅涉及机构的整合、政府职能的转变,还将对传媒行业乃至文化产业的发展产生深远的影响,从传媒产业发展的角度来看,此次机构改革既是当下全媒体发展态势需求的体现,也是从国家层面推动全媒体发展、提升我国传媒产业整体水平的战略性部署。"①在此,从国家传媒管理规制整合的视角,对"署局合并"的必要性与意义予以审视和分析。

第一,媒体内容生产方式创新发展倒逼国家规制的整合。各种媒体形态的形式化区别与界限逐步消解,不同媒体的相互依存程度不断加强,积极求变已经成为各类媒体适应传媒市场竞争需要、获得健康发展的基础条件。而且内容生产方式的创新需要依据社会发展、市场进化、技术更迭等多元化的需求展开,各种生产实践的聚合式发展需要管理规制的整合。从媒体形态特征来看,内容生产方式的创新实现了多元媒体形态的整合,传统的管理规制理念与思维同样需要及时更新。

第二,内容生产方式创新有打造传媒价值链的内在要求,需要国家管理规制层面的规范与引导。我国的传媒产业链还需要继续完善,这在 IP 化内容生产的分析中已有详细论述。"好莱坞围绕一部故事、一个角色可以打造出电影、电视、游戏、玩具、游乐场、书刊等不同形式的 IP 产业价值链条,创造规模化的价值收益。但我国长期以来实施的文化及传媒管理机制在很大程度上并不利于不同传媒形式围绕统一的内容形成发展合力,不能够打造出有活力的价值链"②,需要全局化、战略性地统筹各种媒体形态的发展。不过各种媒体之"全"并非媒体元素的机械堆积,需要依据传媒产业发展规律、打破不适应新型内容生产方式的各种限制因素的影响,并且充分发挥政策、资本等要素的驱动作用,打造完备的传媒产业链。仅靠市场的力量是不够的,还需要规制的升级与更新。

第三,理顺管理职能有助于提升编辑室空间在传媒产业发展中的地位和作用。局署的合并可以大幅减少不同管理职能的重复与交叉,提升行业管理与服务的效能,使广播电视、电影、出版、网络等各类生产主体按照符合自身细分领域发展规律的管理理念得到规范、协调,便于打通不同形态编辑室空间的区隔,催生新的编辑室结构与功能。在这一过程中,不同的编辑室空间主体能够根据发展需求灵活组合,通过跨地域、跨媒体运营推动技术、

---

① 刘峰,郝红霞.从全媒体发展视角解析国家新闻出版广电总局的组建[J].编辑之友,2013(10)22.

② 刘峰,郝红霞.从全媒体发展视角解析国家新闻出版广电总局的组建[J].编辑之友,2013(10)23.

资本等要素在业内的良性流动。由此使编辑室空间具备更强大的优势传媒资源调动与整合能力,进而提升我国媒体发展水平,贯通传媒产业链条。"国家广播电视总局的成立能够通过对媒体融合产业的有效引导推动我国传播体系的优化,从国家层面逐步改进和摆脱不适应媒体融合发展要求的思路与做法,促进科学、合理、高效的现代传播体系的形成"①,其作用范围能够跳出传媒业态的行业限制,实现文化、科技等各种要素的融合,成为文化传媒产业规模化、集约化以及专业化发展格局的参与者与推动者。

2. 基于国家规制细化的视角观察国家广播电视总局的"剥离"

2018 年 3 月,传媒行业主管部门在机构调整中被拆分,广播电视、新闻出版、电影的管理实现了剥离,并归口不同部委进行管理。我国媒体融合经过几年的积淀,发展到一定程度之后,巨大的媒体融合势能已经形成。但是在实践中出现了新问题。比如 IP 化内容生产的初衷是通过 IP 资源贯通传媒产业链,产生优质的 IP 内容矩阵。但是在市场导向下,IP 却在一定程度上成为媒体营销的标签,传媒市场充斥着各种低质量的 IP 衍生内容,编辑室空间中的主体行为受到商业逻辑的负面影响,而且这种"浮躁"的生产理念与方式已经"渗透"到诸多媒体的编辑室空间运营中,亟须对相关主体的关系做出新的规制与调整。

国家传媒管理机制的调整以及管理机构职能的调整能够对融合发展产生直接影响,不过需要强调的是,国家传媒管理机构及其职能的变动、优化并非一朝一夕能够完成的,"必须认识到国务院机构改革和职能调整是一个长期的过程,很多问题的解决只能一步一步来。长远的目标就是要建立'小政府、大社会、大市场'的管理模式"②。正是因为管理规制理念需要随着经济社会及传媒业态的发展、不同主体关系的变化而动态调整,所以新闻出版广播电影电视主管部门在前后五年里由合到分。"小政府""大社会""大市场"的理念需要管理部门强化行业服务意识:一方面为市场主体发挥资源配给功能提供空间,另一方面也对不同市场主体的竞争关系予以科学引导与规制——这不代表政府规制、引导的弱化。当市场资源配置与媒体建设目标出现矛盾时,政府规制需要发挥应有的作用。

内容生产方式的创新发展推动编辑室空间形态的巨变。单纯形式与结构层面上的调整是无法满足业态发展需求的,在形式融合的基础上需要编

① 刘峰,郝红霞.从全媒体发展视角解析国家新闻出版广电总局的组建[J].编辑之友,2013(10)25.
② 罗兰.大部制改革没有"完成时"[N].人民日报(海外版),2013 – 03 – 11(5).

辑室空间功能的创新与主体关系的优化。主管部门的"分割"在一定程度上体现了对不同形态编辑室空间进行针对性、科学化管理的理念,有利于各种细分形态的编辑室空间与生活、社会空间融合的深入,进而产生新的空间意义,能够推动编辑室空间生产在经济社会发展中的作用。在这一过程中,需要发挥不同形态编辑室的个性化作用,实现编辑室空间主体同相匹配、有需求的生活和社会空间的对接与融合。这种行业发展需求需要专门化的管理与规制。"必须牢牢把握转变政府职能这个核心,全面正确履行政府职能,着力推进管理创新,更加注重发挥市场机制作用,引导市场主体加强自我管理和行业自律,更加注重建立长效工作机制和改进工作作风,不断完善管理制度、管理手段和人才队伍等基础建设,提高行业管理能力。"①国家广播电视总局之"合"与"分"作为政府机构改革的关键环节,体现了顺应媒体融合发展趋势的理念优化。当然我们也要明白,媒体编辑室空间生产仅靠政府管理、政策的引导优化是不够的,业态发展与规制、管理机制改革应是良性互动的关系。

（二）微观层面的关系调整：SMG 的编辑室空间生产规制理念与方式

具体到传媒机构、单位、公司,编辑室空间生产过程中也面临各种主体关系的调整,对自身编辑室空间予以有效、科学的规制将在很大程度上决定其发展进程。本小节聚焦广电媒体,以 SMG 为例,对具体传媒机构编辑室空间生产规制、空间主体关系的调整与优化进行审视。面对传媒生态重构所带来的生存压力,广电媒体的转型也持续深化。从编辑室空间生产的角度来看,不仅广电编辑室空间形态逐步优化,而且相应的管理理念与方式、运营机制也在调整和优化。广电媒体努力顺应传媒市场迅速要求变化的节奏,力求激发整个单位、公司、集团的发展活力,使长期以来形成的影响力在传播新生态中得以保持和放大。本节将结合相关案例,从机制改革背景、核心理念、具体路径等方面对 SMG 编辑室空间关系的调整予以解读。

1. 以机制驱动为编辑室空间规制调整的基石

广电媒体已经到了必须以机制改革为基础推动行业转型的紧迫关头,前几年给报业带来"毁灭性"冲击的"断崖式下跌"已经迫近广电媒体,"修补式"的表面化创新和改革无益于行业转型发展。只有从基础机制层面实现突破,才能避免广电被淘汰于传媒生态重构的过程。而报业面对"断崖式下跌"的无纸化、移动化转型能够给广电媒体以启发,澎湃等一系列成功案

---

① 中共工业和信息化部党组.大部制改革：科学发展的有力保障[J].求是,2013(1)37.

例可供借鉴,而且本行业也出现了抖音、梨视频等不同类型的创新主体,求变已是必然。SMG 始终主动探寻运营机制升级的策略,这也成为集团发展的核心"基因",使之在困境中凝聚发展动力、不断探索。在此结合以下 3 个因素对机制驱动之于 SMG 创新发展的作用进行分析。

第一,文化传媒事业发展对 SMG 的机制改革提出新要求。我国文化领域的体制改革进一步发力,政策层面对文化、传媒领域的改革促进作用越来越大。广电体制的改革是其重要内容,而 SMG 在我国广电系统中又具有典型性,处于"不得不改""改必求先"的战略前沿。"上海市委领导在调研新文广(SMG)时指出,在推进改革发展过程中,要始终牢记发展目标,把握优势,努力将新文广打造成中国最具创新活力和国际影响力的广电媒体及综合文化产业集团之一,与上海建设社会主义现代化国际大都市的地位相适应。"①在国家层面传媒产业顶层架构调整、上海市传媒领域改革的背景下,SMG 集团的机制改革成为主流媒体构建的典型代表。

第二,传媒产业的转型离不开管理机制的驱动,以此释放更大的潜能,激活空间主体的创造潜力,使具有活力的主体在空间关系中具备更大的话语权和影响力。SMG 是具有庞大体量、集团化与规模化运营的"传媒巨舰"。不过具有传统媒体基因的 SMG 在面对智能化、移动化等转型升级的要求时依旧有很大压力,即使 SMG 有一流行业人才和优质市场资源,但若是只能延续传统媒体的运营模式,也无法适应传媒市场的竞争。面对传媒产业与市场的不断调整,SMG 始终注重优化自身的发展战略,无论是集团在 2009 年基于制播分离理念制定的"分"的战略,还是 2014 年在新文广架构之重新做出的"合"之调整,都是基于对市场动态变化做出的反应:"如果说 2009 年'分'是为了剥离经营性资产适应市场改革的需要,那 2014 年'合'便是在从集团整体框架之下聚合出更大的发展势能,着力点也从节目、部门层面迁移到公司、集团整体层面。"②SMG 充分意识到需要紧跟行业格局的动态发展,从集团战略高度不断优化管理机制,不断释放运营活力,调整旗下不同竞争单元的关系,努力盘活集团所掌握的体量巨大、类型丰富的传媒资源,以更为灵活的策略与姿态参与市场竞争。

第三,SMG 集团的转型、创新发展离不开灵活机制的驱动。"SMG 优化整合管理职能、减少层级,成立两大中心,创新内容生产机制,拥抱资本市

---

① 王建军.整合转型创新　做强做大做优:上海文广体制机制深化改革实践[J].中国广播电视学刊,2016(2).

② 严三九,刘峰.融合背景下上海文广制播分开改革深化的动因与方向探析[J].电视研究,2015(11).

场,成为新媒体巨头。"①近年来 SMG 在战略转型方面做出了诸多调整,但是诸多问题也始终没有得到有效解决,比如高层次人才流失、同业竞争突出、管理机制缺乏活力以及规模不经济等。"集群企业个体重视价值链扩张和全业态发展,但企业间联系比较松散,尚未形成紧密的集群产业链。"②SMG 集团已经形成了诸多强势模块,但是集团内部这些板块并未形成战略预期中的"竞争合力"。"正如黎瑞刚曾提出的'苗圃理论',将 SMG 喻为长满鲜花的苗圃,但这些花却生长在各自花盆中,如果不能将花盆打破,那即是苗圃再大,也无法形成繁荣的生态。"③SMG 亟须通过机制层面的创新激发更大的活力,打破集团内部不同模块之间的"花盆",形成集团巨大的整体发展势能。

2. 以生态转型为编辑室空间规制调整的核心理念

"文化传媒事业发展、产业转型、集团成长从不同方面驱动着 SMG 机制创新的进程,当然这三个目标的实现也需要以 SMG 机制创新活力的释放为基础,两者互为驱动、缺一不可。"④SMG 需要立足提升运营效率、扩大市场份额的迫切任务,调整战略布局。机制调整与优化的核心理念是从传媒生态发展层面实现整个集团的战略转型,由传统媒体向新型主流媒体集团转型。基于这一战略目标,传媒生态转型的核心理念需要在管理机制创新与调整中有计划、分步骤地落地。

广电管理机制的优化、升级只有立足传媒生态演化、升级释放出的"势能",力求借助管理机制改革推动新型主流媒体集团健康发展,才能找到运营的新"风口"。一定数量的传统媒体在转型之中难免被淘汰。只有从机制改革层面成功转型并适应行业生态发展要求的创新者才能生存。SMG 集团抓住融媒体中心升级的机遇"启动'整体转型'战略,努力探索一条具有中国风格、上海特色的传统电视媒体创新发展道路,建设融传播力、引导力、影响力、公信力于一体的新型主流媒体集团"⑤,通过革新,媒体竞争的适应者逐步转变为传媒生态发展的引领者,机制改革在集团结构优化调整中得以发挥积极作用。这也是国家不断推进传媒产业体制变革的战略目标的体现。

---

① 金怡.深化机制体制改革,加速推进媒体互联网化转型: 2014 年上海 SMG 揭开改革发展新篇章[J].新闻战线,2015(3).

② 黄龙.中国传媒产业集群演进研究: 以传媒上市公司为例[J].青年记者,2016(33).

③ 刘峰.驱动、转型与创新: SMG 的机制改革理念与路径[J].电视研究,2017(7)15.

④ 刘峰.驱动、转型与创新: SMG 的机制改革理念与路径[J].电视研究,2017(7)15.

⑤ 孙丽萍.上海广播电视台成立融媒体中心,打造新型主流媒体[EB/OL].[2016 - 06 - 08]. http://www.sh.xinhuanet.com/2016 - 06/08/c_135422157.html.

　　基于机制创新调整、升级产业结构布局,是实现主流媒体构建目标的必由之路。当下体量庞大的传统媒体集团只有实现机制层面的革新甚至重构,才能在激烈传媒市场竞争中实现突围。SMG 在诸多省级传媒集团之中具有一定的特殊性和代表性,旗下优质资源丰富,有着巨大的市值规模以及丰富的业务形态,但也存在传统媒体编辑室空间"孤立"的弊病。正如"苗圃理论"提出的问题,SMG 机制变革的重要任务就是打破传统的编辑室空间结构,把旗下优质的传媒资源优势升级为生态层面的优势。"SMG 需要通过机制创新盘活旗下媒体内容、网络渠道、文化投资、IP 销售、旅游等各种业务形态的市场活力,实现'苗圃'中'花朵'之间的优势互补与协调。"① SMG 做出大量尝试,努力破除"花盆"的限制,为实现机制创新创造条件,比如升级百视通的平台,汇聚旗下各种新媒体优质产品和内容,集合内容、流量等方面的资源,全力支持看看新闻、阿基米德、第一财经等战略级媒体矩阵的建设,保障集团旗下不同平台的深入互通与生态繁荣。

　　SMG 积极通过机制改革激发内生动力,顺应并力求引领未来的内容生态,这也体现了内容生态中各类媒体共同追求的创新发展思路。"SMG 一方面从集团战略层面高度重视创新部署,一方面巧妙利用自身资本、技术优势,通过机制改革的'杠杆'、四两拨千斤,激发内在原生力实现推动内容生产方式的创新;SMG 力求通过创新与创业基金制度实现内部孵化,为新的融合发展模式提供全方位支持,使旗下的创意、资本、技术资源能够在此机制的激发之下实现聚合、聚变。"② SMG 多年来注重在上述领域做创新探索,并已经在诸多方面成为我国传媒领域的先行者,比如 SMG 科创品牌的布局和打造、与国际传媒巨头合资打造虚拟现实领域前沿的"电影级"内容、以智能传播应用为目标的项目研究、在广电领域成立首家财务企业。

　　机制改革还需体现在组织结构优化层面。组织机构与管理机制是传媒运营过程中紧密联系的两个层面,在发展过程中有太多媒体因组织结构的落后而无法实现战略转型目标而被淘汰。SMG 为了保障机制改革效果,十分重视组织结构层面的调整,比如借助"新文广"合并的契机整合旗下各个板块,东方卫视中心集合了原东方卫视、新娱乐频道、星尚频道等 6 个频道的资源,东方广播中心汇聚了原五星体育、第一财经板块中的广播新闻中心。通过整合,SMG 大幅提升了专门化的内容生产能力,更加适应融合背景下传媒市场竞争的需求。而且在组织结构的调整之后,SMG 旗下原有的 26

　　① 刘峰.驱动、转型与创新:SMG 的机制改革理念与路径[J].电视研究,2017(7)16.
　　② 刘峰.驱动、转型与创新:SMG 的机制改革理念与路径[J].电视研究,2017(7)16.

个职能部门被精简掉一半,多家处于亏损状态的子公司关停并转,组织架构的科学性、人事管理的效率均得到了保证。

3. 以运营创新为抓手的 SMG 编辑室空间规制策略

广电媒体需要从管理中挖掘效率。为了便于运营策略的有效落地,SMG 在组织结构优化过程中实现了管理层级的缩减,体现了扁平化理念的创新应用,并由此提升了各部门的沟通效率。"围绕构建集约高效的现代企业总部管理体系的目标,总部岗位压缩 10%,职能管理和专项预算削减 20%,同时也帮助下属公司尽快建立健全现代企业的管理体系,对年度薪酬预算与经营目标进行联动考核。"①随着先进的现代企业运营理念在集团管理运营中的体现和应用,SMG 不断探索更具活力的运营管理策略,最具代表性的便是近年来东方卫视中心推出的独立制片人改革:"这项管理制度具有极强的运营效率和资源调动能力,为近年来 SMG 现象级原创 IP 节目的'井喷'打下基础,《极限挑战》《欢乐喜剧人》《金星秀》《花样姐姐》等优秀节目不断涌现。"②

激励机制的优化是当下媒体运营中需要充分重视的环节。近年来一批广受关注的传统媒体高素质人才辞职后加盟各类新兴媒体平台,SMG 也有一批业内知名人士离职,引发业界的关注与思考。比如黎瑞刚离开 SMG,打造微鲸电视,引发传媒圈的热议,并影响市场对 SMG 发展前景的认知。"纠正监管中的越位和缺位,以激励性规制为落脚点,是产业政策调整的先决条件。"③面对以上问题,SMG 从激励机制入手,制定了灵活、有效的激励措施,比如在新成立的云集将来、阿基米德等新兴媒体企业中,推行员工持股模式,在幻维数码等企业的混改过程中增加团队持股的设计,推动东方明珠股权激励方案的优化。东方卫视中心调整激励模式之后最早受益的"笑傲江湖"团队的绩效奖励高达 380 万元。随着激励模式的日益灵活,从业者的积极性得到了很大的激发。

SMG 注重探索集团优质资源的整合优化机制。合并两大上市公司平台、调整业务结构、精简管理层级都是这一机制持续作用的表现。SMG 多年来集聚了大量传媒资源,却未能在一些领域达到市场预期,特别是新兴媒体领域,所以需要通过机制扭转这种局面。比如在面对全国各大媒体纷纷布局"两微一端"的过程中,SMG 一度开通大量官方微博,运营了 200 多个公

① 王建军.迎接挑战,赢得未来.《SMG 发布》官方微信公众号,2017 - 01 - 25.
② 刘峰.驱动、转型与创新:SMG 的机制改革理念与路径[J].电视研究,2017(7)17.
③ 于晗.媒介融合中电视媒体的产业发展策略[J].电视研究,2016(12).

众号,导致内容资源的浪费。SMG加大了整改力度,围绕看看新闻、阿基米德等核心应用平台集聚内容资源,打造结构合理、形态集中的新媒体内容矩阵。同时,对接、借力社会资源实现跨界发展,比如SMG达成与阿里巴巴的战略合作后,不仅使传统的东方卫视、第一财经等部门从中获益,新兴的效果广告、金融创新、数据服务、数字娱乐等布局亦能得到支持。此外,SMG注重不断完善创新孵化及相应的配套机制,比如在美国设立风投基金(LDVP),紧跟硅谷在智能传播、数字媒体领域的技术创新,从中选择能够孵化、引入的内容,为把握未来传媒竞争先机、不断为集团注入活力创造条件。

"广电媒体机制改革永远都是进行时,尤其是对于SMG这样的大型媒体集团,不同业务板块之间在战略布局、媒体形态、运营模式等方面均存在差异,所以既需要从SMG集团整体层面达成机制改革的共识,还需要在不同板块、子公司探索灵活的操作方式。"[①]以SMG为代表的传统媒体可以说在融合发展中始终处于转型期。无论是国际传媒巨头还是我国具有竞争力的传统媒体集团,都没有可供复制的发展策略"模板"。只有认清自身在转型中的劣势与不足,努力求变,才能获得成长的机会。这一过程中发挥决定作用的并非掌握多媒体资源,而是相当于"媒体操作系统"的管理、运营机制。单个频道、版块、节目的成败无法对整个转型升级趋势产生决定性影响。只有从机制层面实现创新驱动,才能不断优化各类主体的关系结构,激发不同主体的竞争潜能,为高质量内容的持续生产注入源源不断的活力。

第四节　本　章　小　结

本章基于内容生产实践驱动下编辑室空间权力关系与结构的变化,针对当下融合发展过程中存在的代表性问题,探讨编辑室空间的引导和规制,以及编辑室空间的调整、优化,以便在媒体生态转型进程、在社会进步中发挥更积极的作用,并基于这一目标对编辑室空间生产规制路径做出分析与探讨。

---

① 刘峰.驱动、转型与创新:SMG的机制改革理念与路径[J].电视研究,2017(7)17.

第八章 总 结

本书从空间生产视角切入,深入观察、分析编辑室及其内外活动的变化,整体结构分3个方面。第一,基于媒体内容融合背景和空间生产理论视角,结合业界热点事件或案例,观察编辑室空间形态的更迭,思考编辑室空间的调整、重构,从而在媒体与社会发展中产生意义。第二,编辑室最主要的活动是媒体内容生产,在融合过程中形成了IP化、社会化、移动化、数据化、智能化几种能代表当下媒体内容生产实践发展特征、趋势与方向的创新生产方式。本书结合编辑室空间生产与这5种特征,进行了深入分析。第三,基于上述纵向、横向两方面对编辑室空间生产的研究,对编辑室空间内外权力关系的变化及其影响做出审视,并对编辑室空间关系的规制问题进行了深入思考。本书体现出一定的问题意识,将媒体内容生产置于更宏大的社会、传播生态系统中予以考察,聚焦智能化、移动化传播推动编辑室空间生产深入发展的时代背景,思考媒体与社会深度融合背景下编辑室空间外部影响因素的作用机制、内部空间关系的改变、互动意义的生产等前沿问题。将空间生产理论应用于媒体内容生产研究。通过编辑室空间生产的分析,有助于跳出诸多研究者固有的研究视角、学科背景,基于空间视角做出尝试与探索。

本书在掌握智能化、移动化、数据化等新的传播趋势下媒体内容生产的全方位变革的基础上,把握其编辑室从"组织化"空间生产向"社会化"等空间生产的转型趋势,掌握转型中编辑室空间多元化、碎片化、分散化等诸多特征。基于IP化、社会化、移动化、数据化、智能化生产的驱动,厘清编辑室空间中的媒介权力结构的改变,把握编辑室空间生产过程中不同主体的介入方式、文化冲突的原因、意义的生成方式。以媒介组织或个人的实践活动作为理解编辑室空间的构成因素,由小至大、以微观见宏观地分析传媒职业的特性在媒体转型发展中遇到的冲击,以及将新技术融入传统的组织化工作常规的过程,具有一定的学术价值与意义。同时,有益于从我国经济社会发展、文化大发展大繁荣、传媒业转型升级的战略高度,把握编辑室空间的定位,体现其时代特征,发挥更加积极的传播功能。掌握智能化、移动化、数据化技术背景下快速变化的传播环境对媒体内容生产的影响,能够为打造、运营融合化的编辑室空间提供有益借鉴。本章对本书的主要内容与结论、研究中存在的不足、对未来研究的建议做简要总结。

第一节　本书的整体逻辑结构

本书具备一定层次性,以媒体内容生产实践创新的背景分析为基础,对内容生产面临的各种机遇与挑战做宏观性把握,梳理并分析推动内容生产方式创新的各种驱动要素,把握内容生产实践发展的趋势与方向。结合经典案例,对编辑室空间生产的形式化特征、发展层次等问题进行了初步探讨,审视当下编辑室发展过程中存在的各种问题,为后续研究打下基础。通过对不同类型媒体内容生产实践发展和编辑室创新相关元新闻话语材料的质化分析,把握媒体内容生产方式创新的背景、现状、特征、意义、价值、规制等问题,并提炼编辑室空间变化的维度。基于质化研究的结果,搭建课题的主要研究框架。基于第一章搭建的分析框架,本书分别就媒体内容生产的 IP 化、社会化、移动化、智能化等 5 个特征展开分析,结合影视、出版、广播等不同类型媒体的代表性案例,对编辑室空间生产的各种相关问题做具体研究与分析。最后结合我国媒体管理机构的"分与合"、SMG 编辑室空间生产规制理念与路径的变化等案例的分析,针对编辑室空间权力关系的变化及出现的新问题,探讨科学、合理地提炼编辑室空间关系的规制方式。本书从 5 个方面探讨编辑室空间生产不同维度内容,在第七章针对编辑室空间生产过程中存在的代表性问题进行了梳理,并对具体的规制路径做出探讨,由此从问题与规制两个方面丰富了对编辑室空间生产的分析(见图 8-1)。本节从以下几个方面展开,对本书的主要内容及结论做简要总结。

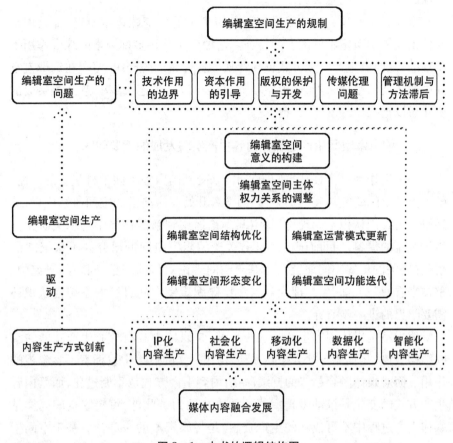

图 8-1　本书的逻辑结构图

第二节　编辑室空间生产的主要维度

编辑室空间生产特征、方式是本书的重要落脚点。融合时代到来前后的编辑室空间生产方式、特征有较大差异。对比分析这种差异可见,编辑室物理空间、媒体空间、意义空间的空间形态与生产方式各有不同,各种形态的传播行为在其中的作用方式也存在区别。随着社会转型、媒体融合、城市化进程的不断深入,编辑室空间逐步由"结构化组织"进入一种"活态流变"。多种创新型生产方式发挥了关键作用,也为认识编辑室空间生产提供了切入点。编辑室空间生产的研究带有一定的抽象性,研究难度较大。但从与编辑室空间生产有着密切关系的内容生产方式入手,便于发现编辑室空间生产的驱动因素,掌握其空间形态变化的过程与动向,寻找与社会空间互动的方式及空间意义的发展。

目前无论是新兴媒体编辑室还是转型中的传统媒体编辑室,都呈现出与传统媒体编辑室不同的空间特征。这种变化是在多种因素的综合作用下实现的,是内容生产实践方式创新背景下各种因素的交织、博弈在编辑室空间中的体现。整体来看,编辑室空间发展可以从形态、结构、意义等层面的变化予以把握。

一、编辑室空间生产是媒体内容生产实践发展的重要问题

编辑室作为一个独特空间,长期以来受到国内外不同学科学者的关注。随着国外空间研究热度的提升,我国学者开始关注前沿的空间研究成果,前期研究为我们认识空间理论、将空间理论运用到新闻传播学的相关研究提供了有益的借鉴。目前国内大部分关于编辑室空间的研究并不系统,"散落"在相关的传媒空间研究或者基于空间理论对传播现象、问题的研究中。整体来看,基于空间生产理论对这一特殊编辑室空间进行的系统性认识还需要学界的进一步研究。

编辑室是媒体内容生产的核心环节,是媒体中具有核心生产功能的空间结构板块,在媒体与社会空间互动、构建意义的过程中发挥着不容忽视的作用。面对媒体融合趋势的持续深化,内容生产方式也不断进化,而且内容生产方式的变化是推动编辑室革新的直接动力。此外,编辑室空间同样是媒体生产过程中不可或缺的生产资料,是传媒资本的一部分。基于空间生产理论审视编辑室空间变化,已成为研究传媒业态发展的新视角,不仅能够观察编辑室内部运营模式的变化,还便于发现媒体在社会空间变化的大背景下发挥作用的方式。

媒体内容生产实践的发展改变了编辑室空间的生产方式。编辑室是城市空间的重要部分,编辑室空间也是各种社会关系相互作用的"产品"。编辑室的空间形态、组织结构、运营模式都处于动态的发展变化。近年来在大数据、人工智能的推动下,编辑室出现革命性的变化。在多种因素的综合作用下,在多种新型内容生产方式的驱动下,编辑室空间的范围也发生了新的变化。本书认为需要依据新的媒体环境来重新界定编辑室的空间范围。从这个层面来看,编辑室不仅是传统意义上具体的采编中心、编辑机房、发布中心等物理化空间,还是能够在传播生态中与社会生活有效互动、整体化的功能空间。而对于本书来说,其编辑室应当是具备融合传播功能的所有业务部门的结合体,是内容生产行为开展的场所。因为内容生产及其相关活动已经突破了传统的媒体空间界限,所以编辑室的空间将基于这一意义实

现扩张。本书对编辑室空间的相关探讨便基于这一意义展开。在内容生产行为突破传统编辑室空间范围，与其他类型媒体空间、社会空间交融时，本书基于对内容生产行为的关注、对内容生产活动中各种主体关系的互动，扩展传统编辑室空间的范围。

二、编辑室空间形态变化是媒体内容生产实践发展的重要表现

传统编辑室结构化、条块化的地理空间布局，使不同的部门、栏目限制在封闭的孤立空间中，分别与处于空间权力中心位置的"主编"对接。以"中央厨房"、县级融媒体中心为代表的"融合化"编辑室为了实现"一次采集、多种生成、多元传播"等目标，打破了传统编辑室的封闭空间，实现了业务空间、技术空间、平台空间的一体化，采编人员均处于统一的开放空间中，每个人均是可以产生互动关系的空间节点，报纸、网站、微博、客户端的内容生产在统一空间内聚合，编辑室空间形态呈现出与传统媒体时代完全不同的形式化特征。

编辑室空间具备了较强的可见性。数字化、智能化技术嵌入编辑室空间，比如"中央厨房"编辑室空间内部主体的工作内容可以通过各种"大屏"显示。"可见"便于采编工作的统筹、管理，为提高编辑室空间的生产效率创造了条件。同时，编辑室可扩展性的增强提升了编辑室空间与城市社会空间的互动能力：一方面为面向新媒体的业务创新提供空间支撑，增加了编辑室空间影响社会空间的内容与渠道；另一方面也为外部空间力量的接入打开了接口，可以实现不同媒体单位编辑室空间的联通。

三、编辑室空间功能升级是媒体内容融合发展的重要内容

内容生产是编辑室的核心任务，媒体内容生产方式的发展使编辑室的组织方式、运营思维、生产机制在不同程度上发生变化。传统内容生产模式的打破，内容生产诸多元素重新组合，这些都会在编辑室的空间功能中得到体现。媒体内容生产实践发展是一个否定之否定的辩证过程，其中需要经历编辑室空间运转逻辑、空间结构、空间关系、内容生产行为的再造。内容生产机制在这个过程中将从稳定趋向混沌，再于混沌之中寻找新的运营规律与模式，从而重新走向稳定，而编辑室空间功能也将在这一过程中不断创新与升级。

在媒体内容生产实践发展的过程中，内容生产与传播环节实现了运营模式、功能的创新，比如改善或升级传统的生产模式，探索新兴的生产方式，构建多元传播渠道背景下的版权保护机制，基于内容原创与衍生的完善盈

利模式。这些创新不仅驱动着媒体内容生产各个环节的优化,还对传播渠道、传媒产业等不同环节产生了直接影响。从不同案例的编辑室空间功能的创新来看,内容生产方式的创新驱动传统媒体编辑室空间的跨越式发展,弥补了传统媒体编辑室空间对外封闭、内部单元孤立、空间关系线性化等诸多不足,使传统媒体具备了适应新的媒体格局竞争需求的诸多创新功能,是媒体内容生产空间发展过程中的重要突破。

四、编辑室空间意义构建是媒体内容生产实践的重要落脚点

编辑室空间生产层次与维度是本书的重要内容,体现为 3 个层次。首先是具体的物理化空间。这与社会学审视城市空间生产的基本思路相吻合。其次是媒体空间。新型内容生产方式驱动编辑室空间成为多元社会活动行为、文化消费行为互动的节点,开始基于新的社会系统发展、媒体进化逻辑做整合。最后是意义空间。编辑室空间生产过程中不断生成新的意义,政府、媒体、公众均是意义构建的参与者。意义空间是编辑室空间生产的指向,也是本书的研究重点。从社会转型、媒体生态发展等方面入手,可以分析编辑室物理空间、媒体空间、意义空间得以扩展的背景和作用。

本书在梳理编辑室发展现状与存在问题、前期相关研究的基础上,基于空间生产视角拓展研究视野,贯通编辑室空间与社会发展、媒体融合的联系,明确编辑室空间生产的最终指向是意义空间的构建。编辑室在媒体内容生产实践创新背景下的发展不是孤立的,不局限于内容生产、传播领域,其创新传播也并非仅靠传播渠道、媒体形式的更新。在社会转型时代背景下,编辑室的发展与多维度城市空间的扩展、交融越来越密切,与媒体空间革新的过程紧密相连,与社会空间发展的互动也愈发频繁。编辑室内部物理空间作为一种媒介,成为多元主体、行为发生勾连与互动的节点。同时,借助数据化、移动化、智能化传播,编辑室也开始在区域城乡与社会空间中参与意义的构建与生成。两种类型空间生产之间的关系、意义生成方式也出现了新的特点。

第三节　　内容生产方式的创新将驱动
编辑室空间生产的持续深入

基于元新闻话语材料的质化编码分析,本书发现"内容生产方式创新的

特征"与未来内容生态发展的趋势同构,且根据元新闻话语材料两级编码提炼出概括媒体内容生产的 IP 化、社会化、移动化、数据化、智能化等 5 个主要特征。这 5 个特征能够反映内容生产实践创新过程中呈现的诸多新特点,也代表着未来内容生态发展的趋势。这 5 种特征同时对应着 5 种不同的媒体内容生产方式。本书基于此展开论述,不仅便于分析现阶段内容生产方式创新的特征,还能够把握未来传媒生态升级迭代的动态趋势,使本书具有更强的前瞻性、持续性。

一、媒体内容融合将进一步深化发展

媒体融合发展在传媒界从产生到发展再到成为业态主流,经过了多年积累。不同的传媒形态在这一过程中不断消长,一批批富有创新性的新兴媒体不断涌现,也有诸多曾经广受欢迎与看好的媒体形态已不见踪迹。在社会深化改革、经济结构转型、技术模式革新等多种因素的交织下,传媒业态的发展开始受到越来越多外力的影响和制约,在这些因素的多重催生之下,融合发展已有势不可挡的趋势,并且把握难度也在不断增加。在目前及未来的融合发展中,单一驱动因素的变化不足以影响整个传媒生态的发展,整体的媒体生态格局是趋于稳定的,在智能化、多元一体化的传媒环境下,很多驱动元素的变化将给媒体生态格局的发展带来更多可能性。技术的革新消解了传统媒体与新兴媒体的界限,模糊了传媒业与其他行业的界限。媒体内容生产实践创新的可能性与方式越来越多元,且机遇远大于挑战。

传统媒体与新兴媒体的融合发展已经从最初的内容、渠道等几个环节的互动升级为各种生态的碎化、整合与重构,在此基础上所形成的媒体生产的势能不仅可以重构传媒产业链,还能够推动传媒业与其他行业的深度融合,驱动媒体内容生产实践逻辑的迭代,使媒体内容体现出更大价值。媒体内容融合的空间也不仅存在于传媒业,还可以在其他行业以创新性的形态存在,并获得巨大的市场份额。这是当下我们思考媒体内容融合驱动因素时需要首先具备的基本理念。在此基础上,我们再去研究不同的媒体内容生产实践驱动要素时,便能够在更高的战略层面统筹。技术、受众需求、政策引导、集团创新发展需求等诸多因素都能够对媒体内容生产实践产生驱动作用。未来媒体内容生产创新实践的趋势、方向在一定程度上与驱动要素是重合、同质化的。未来媒体内容融合发展的主要趋势是形成一种各驱动要素相互关联更加紧密、不同内容形态相互依存、围绕优质 IP 打造产业链、诸多产业链交织的繁荣生态。

二、IP 化内容生产驱动下的编辑室空间生产

IP 化生产是近年来比较有代表性的内容创新生产策略。这种生产方式对传统编辑室空间的最大影响就是强化了不同形态的、原本处于孤立状态的编辑室的空间关联。IP 化内容生产在传媒产业中体现出很强的适应性,与传统运营理念和模式相比,能够极大地释放媒体内容的产业价值,在现有媒体内容生态中发展成一个能够被多元媒体形态普遍认可的运营模式,摆脱了传统媒体形态对媒体发展格局的制约。从编辑室空间的角度看,IP 化生产能够基于统一的 IP 内容,打通不同形态媒体编辑室的空间界限,媒体内容由传统的静态生产向动态运营升级,初步打破传统编辑室固化的空间结构。IP 化生产理念模式的兴起打破了面向渠道、传统静态的媒体内容生产状态,突破了传统生产模式对媒体内容价值的限制。生产者需要前置思考媒体内容能够在哪些渠道和平台中实现价值,从策划、编辑、制作等生产环节联通原本孤立的各类编辑室,尤其对传统媒体编辑室空间形成比较大的冲击,由此必将使原本处于孤立状态、不同类型的编辑室空间产生关联与互动,彼此分离、不同形式的编辑室空间基于统一的 IP 内容得以串联、整合。

IP 化内容生产可以充分激发高质量内容的版权价值,形成打造编辑室引领力的基础条件,也为基于内容生产实践突破传统编辑室空间固有界限、提升不同媒体编辑室空间的关联创造了条件。基于 IP 化内容生产,编辑室不仅能够突破传统的孤立、单纯的内容采编的空间形态,与其他编辑室空间和其他传播环节产生互动,还能够突破传统的、单一化的内容生产功能,使编辑室成为传播生态中的核心节点。在这一过程中表现出由传统静态生产向动态运营、由传统的内容编辑理念向产业整合理念、由传统单一化形态向融合形态、由传统单一化媒体属性向综合媒体属性升级的特征。传媒生态格局的转型以及作用机制的发展驱动编辑室空间基于 IP 化内容生产发生巨大变化。特征的"升级"变化正是 IP 化内容生产引领力作用机制发展的反映。

IP 化内容生产具有超越固有媒体形态差异和传统盈利模式的优势。对这种超越传统的媒体运营逻辑与传媒生态进化要求的模式进行提炼与概括,为编辑室形成一种独有的引领力创造了条件。而且这种引领力的构建在很大程度上会成为决定内容生产格局的关键因素。通过对内容生产实践基点转换、渠道与内容的辩证关系、IP 化生产引领力限制因素的分析,可以深入把握编辑室空间结构及功能变化,理顺编辑室空间内外多元主体之间

的关系,为探索有效的编辑室传播引领力理清思路、创造条件。当然,IP 化生产对内容生态的影响是全方位的,编辑室空间生产能够在这个过程中获得诸多便利,渠道、资本、技术等主体也能够利用 IP 化生产的便利,对编辑室空间生产产生直接影响。所以在研究和实践中,需要对 IP 化生产过程中编辑室空间所面临的复杂传媒环境予以全面审视,统筹把握编辑室空间生产的现状与问题。

三、社会化内容生产驱动下的编辑室空间生产

从编辑室空间的视角出发,如果说基于 IP 化策略能够实现不同形态编辑室空间在生产环节的互通,那么通过社会化内容生产过程中各种社会化生产方式的应用,还能够使更多社会生产力量进入媒体内容生产环节,大幅扩展编辑室的物理空间范围,并且在一定程度上打碎传统的、固定的、专业的编辑室空间,推动各种具有生产能力的主体聚合成网络化、分散化、节点化的网络编辑室空间,弱化甚至打破了编辑室的物理空间形态,大大增强了编辑室的结构功能。

社会化内容生产打破了媒体类型对生产活动的限制,可以聚合不同的参与主体,实现全媒体形态的生产,由此丰富了编辑室的空间类型,使编辑室空间结构更加灵活;同时能够满足受众更多的个性化信息需求,在生产成本控制、渠道优化、实时及后续沟通方面都体现出对市场的快速、灵活反应。生态化、网络化的运营模式分散了传统生产过程中的诸多风险,由此使编辑室空间功能更为多元,能够满足更多场景中的内容生产要求。在社会化生产过程中,无论是专业化的编辑室还是用户自发的非专业编辑空间,都成为社会化生产网状链上的节点。社会化的"新型编辑室"更加注重编辑室空间功能的实现,弱化了对空间形态与结构的"结构化"要求,其空间形态与结构则处于机动、灵活、多变的状态,能够围绕内容生产要求的改变及时调整。这一灵活的调整过程体现出社会化编辑室空间从专业化空间向个性化空间、从行业性空间向社会化空间、从链条式空间向立体化空间、从单向式空间向对话式空间转变的动态特征。值得强调的是,传统编辑室空间的结构特征在一定程度上对内容生产活动形成一种制约效应,生产主体需要依循编辑室的空间限制完成内容制作,因而在很多环节中难以做到更为及时、有效地贴近受众。而更为灵活、个性化的社会化编辑室空间大大弱化了在这一方面对生产主体的限制,能够大幅提升内容生产的目的性和针对性。

此外,基于社会化的编辑室生产不仅使各种内容生产行为实现了在"分

散而统一"的编辑室空间中的共同生产,而且改变了编辑室空间的话语格局,比如大量优质自媒体的内容生产活动得到了肯定,成为网络化编辑室空间的新兴主体,受众也能够基于社会化平台参与媒体活动,由接受者转化为社会化编辑室空间中的主体。基于社会化生产,编辑室中的空间主体、空间主体之间的关系均出现了新变化,而且通过编辑室空间勾连的不同主体的传统权力结构也发生了改变。概括来看,社会化平台、自媒体、新兴媒体等主体在社会化编辑室空间的话语权提升,传统媒体的话语权被弱化;而且权力关系的变化带来诸多新问题、新挑战,比如社会化平台给网络安全、媒体内容生态等方面的管理提出了新挑战,这些均成为基于社会化生产的编辑室空间生产不可忽视的问题。

四、移动化内容生产驱动下的编辑室空间生产

在各种形态的传统媒体苦苦探寻互联网转型路径之际,移动互联网时代骤然到来,改变了传媒运营思路与方式。各类媒体在转型与创新发展中开始面临诸多新问题,颠覆式创新、跨界重生、"互联网+"等一系列新观念、新思维也在业界得到越来越广泛的探讨。媒体内容生产者希望抓住移动互联网带来的机遇,在激烈竞争中实现内容生产模式、运营模式、商业模式的创新,编辑室空间形态随之产生新特点。移动化传播对传统编辑室空间产生冲击,移动互联网解构着单一化、固态化的传统编辑室空间。编辑室的移动化解构也成为比 IP 化、社会化发展更为明显的空间特点。移动化内容生产不仅推动编辑室空间在内容生产层面调整、重构,而且注重这一过程中受众的参与和互动。在多种资源的移动化整合之下,传播生态圈正在进行场景化的重构。

移动化、场景化传播是编辑室空间与受众接受信息和消费空间的交融。通过对传播生态圈重构的分析,有利于认识移动化内容生产驱动下的编辑室空间生产。在移动化内容生产方式创新的背景下,编辑室空间表现出诸多不同于传统媒体编辑室的特点与优势。但是面对传媒格局转型带来的机遇和挑战,编辑室仍需在多方面积极探讨创新运营方式,力求在重构与再造过程中掌握未来传媒竞争的先机。编辑思维创新是移动内容生态进化所带来的必然要求,移动内容生态进化的层次性特征也给编辑思维的创新提出了相应的要求,需要兼顾创新性与阶段性。

五、数据化内容生产驱动下的编辑室空间生产

大数据技术在经过多年积累之后开始在媒体生产领域"落地",并表现

出革命性的改造力量,使诸多环节产生颠覆性变化。数据化内容生产驱动下的编辑室物理空间的功能受到一定程度的冲击,尤其是很多传统媒体编辑室面对数据化生产曾一度"手足无措"。在数据化内容生产的产生、发展过程中,编辑室空间也经过了一个适应、转型的过程。数据化内容生产同样给传媒界带来诸多改变,比如"数据新闻"这一新概念与形态开始走进人们的视野,传统的新闻生产方式、传播特点甚至理念都有了新的发展,编辑室空间中记者、编辑的角色特征也随之变化。

如果说 IP 化内容生产打破了各类媒体编辑室的空间界限,社会化内容生产扩展了编辑室的空间主体类型,移动化内容生产大幅提升了编辑室行为的灵活性与机动性,那么数据化内容生产则打通了各种编辑室空间、内容生产行为的底层关联,使不同类型的内容生产主体、内容生产行为均能以基于数据的方式产生对话。由此,编辑室得以摆脱空间结构优化、组织管理提升、移动运营模式创新等传统理念,能够按照数据化的逻辑思考未来的内容生产路径。从这一层面来看,数据化内容生产驱动下的编辑室空间生产具有跨越式、革命性的意义。数据化运营模式并非冲击编辑室的物理空间结构,而是要颠覆传统的编辑室运营理念。编辑室的空间形态、结构与功能均将呈现数据化的特征,按照大数据时代的新规律、新逻辑得到重构,编辑室空间主体的关系会以数据化形式得到再现,便于运营者科学把握编辑室空间的权力结构关系。在这一过程中,平台历史数据积淀、数据获取能力、数据分析能力等成为决定生产主体在编辑室空间中权力位置的基础要素。基于数据分析,从业者能够对各种内容生产行为做量化分析,为科学评判编辑室空间生产的影响与意义创造了条件。

六、智能化内容生产驱动下的编辑室空间生产

在智能传播背景下,专业化、网络化和智能化等多种形态生产活动并存、相互影响。在这一过程中,智能技术作为新的行动者嵌入编辑室空间。智能技术的介入并非取代人,而是与人共同构成新的行动者网络。媒体内容生产主体由此实现从人向人机协调的转化。各种媒体内容生产活动的关系与边界处于动态变化。智能传播背景下的媒体内容生产并不会机械地按照线性逻辑发展和演化,智能传播背景下媒体内容生产方式的迭代是一项系统工程,不同行动者在编辑室空间将长期存在,博弈发展,而人机协调是其中的重要部分。

对于人类行动者来说,无论是专业化生产者还是网络化生产者,无论是否具备智能传播技术,都需要重新思考如何在智能传播背景下调整理念、路

径,以免在编辑室空间中失去主动权。在未来的智能生产活动中,人工智能与人类将相互学习与训练,生产活动中的人机边界将不断模糊,智能化媒体将从"人机协同"逐步趋向"人机合一",机器和媒体人共同完成内容发现、写作和传播,而发展远景将会是机器和人、物体、环境的全面融合,最终完成编辑室空间的智能化革命。但在一定阶段内,人机协调将会成为未来编辑室空间生产活动的常态,而且模拟生产、数字生产、智能生产均会有各自存在和发挥作用的场景,只是不同场景互动、影响的规则逐渐被纳入智能传播的逻辑要求。在这种复杂的媒体内容生产格局中,智能技术的作用越来越大,同时带来算法伦理、智能茧房等诸多新问题,这些问题的解决需要人类行动者在人机协调中发挥更大的能动性,而这必然要经过一个长期磨合、适应的过程。

七、编辑室空间生产与其他社会空间互相联系与嵌入

编辑室本身也是社会、城市系统中的重要空间,不仅是连接不同类型空间、关联不同空间主体行为的渠道或载体,而且是一个值得关注的空间对象——这个空间对象是众多权力关系的交汇点。目前社会、城市空间资源正处于重新"谋划"与调整中,编辑室空间在与社会空间的互动中产生新的意义,传播生态系统成为社会空间的重要推动力量。本书立足此高度,分析编辑室物理空间、媒体空间、意义空间得以扩展的因素,从空间视角重新审视编辑室。在未来的媒体生态中,内容将有更多与社会空间互动的机会,拓宽内容生产实践的场景。比如媒体可以获得更多的连接点以推动内容生产,为受众提供更多元的内容选择。面向受众的场景化需求重新梳理媒体内容生产、传播的逻辑关系是未来媒体内容生产的重要趋势,这也为内容生产带来更大的产业化发展空间。媒体内容产业化发展将立足并紧跟市场需求的变化,渠道、平台、互联网化的运营模式都将成为各形态媒体的"标配",媒体内容在产业运营中的地位将越来越重要。此外,媒体积极承担社会责任,在传媒与社会的相互促进中实现媒体内容生产方式的创新体现出一种内在的引导作用。这两方面的作用相叠加并成为媒体内容生产实践的趋势与方向,而内容生产也将在承担社会责任的过程中获得新的发展机遇。

八、5 种生产方式的内在联系及发展趋势

本书的分析框架与逻辑结构主要依据 5 种类型的媒体内容生产方式展开分析,以此为本书的"明线",并基于此搭建整体章节结构与分析框架,从

不同方面探讨编辑室空间生产中的问题,与作为"暗线"的编辑室空间生产不同维度的分析相呼应,共同支撑本书的深入探讨。

IP 化、社会化、移动化、数据化、智能化等 5 种媒体内容生产方式主要是结合媒体内容融合业态发展现状及编码中具有代表性的"IP 化特征""社会化特征""移动化特征""数据化特征""智能化特征"等 5 个二级节点得出的。这 5 种生产方式存在明显差异。对这些差异的把握需要以不同生产方式的核心驱动要素为基点,即把握核心要素或运营模式在驱动媒体内容融合发展呈现这一方面的代表性特征。第一,在 IP 化生产的驱动之下,媒体内容生产链条的诸多环节被打通与重构,原本孤立的不同类型编辑室空间的边界被打通,传统的编辑室空间由此在诸多环节被解构,进而在空间生产中呈现诸多新特点。优质 IP 内容及以其为核心的 IP 化运营重构了媒体内容产业链,关于 IP 化生产方式的探讨便是基于此展开的。第二,社会化机制基于互联网化、社会化的连接模式,将更为多样、更为复杂的编辑资源聚合,形成一个通过现代连接方式聚合的网络化、无形化的编辑室。虽然这一编辑室不具备传统编辑室物理化的空间特征,却形成了传统编辑室所无法实现的新型社会化媒体内容生产功能。关于社会化生产方式的探讨便是基于此展开的。第三,移动互联网解构着单一化、固态化的传统编辑室空间,而且移动互联生态能够从宏观层面倒逼不同类型媒体思考新的运营理念。这种从媒体生态层面产生的移动化趋势影响编辑室空间。关于移动化生产方式的探讨便是基于此展开的。第四,数据挖掘与分析技术的发展打通了各种编辑室空间、内容生产行为之间的底层关联,使不同类型的内容生产主体、内容生产行为均能够以"1"与"0"的方式产生对话。关于数据化生产方式的探讨便是基于此展开的。第五,智能技术作为一个新主体强势嵌入生产行动者网络结构,改变了媒体内容生产的传统逻辑。关于智能化生产方式的探讨便是基于此展开的。

把握不同生产方式的核心驱动要素,能够明确 5 种内容生产方式的异化特征,为本书多个章节基于 5 种内容生产方式分别展开探讨打下基础。但也要明确,随着媒体内容融合发展的深入,其实不同驱动要素在实践中并非单独发挥作用,而是相互交织、共同作用,一起驱动内容生产方式的创新与发展。所以,上述 5 种内容生产方式也存在你中有我、我中有你的内在关联,比如数据资源的积累能够为智能化内容生产方式的创新提供有效支撑,智能化技术的应用能够为提升移动化内容生产的效率提供可能,移动化内容生产工具与模式的优化又能够为改进社会化内容生产方式的策略提供新路径。所以要明确,本书将 5 种不同生产方式分开,并据此搭建分析框架,基于不同生产方式的差异化特征,探究其对编辑室空间生产的影响,重心是把握"不同驱动要素演化—内容生产方式革新—编辑室空间生产"的逻辑,力求从不同方面深化内容融合背景下编辑室空间生产不同维度的探讨。

同时也要明确,内容融合发展的驱动要素、不同类型的内容生产方式是存在交叉、共同发展的。随着不同驱动要素组合方式的优化、内容生产方式的进一步发展,编辑室空间生产也会出现新的内容与特点。这也决定了本书关注的是一个动态发展的问题。后续仍需进一步把握媒体内容融合发展的趋势,结合媒体内容与社会空间深入融合的方向,在把握内容生产方式创新的基础上,继续深化对编辑室空间生产不同维度问题的探讨,使本书具有更强的前瞻性、持续性。

第四节　基于规制的优化引导编辑室
空间权力关系健康发展

一、需要把握编辑室空间权力关系的变化

编辑室空间生产同样是权力实践的产物,而且也会成为权力规训的工具。当把编辑室视作一个相对独立的空间与行动系统时,编辑室空间是社会空间的组成部分,不同性质的主体如政府、社会、市场以及编辑室的多种权力在空间展开博弈,编辑室被演绎成不同权力角力的场所,形成一种复杂的权力结构。编辑室空间生产过程中出现的矛盾恰恰是不同权力交织、角力的结果:一方面,智能技术的进步、传媒市场的转型不断给传统的编辑室空间形态传递压力,形成一种推动编辑室空间向赛博时代"理想化"空间进化的力量;另一方面,对于转型中的传统媒体来说,传统事业单位色彩的管理机制与思维的影响不仅存在于编辑室的实体空间,而且存在于虚拟化的编辑室生产社群。

编辑室空间正处于建设、变动与调整之中,因此会频繁碰触不同权力的固有边界,产生各种各样的矛盾与摩擦。本书通过对编辑室空间内权力结构冲突的分析,发现编辑室之所以难以建设成为理想化的空间形态,在一定程度上是因为现实权力关系、结构的角力和理想化的权力协调方式还存在很大差异。这些权力关系与结构的存在,导致编辑室空间需要按照工业化媒体空间生产的逻辑稳步积累与进化,暂时无法"跨越式"地向着理想化的

赛博编辑室空间发展。媒体内容生产实践还处于发展之中,IP化、社会化、移动化、数据化、智能化的趋势不仅会持续深入,而且会互相影响,使作为内容生产核心部分的编辑室空间形态、结构与意义不断产生新的变化。上述不同趋势中各种因素是综合作用于编辑室空间的,并且带动多元关系在编辑室的空间变动中不断博弈,推动新的空间关系的生成。我们需要动态、科学把握内部空间权力关系的变化。这是认识编辑室空间生产现状、特征、趋势的重要基础。

二、空间权力关系规制是编辑室空间科学发展的必要条件

融合发展进程的深入加大了编辑室空间关系管理的复杂性。近年来我国自媒体快速发展,大量个体化、非专业的编辑室空间基于社交平台,生产海量媒体内容。但是需要引导、监管,否则不利于健康传播环境的维护。大型机构、商业媒体也会出现违背社会效益的问题。一批新兴媒体、自媒体被关停,很多被关停的新兴媒体的编辑室空间形态在一定程度上代表着内容生产实践发展的趋势。因为在运营过程中违背了基本的内容生产原则,所以在意义生产层面,编辑室空间及内部关系存在亟须规制的问题。所以,研究编辑室空间的发展变化,除了把握编辑室空间形态、结构的进化,更要从意义生产层面对编辑室空间予以动态审视。如果意义生产层面出现问题,即使编辑室空间形态、结构再智能化、前沿化,也无法保证编辑室空间的意义与价值。

媒体内容生产实践发展的过程同时是编辑室空间权力关系调整与重构的过程。在我国媒体内容生态转型过程中,因为技术、市场发展带有显著的前沿性,相应的监管在一定程度上滞后于业态发展,所以产生各种乱象与问题,不利于科学、合理、高效的现代传播体系的打造。编辑室是一个复杂的社会空间,各种权力关系围绕媒体内容交织、博弈,最终都能够在媒体内容中得到体现。面对各种因素对编辑室空间的介入以及编辑室空间关系的影响,科学的监管与引导不应当缺位。否则一旦编辑室空间关系"失控",即使编辑室空间形态再先进,也不是我们需要的媒体内容融合发展的结果。而且,在空间监管与引导缺位的情况下,编辑室空间形态越先进,对经济社会发展产生负面影响的可能性就越大。编辑室空间需要政策引导、体制管控。通过合理的规制或介入,引导编辑室空间关系向着科学、合理的方向发展,规避各种负面问题。这是编辑室空间生产过程中不可忽视的部分。

第五节　存在的不足与对未来研究的建议

一、本书的不足和限制

由于主客观等多方面因素的限制,本书仍然有一定的不足之处,在研究内容、研究方法等方面都有进步空间。本节简要概括目前本研究的客观条件限制以及书中存在的不足,以期为未来的研究提供借鉴。

（一）媒体内容生产方式仍在更新迭代,研究对象具有很强的复杂性

媒体内容生态发展是一个比较宏观的课题,需要从内容这一维度对整个传媒业态做出整体性把握。一方面,媒体内容生产方式的创新与媒体融合、媒体集团化及集群化发展等交织,而且还将与城市发展、社会治理等层面有更加深入的交集。另一方面,媒体内容生产方式的创新存在于各种形态的媒体中,广播、电视、报刊、图书以及多元化的互联网新媒体都在努力探索内容生产实践的创新路径。不同类型媒体的内容生产模式既有共性,又有特性。在行业实践和学术研究中,无法用一种或者几种简单的模式概括一种媒体在不同领域、不同层面的内容生产现状,也无法概括不同媒体的内容生产问题。研究者需要根据不同媒体应用场景的具体要求,思考媒体内容生产的个性化方式。而且随着各种新技术、新模式、新理念在媒体内容生产领域的创新应用,将进一步推动内容生产领域相关要素的重新整合,不断提高分析、梳理、概括媒体内容创新生产方式及其影响的难度。

（二）空间理论与编辑室的结合还需要深入与细化

空间理论近年来在政治学、社会学、新闻传播学等领域的研究中得到越来越广泛的应用,而针对编辑室这一特定空间展开的深入研究相对空白,这是本书的创新点之一。但正是因为本书力求将空间理论应用于编辑室的相关研究,编辑室在这一过程中既是一个具体的、作为研究对象的空间（在这一层面,编辑室是本书基于空间视角审视的直接对象）,又是本书所关注的各种内容生产方式、实践活动的空间载体（在这一层面,编辑室是本书审视各种主体空间实践活动、各种空间关系发展变化的载体）。由此,编辑室在本书中具有双重身份,这进一步增加了本书的复杂性。研究者需要在应用空间理论审视编辑室各种变化的过程中予以科学把握。本书具有较大的覆盖面,为了更为全面地把握媒体内容生产方式创新的现状与问题,在不同部分的研究中关注、分析各种形态的媒体案例,一定程度上分散了对编辑室空间本身的聚焦和深入研究。

此外,本书的整体研究框架是基于编辑室呈现出的数据化、智能化、社交化等几个特征搭建的,所以未能针对诸多特定的、具有代表性的编辑室空间展开更为深入的研究。虽然本书对近年来业界具有极高辨识度的代表性编辑室进行了具体研究,但也是为了不同章节、不同部分的研究目的而展开的,未能聚焦于一个或者数个代表性编辑室空间做更为深入的研究。

（三）调查可以更加深入

本书关注的是业界前沿课题。为了能够科学地把握业界最新的发展动态,发现实践中存在的问题,需要进行大量一线调查与访谈。而且从空间理论的视角来看,需要更为深入地调研、观察来发现不同编辑室空间内部各种主体行为、关系的动态变化,这样能够使结论更为落地,给成果提供更为坚实的支撑。如果有足够的精力,本书的调研范围应予扩大,掌握更多一手资料。

二、对未来研究的建议

本书从空间生产视角审视媒体内容融合生产背景下的编辑室,从空间形态生产、结构生产、意义生产等不同层面理解编辑室空间的演化进程,分别从媒体内容 IP 化、移动化、社会化、数据化、智能化融合的角度展开具体解读,其中结合大量编辑室空间生产实例进行了分析,最后对编辑室空间规制问题进行了分析。本书已经围绕"空间理论视角+编辑室"做出了比较全面的研究,针对媒体内容生产实践的问题,从多个方面对编辑室空间这一对象及其存在的诸多问题、特征、规制等做了比较深入的分析,搭建起了初步的研究逻辑和结构。但是限于主客观条件,还存在一定的不足。本节基于以上成果,结合业态发展的趋势,对后续研究提出以下建议。

（一）空间理论与媒体内容生产其他问题的结合

空间理论具有一定的适用性,对媒体内容生产过程中的诸多问题有着一定的解释力。在后续研究中,需要不断关注、发现媒体发展过程中的新问题、新对象,同时关注媒体内容生产与社会生活发展的交集,发现更多具有研究价值的空间对象,创造性地应用空间理论展开研究:一方面丰富媒体内容生产方面的学术研究,一方面为业界创新实践提供更为多元的策略建议。

（二）研究可以更为聚焦与深入

本书的研究比较全面且宏观,目的是将空间理论视角引入编辑室这一对象的研究之中,并且形成具有一定层次性和系统性的研究成果。在后续研究中,可以聚焦一个具体的媒体行业,针对专门化的内容生产实践,选定个体性的编辑室空间案例,如某个电视台的编辑室或者某个新兴媒体机构的编辑室,从空间的视角切入,展开研究,从单个案例中发现更为深入、具体的经验材料与研究成果,能够为发现内容生产方式创新驱动下编辑室空间主体关系、权力结构的变化提供更为有力的支撑。通过诸多不同领域、不同形态媒体编辑室空间具体、深入研究的积累,使这一领域的研究成果不断丰富。

（三）研究力量、研究方法可以更为多元

本书采用了以元新闻话语分析为主的质化研究方法,并辅以大量的案例分析。在后续研究中可以吸纳其他学科的研究力量,比如政治学、社会学、计算机等领域的研究者,围绕共同的研究方向及问题展开交叉研究,并采用更为多元的研究方法,如创造性地应用民族志、计算传播等方法。通过研究思路与方法的扩展,不断丰富本领域的研究成果。

第六节　本　章　小　结

本书在掌握媒体内容生产变革的基础上,基于 IP 化、社会化、移动化、数据化、智能化生产的驱动,厘清编辑室空间中媒介权力结构的改变,把握编辑室空间生产过程中不同主体的介入过程、文化冲突的原因、意义的生成方式等。本章基于以上内容,对全书的主要观点与结论、研究的不足与限制、对未来研究的建议等进行了简要阐述与分析。

主要参考文献

一、著作

[1] 包亚明.现代性与空间生产[M].上海：上海教育出版社,2003.

[2] 查尔斯·斯特林.媒介即生活[M].王家全,崔元磊,张祎,译.北京：中国人民大学出版社,2014.

[3] 卡斯泰尔.信息化城市[M].崔保国,等译.南京：江苏人民出版社,2001.

[4] 曼纽尔·卡斯特.网络社会的崛起[M].夏铸九,等译.北京：社会科学文献出版社,2001.

[5] 米歇尔·福柯.规训与惩罚：监狱的诞生[M].刘北成,杨远婴,译.北京：生活·读书·新知三联书店,2003.

[6] 皮埃尔·布尔迪厄,华康德.实践与反思：反思社会学导论[M].李猛,李康,译.北京：中央编译出版社,1998.

[7] 苏贾.后现代地理学：重申批判社会理论中的空间[M].王文斌,译.北京：商务印书馆,2004.

[8] 孙全胜.列斐伏尔"空间生产"的理论形态研究[M].北京：中国社会科学出版社,2017.

[9] 索杰.第三空间：去往洛杉矶和其他真实和想象地方的旅程[M].陆扬,等译.上海：上海教育出版社,2005.

[10] 索亚.后大都市：城市和区域的批判性研究[M].李钧,等译.上海：上海教育出版社,2006.

[11] 延森.媒介融合：网络传播、大众传播和人际传播的三重维度[M].刘君,译.上海：复旦大学出版社,2012.

[12] Edward W. Soja. Third space：Journey to LosAngeles and other real-and-imagine places[M]. Oxford, Cambridge Blackwell Publishers Ltd. 1996.

[13] Henri Lefebvre. The production of space[M]. Oxford UK：Black well Ltd, 1991.

［14］Zygmunt Bauman. Liquid modernity［M］. Cambridge：Polity Press，2000.

二、期刊

［1］白红义.当新闻业遇上人工智能：一个"劳动—知识—权威"的分析框架［J］.中国出版,2018(19).

［2］蔡月亮,陈长松.基于空间视角的新闻客户端媒介特性探析［J］.中国出版,2018(20).

［3］陈昌凤.未来的智能传播：从"互联网"到"人联网"［J］.人民论坛·学术前沿,2017(23).

［4］仇筠茜,陈昌凤.黑箱：人工智能技术与新闻生产格局嬗变［J］.新闻界,2018(1).

［5］邓建国.机器人新闻：原理、风险和影响［J］.新闻记者,2016(9).

［6］董慧,李家丽.城市、空间与生态：福柯空间批判的启示与意义［J］.世界哲学,2018(5).

［7］范志忠.论"报网互动"的发展态势与传播特征［J］.新闻与传播研究,2008(1).

［8］何瑛,胡翼青.从"编辑部生产"到"中央厨房"：当代新闻生产的再思考［J］.新闻记者,2017(8).

［9］胡正荣.智能化：未来媒体的发展方向［J］.现代传播(中国传媒大学学报),2017(6).

［10］黄旦,李暄.从业态转向社会形态：媒介融合再理解［J］.现代传播(中国传媒大学学报),2016(1).

［11］黄旦.试说"融媒体"：历史的视角［J］.新闻记者,2019(3).

［12］黄旦.重造新闻学：网络化关系的视角［J］.国际新闻界,2015(1).

［13］姜红,鲁曼.重塑"媒介"：行动者网络中的新闻"算法"［J］.新闻记者,2017(4).

［14］李彪.未来媒体视域下媒体融合空间转向与产业重构［J］.编辑之友,2018(3).

［15］李荣,姚志文.传统文化电视传播的空间生产理论分析［J］.社会科学战线,2012(1).

［16］刘峰.基于 IP 化运营的媒体内容融合发展路径探析［J］.新闻爱好者,2017(3).

［17］刘峰.新闻室空间再造：县级融媒体中心建设的元新闻话语研究［J］.新闻大学,2019(11).

［18］刘颂杰.新闻室观察的"入场"与"抽离"：对财新团队参与式观察的回顾及思考［J］.新闻记者,2017（5）.

［19］刘涛.社会化媒体与空间的社会化生产：福柯"空间规训思想"的当代阐释［J］.国际新闻界,2014（5）.

［20］刘涛.社会化媒体与空间的社会化生产：列斐伏尔和福柯"空间思想"的批判与对话机制研究［J］.新闻与传播研究,2015（5）.

［21］刘涛,杨有庆.社会化媒体与空间的社会化生产：卡斯特"流动空间思想"的当代阐释［J］.文艺理论与批评,2014（2）.

［22］彭兰.未来传媒生态：消失的边界与重构的版图［J］.现代传播（中国传媒大学学报）,2017（1）.

［23］史安斌,李彬.回归"人民性"与"公共性"：全球传播视野下的"走基层"报道浅析［J］.新闻记者,2012（8）.

［24］史云峰.网络伦理学初探［J］.郑州大学学报（哲学社会科学版）,2002（2）.

［25］孙俊青,刘永俊.新中国70年出版管理体制的演进与改革启示［J］.北京联合大学学报（人文社会科学版）,2019（3）.

［26］孙玮.赛博人：后人类时代的媒介融合［J］.新闻记者,2018（6）.

［27］孙瑛.机器人新闻：一种基于大数据的新闻生产模式［J］.编辑之友,2016（3）.

［28］王长潇,刘瑞一.从播客到移动音频媒体：赋权的回归与场景的凸显［J］.新闻大学,2019（6）.

［29］王敏.从"常规"到"惯习"：一个研究框架的学术史考察［J］.新闻与传播研究,2018（9）.

［30］王敏.突破"新闻室"的界限：虚拟新闻室实验及其对新闻教育的启示［J］.传媒,2017（19）.

［31］王昕.媒体深度融合中的"中央厨房"模式探析［J］.现代传播（中国传媒大学学报）,2017（9）.

［32］王艺璇,刘诣.空间边界的生产：关于B市格林苑社区分区的故事［J］.社会学评论,2018（4）.

［33］文军,黄锐."空间"的思想谱系与理想图景：一种开放性实践空间的建构［J］,社会学研究,2012（2）.

［34］熊琦.移动互联网时代的著作权问题［J］.法治研究,2020（1）.

［35］严三九.技术、生态、规范：媒体融合的关键要素［J］.人民论坛（学术前沿）,2019（3）.

［36］严三九.媒体融合过程中传媒体制改革研究［J］.新闻记者,2016(12).

［37］严三九.中国传统媒体与新兴媒体内容融合发展研究［J］.新闻与传播研究,2017(3).

［38］杨奇光.媒体融合时代的新闻室矛盾:基于新闻可视化生产实践的考察［J］.新闻大学,2018(1).

［39］张伯娜.短视频版权保护与合理使用判断标准探究［J］.出版发行研究,2019(3).

［40］张骋.赛博空间与本体重建:新媒体时代人类存在方式的变革［J］.新闻界,2015(5).

［41］张雷.从"地球村"到"地球脑":智能媒体对生命的融合［J］.当代传播,2008(6).

［42］张之沧.论空间的生产、建构和创造［J］.学术月刊,2011(7).

［43］支庭荣.新媒体不是传统媒体的延伸:融合背景下"转型媒体"的跨界壁垒与策略选择［J］.国际新闻界,2011(12).

［44］钟瑛.论网络新闻的伦理与法制建设［J］.新闻与传播研究,2000(4).

［45］朱春阳.县级融媒体中心建设:经验坐标、发展机遇与路径创新［J］.新闻界,2018(9).

索　引

A

按需出版　135,138

B

版权　42,44,45,56,57,76,77,89-
　92,95,97,99,100,102,104,106-
　109,111,112,128,148,154,216,
　219-223,228,230,237-239,
　242,255,258

编辑室空间功能　72,85,97,104,
　127,162,163,172,181,255,256,
　259

编辑室空间结构　21,28,67,71-
　73,75,85,90,97,105,106,119,
　141,168-171,184-187,207,
　248,258,259

编辑室空间生产　1,2,5,8,16-19,
　21,22,24-31,39,42,67,68,73-
　77,79,82-89,95,98,100,104,
　106,108-110,112,115-117,
　119-121,123,124,126,128-130,
　132,137-141,148,149,154,159,
　160,162,163,167,170-173,187,
　196,197,204,209-211,213-
　216,219,221,223,225,229-232,

234,235,239,240,245,250-254,
　256,258-265,267,268

编辑室空间形态　1,2,7,8,16,18,
　19,21,24-27,29,31,34,39,43,
　65-69,71-75,82-85,89,90,
　95,99,101-104,123,125-127,
　129,137,149,154,160-162,168,
　178,179,181,183,187,215,229,
　240,244,245,251,255,260,264,
　265

编辑室空间主体　19,21,25,28,50,
　73-76,85,98-100,106,108,
　117,125,129-131,141,163,171,
　184,196,208,211,230,233-237,
　239-241,243,245,261,268

编码　24,25,28,31,39,42-67,70,
　71,76-82,84-88,256,257,263

C

财经图书　131-138
场景思维　114
传播生态　16,20,26,37,61,81,93,
　94,102,109,132,133,148,149,
　151-154,172,187,191,221,251,
　254,258,260,262
传媒产业　33,34,36,55,56,69,89-

93，96，103－105，107，111，112，131，139，144，152，159，168，197，216，227，230，243，244，246，247，256－258

传媒伦理　210，216，223－226，228－230，232－234

传媒企业　70，93，217，218

传媒资本　30，124，170，254

D

大数据　17，28，31，32，35，36，44，54，62，63，108，110，116，120，123，124，128，129，135，136，138，142，145，150，165，167，168，170，173－185，187，188，191－194，196－199，206，210－213，216，226，230，254，260，261

G

管理机制　34，49，74，108，216，225－228，241－248，264

H

互联网思维　13，35，52，61，108，116，124，135，138，139

I

IP　28，35，37，44，53，56－58，87，89－119，126，130，139，141，142，175，221，243，244，248，249，257，258，263

IP 出版　115，117，118

IP 化　27，28，44，56－58，86，87，89－112，114－119，139，148，171，

215－217，219，221，229，251，252，257－260，263，265，267，268

IP 化内容生产　28，57，89，91，92，95，101，109，119，120，125，148，195，219，221，243，244，258，261

IP 化运营　38，90－92，94，96－98，102，105，106，110，113，220，263

IP 矩阵　119

J

节点化　28，120，160，161，259

K

空间规制　21，25，221，231，235，239－241，245，247，249，267

空间生产　1－3，5－8，16－19，21，23，24，26，27，31，68，69，71，73，82－84，98，112，115，116，119，126，240，251，254，256，263，264，267

空间意义生产　83，117，234，242

M

媒体内容产业　44，48，55，56，90，92，230，231，238，262，263

媒体内容融合　1，6－8，10，13－15，17，18，20－27，30－34，36，39，41－46，48，49，51，52，54－56，61，62，67，68，76，77，79，81，82，84－87，90，91，95，102，107，110，120，147，171，215，251，255，257，263－265，267

媒体内容生产方式　9，10，18，20，27，32，42，43，45，67－69，84－87，90，92，142，149，150，154，177，

184－187,197,199,200,202,205,223,243,252,255,257,261－263,266

媒体融合　1,2,7－9,11－16,21,22,31－36,38,40,43,46,47,49,50,52,59,74,75,79,82,93－95,110,114,117,118,121,123,124,134,155,156,169,174,177,198,201,210,225,241,242,244,245,253,254,256,257,266

媒体组织形式　129

N

内容生产　1,2,8－10,13－20,22－39,41－53,55,56,59－69,71－81,83－111,114,116－134,136,138－141,146－150,152－163,165,169,171－192,194,196－201,204－211,213－231,233－244,246,248,250－268

R

人工智能　10,11,14,15,17,32,53,64,65,120,197,198,201－204,209－211,213,230,254,262

人机协调　29,197,200,208－210,213,214,261,262

S

社会化　6,10,14,15,17,26－28,30,44,56,59,60,72,73,86,87,120－140,148,159,171,215,216,219,220,229,240,251,252,257,259,260,263,265,267,268

社会化出版　132－138

社会化内容生产　28,120－132,139,148,195,259,261,263

社交网络　146,147,182

社群运营　114,125,127

视听产业　37

受众需求　17,34,35,58,115,116,133,159,167,174,192,212,257

数据化　2,17,23,25－27,29,44,56,62,63,73,75,86,87,152,154,173－176,178,180－182,184－187,189－192,194,196,199,211,215－217,219,229,251,252,256,257,261,263,265,267,268

数据化内容生产　28,29,173,175,177－181,183－189,191,194－196,199,228,260,261

数据新闻　29,44,62,63,177－179,181,261

X

现代传播体系　231,232,244,265

新媒体技术　34,53,179

行动者网络　29,197,203,204,206－209,214,261,263

Y

移动互联生态　148－154,156,158,160－162,169,171,263

移动互联网　12,28,42,51,61,62,115,123,124,141－166,168－172,220,221,238,260,263

移动化　2,14,17,25－28,37,44,56,61,62,72,73,83,84,86,87,

144,147 - 155,157 - 159,161 -
172,215,216,219,221,229,237,
245,246,251,252,256,257,260,
263,265,267,268

移动化内容生产　28,61,141,146,
148,149,152 - 156,158 - 163,
167,168,170 - 172,195,260,261,
263

用户思维　114

元话语分析　25

云计算　37,63,123,135,142,154,167,
170,179,184 - 187,195,228,230

Z

知识产权　89,90,93,95,103,108,
111,113,114,117,222

智能传播　29,32,44,64,65,76,
175,197,198,200 - 208,211 -
213,216,230,231,248,250,261,
262

智能化内容生产　2,197 - 215,219,
261,263

智能化行动者　211

众筹出版　138

后　记

　　在来沪读博之前,我曾在"煎蛋电视台"(山东德州电视台,因台标像煎蛋而得名)工作两年,先干摄像,后做编导,再当主持,其间还客串过栏目包装、广告销售……因为地方台当时栏目多、人员少,很多事情都要顶上,所以我有机会尝试了电视节目生产过程中的诸多流程与环节,收获很多,但也品尝了融合进程中电视媒体的诸多辛酸。在短短两年的工作时间内,印象最深的就是每隔几个月就变动一次的办公室,以及各个栏目都在抢位子的编辑机房,那里留下了我们的青春,消磨了部分同事的从业热情,多少主持人的胶原蛋白、编辑的视力、摄像师的关节韧带与台领导们的发际线,都融入一碗碗泡面的缭绕热气中,奉献给电视媒体那曾经辉煌的岁月里。

　　离职后逢节假日,会回乡到老东家看看,依旧能够见证台里那些办公室与机房的变来变去,虽然收视率下降了,但装修标准提高了,是为"煎蛋台"对媒体融合大潮的积极回应。回头望,伴你走,是否曾经幸福过? 赴过汤,蹈过火,栏目一停没爱河……对于自己来说,虽然轻轻走出了那些"物理"空间,但思维模式与工作习惯却牢牢地被那里所塑造。编辑室,成为生命中如何挥手都始终萦绕在脑边的那片云彩。

　　本书是 2019 年国家社科基金后期资助项目的研究成果,但算起来,这些文字却是从 2011 年开始积累的。2011 年 9 月 11 日,我背上行囊、卸下"煎蛋台"的那份"荣耀",踏上月台,一个人来到华东师范大学攻读博士学位,从此开始了在"媒体融合"方面的学习与探索。导师严三九教授是国内最早研究新媒体的学者之一,指导我多关注媒体融合方向的问题,我从此便开始围绕这一方向整理资料,尝试各种不成熟的写作练习,后来有幸参加严老师主持的国家社科基金重大项目"加快推进传统媒体与新兴媒体融合发展研究",在项目进展过程中加深了对媒体融合发展的认知与理解,也围绕本书的几个方向做了进一步的积累。严老师的指导以及提供的诸多学习机会是本书得以缘起、推进及慢慢成型的基础,在此对老师表达深深的谢意。

　　2014 年博士毕业后,我进入上海理工大学工作,成为一名"理工男",从此便多了审视媒体融合的新视角。这个新视角便是出版。上海理工大学的出版学院颇具特色,"工文艺"融合格局下的出版学科在全国都具有较大影响力。在上海理工大学出版学院工作的五年里,我等于读了一个出版第二专业,跟着很多老师关注"融合出版"的新现象、新问题,丰富了对媒体融合发展的思考。因为出版是媒体内容融合的核心部分,所以我对于媒体融合的审视开始向内容融合聚焦,同时开始关注空间生产方面的相关内容,"媒体内容融合+空间生产"的思路逐步清晰,进而结合脑边始终挥之不去的"编辑室"展开思考,本书的框架渐渐成型。本书的主体内容都是在上海理工大学工作那几年写就的,其间得到众多领导、师友的帮助与指导,理工男在此表达诚挚谢意。

2019年初,我转至上海大学新闻传播学院工作,从"若要苦,杨树浦"的大杨浦,来到了百年前丁力先生做梦都想离开的老闸北,所以本书也算是两个"下只角"区域对新静安融合发展所做的微不足道的贡献。上海大学新闻传播学院以智能传播为主要研究方向,且有着大量学养深厚的名师益友。在诸多师友的帮助与启发之下,我又对本书做了进一步修改和丰富,故而也要对上海大学的诸位师友表示衷心感谢。需说明的是,上海大学注重海派风格,所以为了能够做出点具有海派风味的研究,我开始追求所有带"海"字的东西,入职上海大学之后再没买过李锦记,用的都是海天酱油,故而本书带有些许"53°酱香味道",请喜欢浓香型、清香型的酒友慎选。

本项目结题后由全国哲学社会科学办公室指定上海交通大学出版社出版。于我而言,深感荣幸。在此感谢上海交通大学出版社各位领导与编辑老师的辛苦付出,特别感谢宋丽军老师为本书所付出的大量时间和精力。

在本书的写作过程中,我还得到了大量师友的热情相助与指导,在此不一一具名,一并表示深深感谢。大家的帮助是我成长路上巨大的动力。当然,限于个人水平和视野,本书定有诸多不妥之处,需要在后续研究中予以深入和完善,我也真诚地希望所有在这一领域有研究的朋友多多指正。

后记快写好了,电脑旁用海天酱油和去年屯的消毒酒精勾兑的53°"老闸北第一酱"也快喝光了,趁着一点晕乎乎的酱劲儿,打几句油,权当结尾:

> 十年之前,
> 我不认识你,你不属于我,
> 我们都是一样,在各自岗位上,
> 为了实现媒体融合而奋斗!

是否爱上一个栏目不问明天过后，
H5 和朋友圈不比你有看头，
片尾的广告一直放到最后，
停播的频道是否记得主持人的温柔。

当乐视的前台挤痛讨薪的人们，
却挤不掉电视人那深深的哀愁。
恰如离职前那一杯过期的二锅头，
难忘编辑室里熬夜时红牛呛得眼泪长流。
生旦净末加起了滤镜，但看起来都挺丑，
多少好汉辞职回头，路见不平说走就走。
嘿诶呀，咿儿呀，诶嘿诶嘿依儿呀！

如果对于明天没有要求，去采访就像旅游，
成千上万个频道，也留不住观众要先走。
传统模式既然不能逗留，
何不在转型的时候，拥抱未来，
避免关停并转，走进荒芜的沙丘。

走过延长路 149 号的街头，
十年之后，大家是朋友，
深度融合的远景就在前头，
为我们找到了拥抱的理由！
拥抱新时代、拥抱新未来，
智能传播书写行业新春秋。
耀，耀，巴扎嘿！

刘　峰
2023 年 11 月
于延长路 149 号